H. BUSQUET

SOUVENIRS DE VOYAGE

III

DE PARIS A MERSINE
PAR TERRE

JOURNAL DE ROUTE EN
JUIN, JUILLET, AOUT 1901

BEAUNE

IMPRIMERIE BEAUNOISE

A. DUPIN, IMPRIMEUR

21, rue Maufoux

1926

SOUVENIRS DE VOYAGE

III

EN ASIE MINEURE

H. BUSQUET

SOUVENIRS DE VOYAGE

III

DE PARIS A MERSINE
PAR TERRE

JOURNAL DE ROUTE EN
JUIN, JUILLET, AOUT 1901

BEAUNE
IMPRIMERIE BEAUNOISE
A. DUPIN, IMPRIMEUR
21, rue Maufoux

1926

Avant-Propos

Je me décide à faire imprimer pour mes petits-enfants ces lignes écrites à la fin de 1901.

En les relisant avant de les donner à l'imprimeur je m'aperçois que, comme toutes choses ici-bas, elles ont bien vieilli et qu'elles arriveront comme de la moutarde après dîner.

Les modifier ?... on ne modifie pas un film. Et puis, je ne suis peut-être pas fâché de faire voir à mes petits-enfants que je n'ai pas toujours été aussi paradoxal qu'ils le croient et que les faits ont le plus souvent confirmé mes prévisions.

Beaune,   Juin 1926.

PRÉFACE

Chargé, pendant l'été de 1901, d'une mission en Asie Mineure, j'ai fait, de Paris à Mersine par Constantinople et Koniah, un voyage très rapide : en chemin de fer jusqu'à Koniah, à cheval de Koniah à Mersine. Le retour de Mersin à Constantinople s'est fait par mer.

Je transcris ici les notes prises au cours de ce raid et griffonnées en wagon, en bateau, souvent à cheval. Allant trop vite pour me renseigner, je me suis borné à noter ce que j'ai vu. Des hommes et de ce qu'ils pensent, je sais peu : je n'en ai pas rencontré beaucoup et, faute d'interprète, je n'ai échangé avec eux que de rares idées. Des choses, j'ai peu vu : en chemin de fer, les gares ; en bateau, des côtes dont je ne distinguais que le profil ; à cheval, des déserts, des forêts dans lesquelles s'enfonçaient les sentiers que nous suivions. J'ai traversé les villes sans m'y arrêter et je n'ai pas eu le temps de modifier mon itinéraire des quelques kilomètres qui m'eussent été nécessaires pour visiter les belles ruines que j'ai rencontrées. Ces Notes sont donc une sorte de guide plutôt qu'un journal de route. Aux renseignements pratiques qu'on y trouvera, j'ai ajouté quelques réflexions. Les premiers seront peut-être utiles à mes lecteurs : je leur demande d'être indulgents pour les secondes.

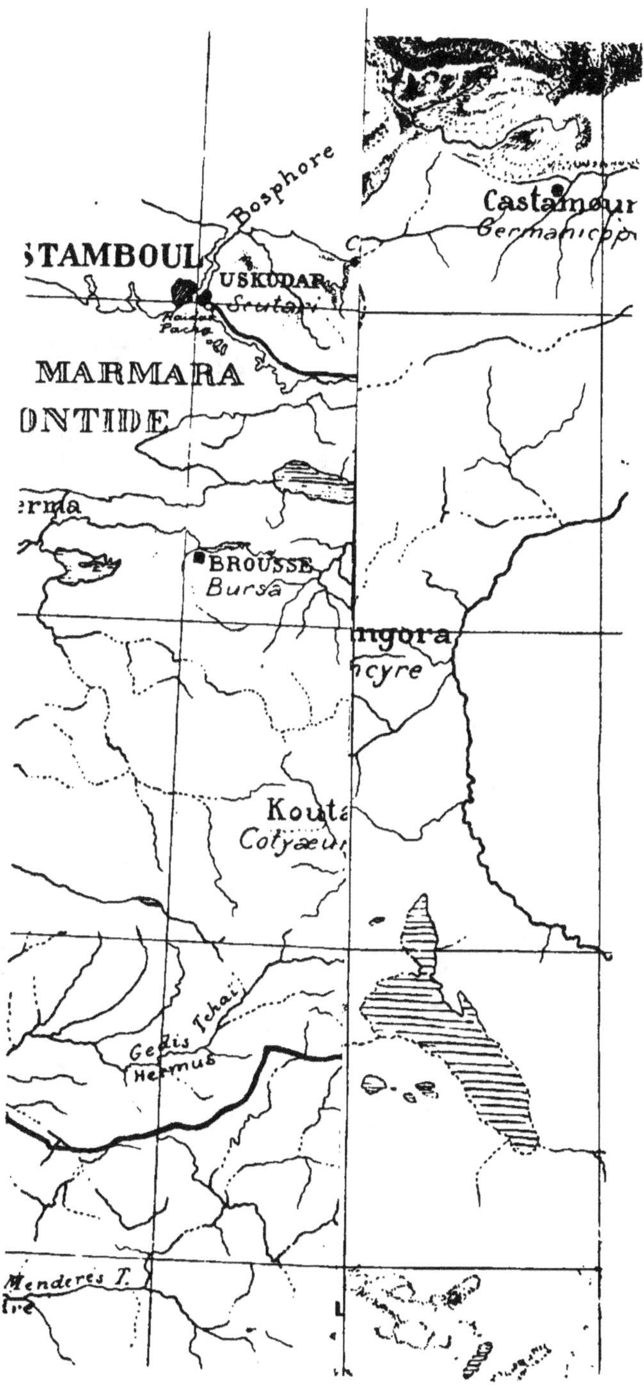

Bosphore
Castamou
Germanicop
STAMBOUL
USKUDAR
Scutari
Haidar
Pacha
MARMARA
PONTIDE
erma
BROUSSE
Bursa
ngora
ncyre
Kouta
Cotyaeu
Gedis Tchai
Hermus
Menderes T.
ITI

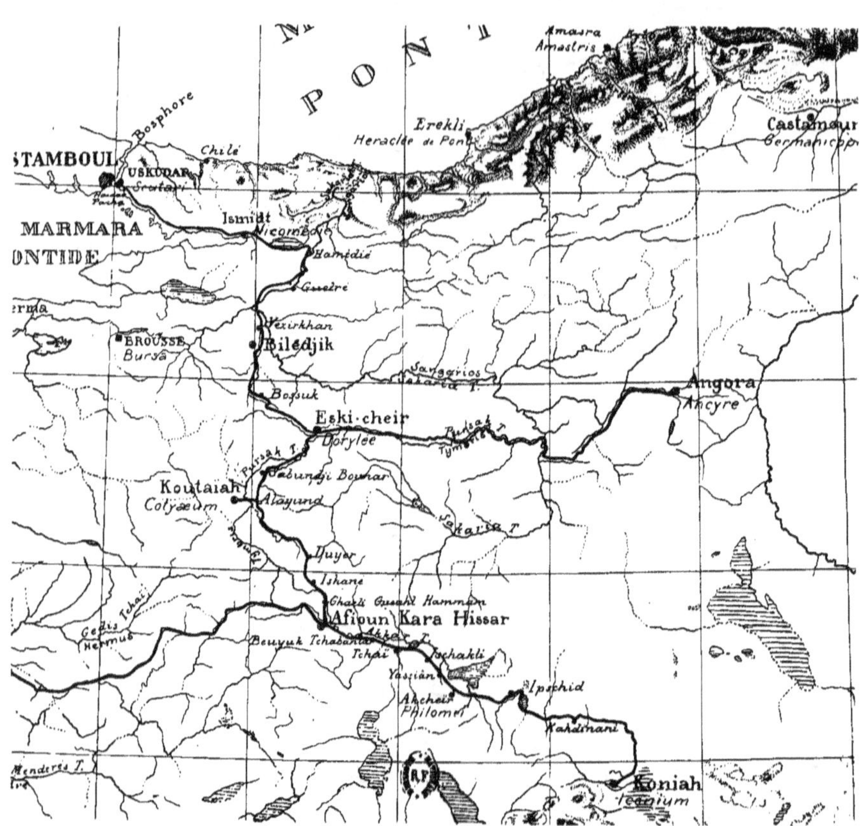

ITINÉRAIRE DE CONSTANTINOPLE A KONIAH

CHAPITRE PREMIER

DE PARIS A CONSTANTINOPLE

SAMEDI 22 JUIN. — J'ai quitté Paris hier soir à 8 h. 25, par le train Paris-Vienne par l'Arlberg. Il a plu toute la nuit. A Zurich où nous arrivons ce matin à 9 h. 35 le temps est splendide. — 55 minutes d'arrêt. Je vais voir la ville qui s'étend jusqu'au lac, sur les deux rives du Rhin. Que de ponts ! pont moderne devant la gare, puis en remontant, ponts anciens et couverts, pont récent orné d'une floraison d'immenses parapluies multicolores sous lesquels s'abritent des marchands de légumes, ponts chargés de volumineux candélabres, etc...

Ville submoyennâgeuse avec de vieilles maisons et des monuments neufs qui font assez bon ménage ; des toits pointus, des maisons à arcades basses devant lesquelles des tramways déposant des femmes en toilettes claires, des clochetons, des beffrois, des devantures de magasins à petites vitres du siècle dernier, où s'accroche toute la série des cartes postales illustrées ; une sorte de square vert où des gouvernantes — c'est à Zurich, je crois, qu'on fabrique les meilleures — promènent des marmots à grands cols marins.

Mais l'heure presse. Il faut remonter dans sa cage et rouler à nouveau.

La voie contourne le lac qu'elle laisse à gauche ; le coup d'œil au loin, sur les montagnes, est merveilleux ; mais au premier plan la rive dentelée en petites baies couvertes de villas et de fermes donne au paysage l'aspect prétentieusement banal des abords de grandes villes. En s'éloignant de Zurich les villas s'espacent et des villages apparaissent. Le sol très cultivé s'élève, par des collines de plus en plus accentuées, jusqu'aux montagnes dont les crêtes bleues ferment l'horizon. Le lac se resserre et se comble, une voie de chemin de fer le traverse près d'une ile qui apparaît' très verte, reliée à la terre par une chaussée dans les marécages. On tourne à droite assez brusquement : lac et marais disparaissent et, tout au bout d'une longue vallée de hauts sommets neigeux se profilent sur le ciel bleu.

Il est onze heures ; le déjeuner nous réclame, annoncé par le maître d'hôtel à gilet rouge et habit bleu, toujours le même, écorchant pour le compte de la Compagnie des Wagons lits, toutes les langues soit-disant étrangères, y compris le français, en attendant qu'embusqué dans une auberge de l'hospitalière Helvétie, il y écorche le voyageur pour son propre compte.

A la table voisine de la mienne (se sont installés un monsieur très gros et très blond, sa femme non moins grosse mais presque mulâtresse, et une fillette idéalement maigre. Ils vont probablement... ailleurs. La fillette ne-veut rien manger et réclame avec autant d'insistance que d'insuccès un mets dont je ne peux retenir le nom. Le père et la mère ne l'écoutent pas, très occupés à changer de place à chaque instant pour admirer un lac très étroit qui est apparu à notre gauche. Tout à fait alpestre et sauvage ce lac dans lequel tombent, à grand bruit, de belles cascades.

A une heure, douane autrichienne. Visite très sommaire, dans le train, des colis à la main. Moyennant une légère taxe on plombe les gros bagages à destination de Constantinople.

Nous montons vers Feldkirsch; on fait les foins, et les prés sont couverts de petites bonnes femmes qui paraissent sorties des bergeries de bois que l'on donne en jouet aux enfants. Jupe courte rouge, avec, au bas, des bandes noires, bras nus, sortant de manches à gigot arrêtées au-dessus du coude, chapeau noir plat, posé en auréole, elles font un drôle d'effet dans ce paysage auquel les clochers bulbeux des églises donnent un air slave.

La plaine se resserre en une vallée, à l'extrémité de

laquelle les sommets neigeux se montrent à nouveau. La locomotive s'essoufle à remorquer le train sur une pente qui s'élève au-dessus d'un torrent déjà très pentueux. La vallée se peuple de jolis villages et s'étrangle sans cependant devenir une gorge.

Un petit plateau sur lequel le torrent s'éparpille dans des pacages, puis un tunnel, de la fumée pendant un bon quart d'heure et nous débouchons, l'Arlberg traversé, dans la vallée de l'Ill. Nous avons quitté le bassin du Rhin pour celui du Danube.

Voici des montagnes très boisées : sapins et mélèzes en haut, feuillus, et principalement toutes les variétés des saules et des peupliers, dans les vallées. Les scieries s'étagent et se pressent aux abords des jolies gares autrichiennes, si coquettes avec leur vérandah garnie de vignes vierges, leur buffet en plein air, leurs employés aux uniformes reluisants, surchargés d'épaulettes, de cordons portant des sifflets et de tout petits carnets dans de grandes sabretaches.

La vallée s'élargit, et le train file sur un sol plat comme un billard, ancien lac comblé, couvert de prairies vertes. Des femmes empilent le foin fauché sur des piquets rayonnés, de forme assez compliquée. Il y sèche, dit-on, très vite. Ici, toutes les femmes travaillent aux champs. Cette louable habitude prive les villages et surtout les gares de leur plus bel ornement, mais elle leur assure un silence et un calme dont paraissent jouir avec conviction les naturels du sexe fort attablés aux buffets où ils fument leurs grandes pipes de porcelaine peinte, en regardant passer le train.

DIMANCHE 23. — Il a fait frais cette nuit. Le jour qui filtre sous les stores du sleeping est gris et triste. Nous arrivons à Vienne à 7 h. 50. Il faut changer de wagon, sans toutefois changer de train, le sleeping seul s'arrêtant à la gare du Nord.

Pendant que nous contournons la ville pour gagner la gare du Sud, le temps s'est éclairci. Nous trouvons les quais encombrés de gens endimanchés qui prennent les trains de banlieue. Les femmes en toilettes claires et les officiers y sont en majorité. Ces derniers, très corrects dans leurs uniformes irréprochables, ont l'allure militaire, sans la raideur et la morgue allemandes. Les femmes semblent les apprécier beaucoup.

Bruck-sur-Leitha.— Là, les employés de la voie portent presque tous le pantalon très collant au mollet et le haut brodequin. Sur le quai, une façon de Bersagliere, à chapeau melon, aussi élégant mais moins théâtral que celui des Italiens, monte la garde, le fusil sur l'épaule ; nous sommes en Hongrie.

De tous côtés, la plaine s'étend à perte de vue : ce sont d'abord des pâturages avec des troupeaux de chevaux et de bœufs, puis des cultures : une mer de froment avec quelques fermes dans des bouquets d'arbres, formant îlots. D'autres arbres jalonnent des pistes. On se lasse à regarder ce paysage toujours le même. Heureusement ma curiosité trouve à se satisfaire à l'intérieur du train.

Les Autrichiennes me pardonneront, je l'espère, une observation indiscrète que je dois placer ici, et qui n'est pas d'ailleurs pour leur déplaire : en flanant dans le wagon-couloir, qui a remplacé le sleeping, j'entre, par inadvertance, dans le W. Cl. des dames. Le siège y a les dimensions d'une baignoire. Une française, et non des moindres, qui voudrait s'en servir serait engloutie. Si la monarchie Austro-Hongroise était assise sur des bases aussi larges que sont celles de ses sujettes, elle serait inébranlable.

Pour rejoindre le wagon-restaurant, il faut traverser tout le train. Il est archicomplet et les couloirs sont encombrés de couples, — des fiancés probablement — se tenant amoureusement par la taille. Les gens graves qui, dans les compartiments, fument d'abominables cigares, semblent trouver ce geste tout naturel ; j'aurais donc tort de m'en étonner. Mais pourquoi ces flirts dans des couloirs si étroits ? Derrière les hommes, on passe à peu près, mais derrière les femmes on est laminé.

Le wagon-restaurant est bondé comme tout le reste. On se case comme on peut. Les garçons ne parlent que le Hongrois, et l'infortuné voyageur, qui, comme moi, n'a appris cette langue que sur les étiquettes des bouteilles d'eau d'Hunyadi Ianos, est fort empêché de choisir, parmi tous les mets portés sur la carte ou énumérés par les garçons ; j'avale successivement, au petit bonheur, de vagues hors-d'œuvres, du homard de conserve, assaisonné d'une mayonnaise dans laquelle on a fait fondre, sans doute, des bonbons acides, et enfin de l'oie rôtie, presque carbonisée à la surface, mais succulente à l'intérieur. On la trouverait exquise, si l'on n'était asphyxié par la fumée opaque des pipes des dîneurs. L'oie est accompagnée de compote de pêche très sucrée, et ce mélange, quoique parfait, étonne un peu aux premières bouchées.

Nous sommes à Buda-Pesth où nous changeons de train. Un interprète marron, sorte de Pranzini à casquette galonnée, facilite l'opération. Il me présente au valet de chambre du sleeping que je vais prendre, lui affirme que je suis un bon garçon, donne mes colis à un porteur dont il me fait noter le numéro, m'assure que je n'ai à m'occuper de rien, et avant de disparaître, me tend la main, pour serrer celle d'un Français, me dit-il, peut-être aussi pour recevoir le demi-florin que je lui donne.

Je flane sur le haut perron de la gare. On me frappe légèrement sur l'épaule. C'est mon porteur de paquets qui vient me chercher ; il me conduit au sleeping où, dans le compartiment qu'il m'a choisi, je trouve mes bibelots convenablement arrimés. Le conducteur, celui auquel l'interprète m'a présenté, vient m'assurer que, puisque je suis un bon garçon, il fera son possible pour me laisser seul dans ma cabine. Je le crois d'autant plus volontiers qu'il n'y a, avec moi, que deux autres voyageurs dans le wagon. C'est pourquoi je le remercie avec effusion.

Comme à Vienne, les voyageurs du dimanche affluent aux gares. On commence, aux costumes des femmes, à pressentir l'Orient, les vêtements des hommes restant presque toujours hideusement occidentaux.

Toujours la plaine. Nous longeons le beau Danube bleu ; il roule aujourd'hui des flots de chocolat. Sur les chemins, près de la voie, passent, au trot de deux chevaux, des chars conduits par de grands beaux gaillards. Sur leur veste brune ou noire, une longue chemise blanche descend et recouvre en partie la botte. Comment se débrouillent-ils en hiver, quand ils circulent, à pied, sur les pistes transformées en bourbiers, et de quelle couleur devient alors leur chemise ?

Nous nous éloignons du fleuve pour contourner de grands marécages. Des bœufs clairs, aux cornes immenses, les parcourent, qu'accompagnent des nuées de vanneaux, de hérons blancs et gris, et de cigognes.

Les gares sont assez nombreuses. A chacune de celles où l'on s'arrête, des garçons du buffet apportent, pour quelques sous, de grandes chopes de bière blonde, parfumée, fraîche, délicieuse, tandis que des fillettes, à longues tresses, circulent le long du train, avec, sur la hanche, une cruche d'eau glacée, et, à la main, une gerbe de verres éclatants de propreté. C'est si tentant, qu'on boit sans avoir soif.

Arrêt à Kis-Kœress. La vérandah-buffet, qu'une balustrade légère, à hauteur d'appui, sépare de la voie, est couverte de vigne vierge. Plus longue que la gare, elle se perd, aux deux extrémités, dans des jardins très ombreux garnis de tables. Quais et jardins sont envahis par un public surtout féminin, venu flaner là, comme en Espagne. Les femmes sont, les unes en costume franchement local : chemise blanche brodée de couleurs voyantes, tablier blanc sur une courte jupe rouge rayée de noir dans le bas, mouchoir de soie sur la tête, longues tresses tombant sur le dos ; d'autres, avec une tendance plutôt fâcheuse à l'occidentalisation : la jupe unie, est de couleur claire. Une chemisette (on dit plutôt, je crois, une blouse ?) en horrible cotonnade à raies cachemire, a remplacé la chemise blanche brodée, et la tresse se replie sur la tête en un chignon compliqué et disgracieux, maintenu par d'épaisses couches de pommade. Les costumes locaux se confinent dans les jardins loin du buffet ; les fiancés de ces demoiselles et les maris de ces dames y portent la grande blouse blanche, les bottes, la veste brune ou noire ; mais la veste, hélas, se transforme trop souvent en veston.

Devant le buffet, sous la vérandah, les chignons et les chemisettes des femmes dominent escortés de l'inévitable chapeau melon des hommes : c'est le quartier de la bourgeoisie. Un sous-officier fait la roue devant le public féminin des jardins et de la vérandah. Familier et jovial, il prend la main des jeunes, débite de grosses plaisanteries aux vieilles, puis s'arrête devant une jeune femme, nourrice peut-être, à coup sur très munie des instruments de travail que comporte cette profession, lui pose une question qui fait rire tout le monde et saute dans le train déjà en marche, fier de son succès.

Quelle différence entre ces hongrois si gais, si bruyants, si remuants qui flanent et se bousculent aux gares et ces allemands du Pyrol qu'on aperçoit de loin, assis devant leurs portes, ou travaillant gravement aux champs et qui viennent aux stations prendre silencieusement le train. Ceci tuera cela. C'est fâcheux mais inévitable. Lors même, en effet que la neurasthénie — lisez l'ennui — ne serait, comme elle l'est, ni à la mode ni distinguée, les difficultés croissantes de la vie suffiraient pour attrister le monde. Comment trouver le temps de flaner, de causer, de rire, quand il faut, jour et nuit, lutter pour l'existence ?

Grâce aux progrès de la kultur allemande il ne restera bientôt plus sur la terre que les peuples silencieux, affairés ennuyeux, qui à la longue ne seront plus que des peuples ennuyés. Ils en mourront à leur tour, et ce sera leur punition. Mais ce sera aussi la fin du monde.

L'arrêt de Kis-Kœress m'a permis de constater que la longue chemise des hommes n'est rien autre qu'un pantalon blanc formé de deux jambes cylindriques plissées, tombant droit et démesurément larges, — c'est la culotte turque desserrée et épanouie par le bas, signe, sans doute, de délivrance et de liberté, arboré dès les premiers pas de retraite du conquérant turc. Si cette interprétation, aussi nouvelle, je crois, qu'ingénieuse, ne peut être donnée comme certaine, tout au moins est-elle plausible ; et, par le temps qui court, beaucoup d'axiomes nouveaux sont bien moins certansi que cette possibilité.

Le pays s'ondule et s'industrialise. A la mer des céréales succède la mer des vignes: les ceps encore jeunes sont cultivés comme en Bourgogne et soigneusement desherbés. Près d'une station, une cité ouvrière montre ses maisons neuves couvertes soit en tuiles vernissées soit en chaume à coté d'interminables bâtiments — chais et magasins. — Les Hongrois se prépareraient-ils à goûter bientôt les douceurs de la mévente des vins ? (1)

Un gros orage, au Nord-Est, nous suit, puis nous précède. Les nuages noirs assombrissent le paysage voisin et laissent éclairé l'horizon teinté de rouge. Les maisons isolées passées au lait de chaux, les puits couverts d'une coupole également blanche, s'enlévent vivement sur le sol noir, tandis qu'au loin, les clochers de style grec de villages invisibles se découpent en silhouéttes sur le ciel pourpre. Tout cela donne une première sensation d'Orient, plus vive, plus nette et peut-être plus vraie que celles déjà éprouvées l'année dernière en Turquie d'Asie.

Station de Kiss-Kun-Halas. — La ville apparaît très loin dans la plaine. Des bergers jettent sur leurs dos de grandes limousines en laine blanche bordées de grossières broderies noires d'un joli effet.

La gare est vide, la peur de l'orage en a chassé les promeneurs : ni une voiture, ni un omnibus. Je note ici que l'omnibus d'hôtel, le hideux et pratique omnibus n'existe pas en Hongrie : à sa place, dans toutes les gares, une

---

(1) C'est fait et, depuis 1904, la Hongrie arrache l'excédent de ses vignobles.

abondance de locatis, landaus et victorias, plus ou moins entiers, sollicitent le voyageur.

Les collines et les vignobles ont disparu et nous roulons dans la plaine unie, monotone. Cependant les bouquets d'arbres sont moins rares ; quelques petits bois d'acacias, peupliers d'Italie, ormes, chènes. Près de rares maisons, des arbres fruitiers énormes.

Le train s'est vidé peu à peu. Quand nous dînons, après la gare de Szabadk où une grosse dame moustachuc avale un bock, assise seule sous la vérandah, les jambes béatetement écartées, nous ne sommes que quatre ou cinq dans le wagon restaurant et devant cette solitude, je me prends à regretter les nombreux fiancés du matin. A une table voisine de la mienne, un Suisse jeune, blond, rose, poupin et chevelu cause avec un monsieur sensiblement plus âgé, maigre, grand, brun, pâle, cheveux très noirs, frisés, moustaches cirées, rosette multicolore à la boutonnière. Slave ou Italien. ce rastaquouère est un Grec. La conversation en français naturellement, roule d'abord sur les femmes, puis s'aiguille sur le jeu et aboutit a la proposition inévitable d'une petite partie. Le monsieur avait par un extraordinaire hasard, un jeu de cartes dans sa poche ! Pauvre Helvétie !

L'orage arrive sur nous au moment où nous traversons le Danube entre Djvidik-Neusach et Peterwardir. Le déluge nous empêche de voir la citadelle qui domine la rive droite du fleuve. A la lueur des éclairs nous entrevoyons la plaine, les vagues des maïs couchés par le vent, les clochers bulbeur des villages. On stoppe devant une petite gare. La pluie redouble. Un gros bonhomme sanglé dans un uniforme très argenté, empétré dans une sorte de baudrier compliqué qui porte un grand sabre à foureau de cuir, parait à l'entrée des salles d'attente. Il hésite puis d'un grand élan il traverse les voies et se précipite dans notre wagon. Il est trempé à fond et souffle comme un cachalot pour chasser l'eau de ses longues moustaches. On l'éponge, on l'essuie : c'est le commissaire de police Serbe qui vient vérifier nos passeports.

L'opération, minutieuse, dure jusqu'au moment où, l'ondée faiblissant un peu le policier peut regagner la vérandah sans risquer une nouvelle douche, grâce à un parapluie majuscule qu'un homme d'équipe tient ouvert au dessus de sa tête. Le sabre trainant derrière lui rebondit sur les rails et décrit dans les flaques des courbes capricieuses. A la lueur des éclairs, nous en suivons le tracé avec intéret. L'homme et l'arme disparaissent dans l'ombre des salles d'attente et nous repartons laissant la station d'India sous le déluge qui recommence.

LUNDI 24. — Vaguement réveillé vers 4 heures du matin par un bruit de ferraille, j'entrevois de ma couchette, dans un jour très pâle, une grande rivière de boue jaune, que nous traversons. Elle suit une vallée verte entre de hautes collines boisées. A l'horizon, vers l'Orient, un triangle de ciel bleu, la pointe en bas, rejoint en haut, de légères bandes de nuages rosés en dessous, gris par dessus. Une brume nacrée court sur la vallée, la rivière, les bois, et en estompe les contours. Paysage de féérie entrevu dans un demi-sommeil.

Réveillé définitivement un peu avant Pirot à huit heures, heure Serbe, je n'ai vu de la Serbie qu'un commissaire de police mouillé, et le paysage, peut-être irréel, de ce matin. Que de réfléxions il y aurait à faire sur ce rapprochement ! Mais le train marche et nous voici à Tzaribrod, première gare bulgare qui se recommande à l'attention du voyageur par le lait particulièrement incomestible qu'on y trouve.

De nombreux naturels sont assis au soleil, maigres, moustachus, figures d'honnêtes pirates qu'on dirait échappés d'un tableau de Vernet. La guêtre blanche qui termine la culotte recouvre le pied chassé de sandales ou de très singuliers sabots; sur le torse une tunique, blanche aussi, à pans très longs, s'ouvre sur un gilet à grelots et une ceinture magasin rouge, encombrée d'objets divers. Un grand caban sans capuchon en laine blanche, sobrement orné de larges soutaches noires enveloppe le tout. Ces vêtements, en laine

imparfaitement foulée, exhalent une odeur spéciale aux Serbes et aux Bulgares. On pourrait peut-être s'y habituer !
Mais les voyageurs du train Conventionnel n'en ayant pas
le temps, la constatent sans l'apprécier. J'allais oublier la
coiffure qui est un fez ou plus souvent un talpack de laine
noire ou beige.

Les femmes, inélégantes, épaisses, mafflues, plutôt laides,
sont enflées d'un amas de jupes sombres, superposées.
Leur buste s'enveloppe d'un châle également sombre, et la
tête disparait sous un foulard noir qui enveloppe comme
une gaîne les cheveux tressés tombant sur le dos. Ce costume
se ressent de l'esclavage passé. Mais patience ! la Bulgarie
se civilise à grands pas, les dernières modes de Vienne
remplaceront bientôt tout ce vestiaire suranné et le voyageur
qui descendra du train à la gare de Tzaribrod ou même de
Sofia pourra se croire dans un de nos petits villages d'Auvergne, le dimanche à la sortie de la messe.

Les sentinelles, les officiers, les employés de la gare ont
encore, grâce à leurs uniformes, un faux air autrichien.
Mais regardez les de plus près : la crasse, en couche épaisse
ternit les couleurs, et arrondit les contours qu'elle imperméa-
bilise. Ces braves gens n'ont pas été mouillés par l'averse
de la nuit : l'enduit gras les a préservés.

Le Turc, même quand il n'est pas astreint à porter un
uniforme que l'Etat renouvelle rarement, est souvent en
guenilles. Mais il n'est jamais trop sale, le Coran l'obligeant
à des ablutions qui sont devenues une habitude, un besoin ;
il est fâcheux que la religion orthodoxe ne prescrive pas
ces purifications, dont les Papes, si j'en juge par celui qui
se promène sur le quai, auraient au moins le même besoin
que les fidèles.

Nous suivons des gorges rocheuses très boisées. Bientôt
elles s'élargissent et grâce à de grandes tranchées le train
file presque en ligne droite. Sur le talus de l'une d'elles cinq
petits bergers nous couchent en joue avec leurs bâtons,
puis se précipitent vers le train en poussant de grands cris,

— et quels éclats de rire ! Ces joyeux marmots se font la main pour plus tard.

Après une courbe assez raide, un village et une gare, Dragoman, je crois, puis des marais arrêtés par des collines arides aux flancs très adoucis, et bientôt la plaine large et bien cultivée. Çà et là des bouquets de chênes, plus denses aux abords des collines où ils finissent par former une forêt. Des cigognes volent lourdement au ras des blés, le bec et les pattes pendant, telles qu'on les brode sur les paravents, au Japon. Le temps est à demi couvert: de jolis nuages blancs et gris flottent au zénith ; la pluie de la nuit a lavé la poussière, filtré l'atmosphère et donné à l'air une fraîcheur délicieuse. Ces fines colorations des collines à l'horizon, tantôt bleues, tantôt éclatantes de soleil, rendent encore plus pénétrant le charme de ce paysage et de cette matinée édénique. Il fait bon vivre.

Slivnitza. — Une femme lave dans un ruisseau sale du linge qui ne l'est pas moins. Elle est vétue d'une longue robe blanche ou réputée telle, chemise peut-être, tombant sur des pantalons très larges serrés à la cheville. Sur la chemise deux cafetans, le premier, bleu foncé avec de larges soutaches noires, l'autre plus long, en drap gris, prend un air de manteau. Sur le devant de la chemise un petit tablier blanc, brodé de couleurs voyantes. Un grand foulard blanc à ramages couvre la tête en encadrant la figure à la façon du haymack turc ; il tombe par derrière comme un voile et barre le dos d'un trait horizontal. La laveuse est peut-être laide mais combien sa silhouette bariolée est gracieuse !

Où sommes nous ? Ici tout est gris. Sofia nous apparaît tout au fond de la plaine grise. Dans des pâtures grisâtres des bergers gris gardent d'innombrables bœufs, chevaux et buffles également gris.

Sofia : tout à fait la gare de petite sous-préfecture dans le Cantal ; des landaus démantibulés, traînés par des chevaux apocalyptiques y attendent les voyageurs. Sur les quais, des auvergnats, en chapeau melon ou en capote à rubans vert pomme, suivant le sexe. Seuls les hommes d'équipe, avec la culotte, la guêtre blanche et le talpack représentent la couleur locale.

Nous repartons. A onze heures et demie, un garçon en habit noir graisseux vient prendre nos ordres pour le repas. Il n'y a dans le train au lieu du wagon-restaurant qu'un wagon - buffet, c'est-à-dire un compartiment - cuisine de trois mètres sur deux, réservé dans le fourgon de tête. La carte imprimée qu'on nous présente comporte une longue liste des mets, dont, malheureusement, aucun n'existe. Après avoir lassé, par d'inutiles demandes, les premières ardeurs du voyageur affamé, le garçon lui conseille, amicalement, de commander du potage au riz, des œufs au plat, du jambon et de la bière, il n'a d'ailleurs pas autre chose à lui offrir.

Chacun doit manger dans son compartiment, sur la petite table qui s'y trouve ; cela va bien quand on est seul, mais si l'on est plusieurs ?

Deux grands aigles suivent le train en planant au dessus de là voie, attirés sans doute par l'odeur plutôt forte du jambon qu'on nous sert : il n'y a pas que les opinions qui soient avancées en Bulgarie.

Pour dessert nous avons la vue d'une dame indigène en grande toilette européenne qui, montée à Sofia, descend à une petite station. Ses pieds bulgares débordent de fins souliers jaunes, superbes, malheureusement peu visibles sous le bourrelet circulaire formé au - dessus d'eux par le bas gonflé de chair. Le ballast de cailloux tranchants, que foule la dame en suivant la voie, blesse le pied et atteint même parfois le bourrelet. La démarche y perd de sa dignité, mais quel premier plan savoureux cette grosse auvergnate sautillante donne aux montagnes neigeuses qui dominent la plaine.

Une petite gare : des femmes conduites par un Papas à barbe blanche se tassent dans un compartiment qui leur a été réservé. Elles sont vétues comme la lavandière de ce matin mais la jupe sombre qui a remplacé la longue toge blanche leur donne, sous le grand mouchoir blanc de la tête, l'aspect de nos religieuses catholiques.

Les villages sont nombreux. Très étendus, avec leurs maisons basses aux toits presque plats couverts de tuiles rouges demi-cylindriques, ils ont un air languedocien que précise et augmente la vue des bœufs attelés aux charrues perfectionnées. Seul le minaret blanc qui, non loin du clocher, s'élève au dessus de la ligne rouge des toits, nous rappelle que nous sommes en Europe orientale.

Une petite rivière boueuse s'enfuit entre les saules ; grossie par les pluies elle mine ses berges qui s'éboulent et les saules de la rive, déracinés, flottent au fil de l'eau. Magnifiques, ces saules de Bulgarie : énormes, hauts, très feuillus, presque pleureurs, ils forment avec les chênes Cerris, le fond de la flore forestière, au nord de Sofia. Au Sud-Est, en approchant de Philippopoli, chênes et saules sont remplacés sur la montagne par les tilleuls communs ou argentés et, dans la plaine, par l'orme et le noyer.

En approchant de Cextrimo nous entrons dans un défilé ombreux où court une rivière. La locomotive souffle, s'arrête, puis repart lentement ; on répare la voie. Avec leurs peaux de mouton les ouvriers ont organisé un abri sommaire. L'habitation du chef cantonnier est auprès. Sur le seuil, une femme au cafetan rayé en long de brun et de noir, surveille deux enfants qui jouent sous de beaux arbres à côté de ruches très curieusement agencées. C'est un tableau de genre tout fait. Le photographier ? Mais il est déjà loin, et cela vaut peut-être mieux : Combien sont rares les choses et les gens qui gagnent à être vus de près et en détail !

Voici Philippopoli bien campée sur des rochers isolés au pied des Balkans dont on aperçoit bleuir à l'horizon les sommets arrondis. A côté de la gare des femmes musulmanes circulent en longs monômes, le bas du visage caché par un mouchoir crasseux. De dessous leurs cafetans en lambeaux sortent de radieux pantalons roses arrêtés et serrés à la cheville, au-dessus de gros pieds nus. D'un pas traînant elles vont à la rivière remplir leurs dénéckés.

Le dénéché est la clef de voûte de l'Islam. Sans ce bidon

à pétrole à section carrée, défoncé d'un côté, la vie s'arrêterait dans les états du Sultan. Le dénécké, en effet est propre à tout. Dans les villes, comme dans les parties les plus désertes du Taurus, muni d'une grossière poignée de bois c'est le seau qui sert à aller chercher l'eau à la source ou à la fontaine. Conservé avec ses deux fonds c'est le barril, le récipient que l'on met sur les bêtes de charge. Si l'on y ajoute un petit robinet on en fait la fontaine aux ablutions. Son propriétaire est-il riche ? il le remplit de terre et y cultive le basilic dont il offrira quelques rameaux à l'hôte de distinction. Si, pauvre, il habite une région où la brique crue est trop vite détrempée par les pluies, le dénécké rempli de terre deviendra le moëllon type, inaltérable, avec lequel on construira une maison basse, maussade inélégante, incommode mais relativement solide. D'autres dénéckés dessoudés et ramenés à leur forme originelle la feuille de ferblanc, fourniront la toiture, chaude l'été, froide l'hiver, sous laquelle la famille s'abritera approximativement, entre les gouttières. Le dénécké est le coffre, la marmite, tout ce que l'on veut. On ne s'explique pas comment on a pu vivre, dans ces marches occidentales de l'Islam, avant l'époque bénie où il y fut introduit, en même temps que la lampe à pétrole, par quelque bacalis (1) grec ou arménien, ou plutôt par un commis voyageur allemand.

Pendant que je fais ces réflexions nous traversons la plaine bulgare. De grandes rizières me paraissent abandonnées ? Plus loin des tumuli très réguliers dominent les récoltes : sépultures ? ouvrages de défense ? d'aucuns le savent, mais nous autres, pigeons voyageurs industriels, nous vivons trop hâtivement pour pouvoir préparer nos voyages ou les compléter au retour par des lectures. Nous voyons passer devant nous, ignorants, les tableaux d'un cinématographe sans démonstrateur et nous nous posons d'inutiles questions qui resteront sans doute éternellement sans réponse.

(1) Epicier-quincaillier-mercier.

Les femmes chrétiennes d'ici, et nous les voyons nombreuses aux abords des villages, ont le chignon piqué de fleurs comme les andalouses, et le front entouré de frisettes à la confection desquelles le bigoudi allemand n'est pas étranger. Les cheveux forment derrière la tête un nimbe qu'entoure un cercle de métal doré. Le tablier est très voyant, rayé en long de jaune et de rouge ou de rouge et de noir. Les femmes passent dans la ceinture de ce tablier un long mouchoir brodé de soie et de pasquilles. Lorsque ce mouchoir est trop usé, trop taché de café, trop brulé pour être bon a un usage quelconque, la femme bulgare le vend pour quelques sous à des marchands juifs, ambulants. Il devient dès lors et par ce seul fait, sans lavage ni réparation, un objet de luxe que les étrangers achèteront très cher dans les échoppes du Bazar de Stamboul.

Kayadjeck-Has-Keuy. Le costume des hommes se turquifie avec les noms des lieux. La ceinture-magasin entrevue en Serbie prend ici un développement peu ordinaire ; elle triple le diamètre initial de celui qui la porte et qui y emmagasine les objets les plus innatendus. Le pantalon est franchement turc, la veste également, seule la coiffure est restée originale. C'est un talpack de couleur sombre duquel émerge une calotte sphéroconique à côtes multicolores, comme on en porte en Asie Centrale. Quels mélanges de races quelles triturations humaines nous laisse entrevoir cette simple calotte?

Il y a ici des employés francs : leurs épouses s'épanouissent devant les maisons, vêtues en dames, sans corsets hélas, gélatineuses, les beaux cheveux noirs gras et embroussaillés sous prétexte de coiffure à la Viennoise. Affalées, les jambes écartées dans de mauvais fauteuils de paille, oisives et bavardes, elles sont des types ordinaires de la lévantine de classe moyenne, sorte de femelle, grosse, sale, paresseusé veule, sans pensée et sans mouvement qui mourra vierge de toute sensation, malgré ses grands yeux prometteurs.

Il est six heures et demie du soir. Nous longeons la Yantra large, boueuse, grossie par la pluie d'hier. Sur la rive des petites maisons en bois, inclinées sur l'eau à en perdre l'équilibre, servent de supports à d'immenses roues hydrauliques qui commandent des moulins à farine ou des norias. Des gens nus passent à gué ; des pêcheurs, nus aussi, lancent l'épervier sur la vase de la rive. Tout cela calme, idyllique, rendu presque paradisiaque par la simplicité des costumes.

Le train traverse à grand bruit la rivière sur un beau pont de fer. Nous sommes à Tirnovo. Le garçon graisseux du matin revient avec son menu toujours le même : même cérémonie qu'au déjeuner après laquelle nous avalons mélancoliquement un consommé (?) un beafteak (?) aux pommes, des cerises et des poires bulgares, petites et aigres mais spongieuses.

Arrêt à Harmaly pour des causes ignorées. Un belge qui doit être allemand me raconte de terribles histoires de quarantaines turques.

Mustapha-pacha. Station frontière ou, pendant qu'un policier récolte les passeports un douanier turc met, sous prétexte de visite, mes valises sans dessus dessous. J'avais montré à ce fonctionnaire, au début de l'opération, dans l'espoir de la simplifier, une pièce blanche. En présence du désastre je la renfonce dans mon gousset. Le douanier sort très mécontent, mais beaucoup moins que moi qui, avant de me coucher, doit refaire entièrement mon paquetage.

MARDI 25. — Nous arrivons à Constantinople par un beau temps frais, bien ensoleillé. La mer de Marmara, au loin, est houleuse. Voici, derrière les remparts byzantins éventrés, les premiers faubourgs de Stamboul. D'un côté, les vieux murs laissent voir, par leurs larges brèches, la mer couverte de caïques aux voiles blanches qui passent comme de grands oiseaux. Plus près, sous les hauts platanes, des cafés en plein air sont pleins de gens à turbans ou à fez : bourgeois, petits fonctionnaires, soldats, allongés sur des bancs de bois, ils commencent un kief silencieux. De l'autre coté de la voie des maisons franques lépreuses et sordides, couvertes de haillons qui pendent aux fenêtres, des ruelles étroites et sales, des femmes échevelées criardes trainant de porte en porte leurs bottines éculées et leurs robes boueuses. C'est l'Islam et le Levant séparés par la double ligne des rails, mais unis dans une même pensée de paresse et de fainéantise qu'ils réalisent chacun à leur manière, très différentes dans la forme, semblables au fond.

Sur le quai de la gare le bon monsieur V... m'attend, et sa figure ouverte et sympatique, jeune malgré les cheveux grisonnants, me fait dégringoler du haut des turqueries où je suis perché depuis Vienne ; elle me ramène à la vraie France qui, en somme, n'est pas aussi loin qu'il semble.

Encore une douane. Un animal en uniforme crasseux veut ouvrir mes boites de futurs clichés, un quart de medjid l'humanise, il m'aide à tout boucler et me défend même énergiquement, contre un collègue qui veut me redouaner. Formalités, passeports, déclarations — de quoi ? — devant des lèvres moustachues surmontées de nez busqués et de fezs rigides, puis nous sommes libres.

Le landeau de Broussali est là, toujours aussi reluisant. J'y monte avec V... tandis que le famélique Kostis arrivé en retard, comme toujours, s'installe très digne, dans un fiacre avec mes bagages ; et un quart d'heure après nous sommes à l'hotel Continental.

Le landau de Broussali est là, toujours aussi reluisant. quatre-vingt-six heures de cahots d'où je sors sensiblement plus éreinté, mais moins ahuri qu'à mon premier voyage. Le train Conventionnel que je viens de quitter s'arrête bien plus souvent que l'Orient-Express, et laisse mieux entrevoir les pays traversés, mieux sentir la lente transition de l'occident à l'orient commencée à Vienne. Quoique courts, les arrêts dans les gares Serbes et Bulgares suffisent à montrer combien, en avançant vers l'est, on trouve, de moins en moins épais, le vernis de civilisation qui recouvre ces peuples, sous l'uniforme à l'allemande qui leur donne l'air si emprunté. Esclaves hier, libres aujourd'hui mais encore paysans, rudes et incultes, désemparés, quand ils ont eu l'occasion d'en absorber, par des idées nouvelles pour eux qu'ils n'ont pu encore s'assimiler, tous ces gens là retourneraient bien vite au type primitif du gardeur de porcs serbe ou du laboureur bulgare, si pendant quelques années, pour une cause quelconque leurs communications avec l'occident s'arrétaient. Serait-ce un bien, ou un mal ? L'avenir seul, en nous montrant ce que notre civilisation aura fait de ces peuples, nous le dira.

CHAPITRE II

CONSTANTINOPLE

MARDI 25. — Déjeuné en tête à tête, à l'hôtel, avec le
bon V... qui me met au courant de nos affaires et m'invite
à diner ce soir chez lui avec Z... pacha. Entre temps j'envoie
mon passeport à la police pour avoir une Teskéré (1) puis,
guidé par Kostis plus famélique que jamais, je vais au Tch'ar-
tchi — en français on lit bazar — Mon cavas à toujours l'air
lugubre d'un brigand grec ruiné devenu sacristain. Sa jaquette de plus en plus rapée flotte autour d'un squelette
parcimonieusement recouvert de peau. Son chapeau melon
trop grand descend par devant jusqu'aux sourcils broussailleux et sur le côté jusqu'aux oreilles qui, heureusement,
l'arrêtent. Je ne pense pas que Kostis dine plus d'une fois
par semaine et qu'il déjeune jamais.

Nous descendons par le tunnel de Galata : au bas, dans
la rue inondée de lumière de soleil, sur la petite place et
et sur le pont grouille la même cohue bariolée qui déjà,
l'année dernière, avait fait la joie de mes yeux. Je ne crois
pas qu'il existe au monde un coin plus vivant, plus encombré, plus riche en couleurs éclatantes et saines, en silhouettes
bizarres et variées. C'est à croire que tous les peuples de
l'Orient, et même de l'Occident, s'y font représenter. En
quelques heures, et sans faire un pas, on peut y voir et, au
besoin, y cataloguer les costumes de toutes les races et
de toutes les religions de l'ancien continent.

Au Tcharchi, je cherche vainement à réassortir une étoffe de Brousse, achetée l'an dernier. Les marchands n'en ont
plus, mais dans les sept boutiques que je visite successivement
ils m'offrent, tout comme en France, au lieu de ce que je

---

(1) Teskéré : *permis*. — En Turquie on ne peut rien faire sans une Teskéré.

demande, mille objets incohérents et inutiles. Kostis qui flaire une commission, s'applique à me persuader que ces objets me sont ou me deviendront indispensables. Enfin un commis grec m'assure qu'il va trouver ce qu'il me faut, se sauve avec mon échantillon vers des ruelles tortueuses où il disparaît pour en ressortir peu après avec l'étoffe désirée. Je récompense son zèle en achetant des robes pour toute ma smalah féminine, — Tel le Kalife Haroun-al-Raschid, ou feu le Sultan de Zanzibar. (1)

_ Mais, quand il faut faire l'addition et traduire les piastres en napoléons, la chose se complique. Tout le monde s'en mêle : le marchand, son commis grec, Kostis, le cafedji qui nous a servi du café excellent, et moi même, quoi qu'indigne. Enfin on se met à peu près d'accord et je me sauve, enchanté de mes emplettes et du bon moment que je viens de passer.

En rentrant à l'hôtel, je constate que, contrairement à ce que j'avais vu l'année dernière, les femmes musulmanes ont le haymack très relevé et le visage presque découvert. En général elles n'y gagnent pas. Mais pourquoi ce lever de rideaux ? Encore un problème dont, probablement, je ne trouverai jamais la solution.

Dîné le soir chez les V... avec son excellence Zu... pacha, le docteur P... gendre de la générale Y... pacha et sa jeune femme. La générale ne viendra qu'après diner. Le docteur, d'origine bulgare, après avoir fait toutes ses études à Paris, est rentré à Constantinople, où il est resté très français d'idées et d'allures. Sa charmante femme le couve des yeux et il le lui rend bien. De cette mutuelle incubation est résulté un bébé qui a maintenant six mois et qui semble être l'unique préoccupation du jeune ménage.

Zu... qui vient dans la maison pour la première fois y apporte un smoking irréprochable, des diamants gros comme des noisettes à sa chemise, et au petit doigt de la main

(1) Voir Arvade Barina : *Princesses et Grandes Dames*

droite un autre diamant taillé en rose, plat et presqu'aussi grand qu'une soucoupe de Rhodes. Ses dents, sous sa barbe et sa moustache courtes, dans un visage bistré d'arabe, brillent comme un ratelier neuf, moins cependant que ses petits yeux dont les paupières grasses et lourdes ne peuvent cacher ni l'éclat, ni le regard fin et sceptique. Dès qu'il parle ses joues, grasses intérieurement, pénétrent entre les mâchoires entr'ouvertes et ses paroles — un français très pur — sifflantes et précipitées, semblent sortir d'une bouche pleine de bouillie. Avec cela il rit d'un rien, comme un enfant.

A peine entré Zu... demande à la maîtresse de maison, la permission de quitter son fez, ce qui, m'a-t-on dit, constitue une des inconvenances les plus caractérisées que puisse commettre un Musulman et, de la soirée il ne lui adressera plus la parole, pas plus qu'au ménage X... dont il semble, malgré la présentation en règle, ignorer l'existence. Que se passe-t-il dans la tête de ce gaillard-là ? Que pense-t-il de nous, qu'y a-t-il derrière cette tenue et ces manières de Clubman ? Est-il humilié d'être traité comme un égal par des chrétiens de petite naissance, lui fils d'un grand chef presque roi, encore très riche, retenu à Stamboul par le Sultan qui l'a marié à une de ses proches parentes pour empêcher son retour à Bagdad, sa patrie, où il est très populaire ? Ou bien s'est-il débarrassé de ses préjugés ainsi qu'il l'a fait d'une partie de sa foi religieuse ? Comme nous sommes loin de l'âme musulmane et combien nous l'ignorons !

Madame V... pacha est au salon quand nous y entrons, après un repas exquis où tous les raffinements de la cuisine d'Auvergne — je plains ceux qui ne l'ont jamais goûtée — ont été améliorés et augmentés de ceux que l'Orient peut apprendre à une maîtresse de maison intelligente et aussi soigneuse du palais que de l'estomac de ses invités ; Madame Y... pacha encore très belle sous les grands bandeaux de ses cheveux blancs, aimable autant que distinguée, m'entretient d'abord des soucis que lui cause la liquidation de l'héritage de son mari, puis de son fils aîné, ingénieur des mines français au service de la Porte, que je dois voir à Smyrne, etc... Et sur le coup de dix heures je me sauve avec Zu... pacha qui a sa voiture : Ses chevaux gris pommelés, passent pour les plus beaux de Constantinople. Comment la légère victoria enlevée au trot de ces vigoureuses bêtes ne s'est-elle pas réduite en miettes dans les fondrières de la rue Faïk-Pacha, je ne le saurai jamais. Mais ce que je sais très bien c'est que, depuis ce soir mémorable où on me vit, sous la lumière éclatante des becs Auër, descendre de la victoria du pacha, la déférence qu'avait le personnel de l'hôtel pour mon humble personne s'est transformée en respect : on n'a pas, contre mon attente, fait figurer ce changement sur la note.

MERCREDI 26. — Mon camarade Dec est arrivé ce matin à 6 heures, venant de Cassandra par Salonique. Il est allé à cheval de la première à la seconde de ces villes avec le Consul de France ; et en arrivant, ils ont appris qu'ils avaient failli être enlevés par des brigands. Une bande s'est formée qui exploite le pays et avait jeté son dévolu sur eux. Mais elle s'est trompée de date et est arrivée trop tard.

Voici un grief de plus des Macédoniens contre les Turcs. Sous l'administration ottomane tout périclite dans ce pays si riche au temps d'Alexandre. Une seule industrie y était restée prospère, industrie nationale s'il en fut : le brigandage. Et voilà qu'elle dégringole elle aussi. Les brigands arrivent en retard, comme des gendarmes turcs. Il n'est que temps de chasser l'oppresseur cause de cette décadence. La Grèce s'en chargera, à elle seule..., dès que l'Europe aura le temps de l'aider.

Après déjeuner j'irai à Thérapia voir notre ambassadeur et Samedi nous partirons pour Rhodes par le vapeur russe.

JEUDI 27. — Descendu dans la matinée à Galata je suis remonté à Péra en flânant. Les rues sont pleines de Lévantines élégantes. Elles font leurs emplettes et envahissent les magasins ; les officiers à cheval, chamarrés de décorations montent du côté du Palais. La foule est presqu'aussi grouillante qu'aux abords du pont de Galata... mais c'est une foule européenne. J'entre chez un libraire. La main mise par la Porte, il y a quelques jours, sur les valises des Postes étrangères, les saisies, dans les magasins, de livres supposés sédicieux, rendent ce négociant morose et même pessimiste. On lui payera certainement ce qu'on lui a saisi, mais dans combien de temps ? Allah bilir ! Dieu le sait !

« Les Puissances, dit-il, ont reculé dans cette affaire qui n'a ruiné que quelques pauvres libraires, mais a surtout servi de prétexte à l'arrestation de plus de trois cents personnes, soit disant compromises par les lettres saisies. Ce n'était pas d'une vaine promesse de ne plus recommencer que devait se contenter l'Europe. Il fallait une réparation éclatante. La faiblesse dont on a fait preuve a donné au Sultan la mesure de sa force et, de l'humeur dont il est, où s'arrêtera-t-il ? » Ainsi me parla le libraire. L'avenir lui donnera-t-il raison ? Ici on le craint.

A une heure, par une chaleur torride, traîné par Dec et poussé par Kostis j'ascensionne tout en haut de Stamboul, au Seraskierat. C'est un grand bâtiment où, dans des bureaux meublés principalement de poussière, des gens fort aimables nous offrent de très petites tasses de moka authentique, tout en causant de très gros pots de vin non moins authentiques. Nous retrouvons-là une vieille connaissance, le cavas du Bureau technique. La trogne enluminée de ce Turc de la décadence ne laisse aucun doute sur l'emploi qu'il va faire de notre bachich. Nous descendons les rues en pente qui longent le bazar, et nous voici à la tête du pont de Galata où Dec me laisse, installé avec Kostis dans un léger caïque à deux rameurs, en route pour les Eaux-douces d'Europe, tout au fond de la Corne-d'or.

Notre barque mal dirigée par Kostis qui barre à tort et à travers nous promène, malgré les cris des sentinelles, au milieu de la flotte de réserve que l'on dépèce — à moins qu'on ne la répare, — longe le faubourg de Galata, passe entre des sortes d'ilôts bas sur lesquels on transforme en briques la boue draguée dans les ports, et s'engage dans une petite rivière ombragée : les Eaux-douces d'Europe. Nous la remontons, en passant sous de légers ponts de bois jusqu'aux murs d'un parc impérial qui nous arrêtent.

Cette dernière partie de notre promenade a été charmante. Les berges un peu élevées nous masquaient le sol jaune et nu pour ne nous laisser voir que les ponts élégants, les saules et les platanes qui couvrent la vallée, plus nombreux et plus hauts près de la rivière. Sous leur ombrage une famille vient de faire le Kief et se prépare au retour. Le père, assis sur un tapis fume un narghilé, les femmes rentrent dans des heybé et des grands sacs aux couleurs voyantes des coussins et les reliefs du repas. J'aperçois la gargoulette de terre poreuse encore suspendue à la corde tendue entre deux arbres, les gobelets, le pot de grès qui a contenu le glyco, les serviettes aux broderies rouges. Des enfants jouent sur le sol ; d'autres sont cachés dans la ramure des arbres où l'un d'eux, le plus âgé sans doute, joue sur une sorte de flageolet très doux des airs monotones. Amarrée à la berge, la lourde barque qui a amené tout ce monde attend, gardée par deux vieux serviteurs à longue barbe grise qui, alternativement, d'une bonne grosse voix, exhortent les gamins à descendre de leur perchoir.

Sur l'autre rive ,deux Zaptiès en ballade se tiennent par la main et marchent l'œil vague, avec l'air particulièrement idiot de nos Dumanets endimanchés.

Tout ceci, sous l'éclairage pourpré d'un soleil déjà bas, est d'un charme et d'un calme idyllique ; et combien philosophique ce rapprochement entre la vieille Turquie patriarcale et encore nomade, qui s'installe pour y passer un jour ou des siècles là où l'eau est pure et fraiche, l'ombre épaisse, le coup d'œil reposant et, séparée d'elle par un ruisseau de quelques mètres, la jeune Turquie, empruntée dans son uniforme allemand, allant au hasard sans rien voir, incapable de jouir des choses qui faisaient le bonheur des aïeux, et ne comprenant encore rien aux jouissances nouvelles qu'on lui impose.

Un vent frais venant du Bosphore s'est élevé. Nous contournons les murs bas du vieux parc. Au travers des futaies épaisses les marbres du palais apparaissent par échappées, sous les arbres. De grands bassins de pierre, montrent les longues lignes de leurs berges. La vie doit être douce dans cet oasis et ceux qui le créèrent le savaient bien. Leur successeur actuel a bien hérité des palais, des eaux et des ombrages mais ils ont négligé de lui léguer la manière de s'en servir. Confiné dans Yldiz-Kiosk le Sultan actuel n'en sortait autrefois que rarement. Depuis quelques années il n'en sort plus du tout et Kostis affirme, avec indignation, que Sa Hautesse n'est jamais venue aux Eaux-douces d'Europe.

Derrière le parc une esplanade s'étend à perte de vue, plantée de platanes séculaires, forêt féérique si, sous les arbres, le sol rouge n'apparaissait vierge de la moindre trace de végétation. Nous revenons sur nos pas juste à point pour voir sortir du parc le grand troupeau des juments du Sultan qui, conduites par des soltats, traversent l'esplanade au galop et rentrent dans leurs écuries.

Installés de nouveau dans le caïque nous prenons le chemin du retour en longeant d'assez près la rive de Stamboul. Nous accostons à Eyoub pour laisser reposer nos caïdjis qui, obligés de lutter contre le vent, suent sang et eau. Un café amphibie nous accueille et pendant que je m'absorbe dans la contemplation des 'rites culinaires d'un bon vieux qui fait cuire des courgettes dans un petit four portatif, Kostis cherche inutilement à m'entraîner au cimetière, que je connais déjà, ou vers la Mosquée, interdite aux Roumis — mais dont il prétend connaître le Mollah, — dans laquelle le Beuyuck Tchélébi (1), à chaque avènement, attache à la ceinture du nouveau Commandeur des Croyants, le cimeterre, emblème de la puissance militaire.

(1) *Tchelebi*.— Chef des derviches tourneurs, interne, habituellement à Koniah.

Les rameurs rechauffés par une tasse de café, nous reprenons notre course vers Galata. Le Phanar nous montre ses antiques maisons. Voici celle de Kostis, verte d'humidité, les pieds dans la vase. Je l'ai visitée l'été dernier et je revois encore son intérieur archaïque, ses murs de forteresse, ses volets de fer forgé datant peut-être des beaux jours de Byzance, et, tout en haut, la salle turque où l'on m'offrit le glyco, les armoires aux portes de vieille marqueterie qui l'entourent ; Je m'y arrèterais bien encore et Kostis me le demande, mais il est trop tard, il faut rentrer.

Nous sommes au vieux pont. La tour de Galata, au-dessus de nous s'élève, rougie par les derniers rayons du Soleil ; De l'autre côté de la Corne d'Or, Stamboul disparaît déjà noyée dans une vapeur bleue que dominent, longs cierges blancs, les innombrables minarets.

VENDREDI 28. — Je pars sous la conduite de Télioudis à la recherche d'abord d'un chapeau de paille pas trop cher, et ensuite de mon ami Ba..., journaliste, historien, philologue etc... Télioudis, jeune grec, né sur le pavé de Galata, intelligent, actif, intrigant, a le génie, la bosse des affaires. La symphonie et le bazarlik, ces deux mots, l'un grec l'autre turc, qui désigne tout accord commercial, tout marché, n'ont aucun secret pour lui. Il me conduit d'abord chez un chapelier grec, dans une petite rue de Péra. On s'assied et le marchand me montre ses différents couvre-chefs ; après examen et discussion pour préciser celui qui convient le mieux à mon genre de beauté, discussion à laquelle je ne prends qu'une faible part, mais où les deux grecs font assaut d'éloquence, le véritable combat s'engage. Il s'agit de fixer le prix du chapeau choisi et chacune des deux parties fait valoir avec méthode ses arguments, non sans avoir, au préalable, réfuté ceux de l'adversaire.

Que ne donnerais-je pour comprendre couramment le grec ! Je saisis au vol quelques mots, je devine au jeu des physionomies, aux gestes, le sens général, le sommaire des plaidoyers, mais j'en perds le meilleur ; la souplesse de la

dialectique, la subtilité de l'objection, l'imprévu de la réplique ; cependant la pantomime est telle qu'en regardant ces
deux personnages l'un en chapeau melon, l'autre en bras
de chemise, échanger des périodes rythmées et sonores, en
présence de deux commis, dispensateurs discrets de l'éloge
et du blâme, les souvenirs classiques qui sommeillaient dans
un coin de ma mémoire, se réveillent en foule et me
reviennent pêle-mêle, avec ceux de mes lectures sur la
Grèce actuelle. Je comprends à ce moment les philosophes
et les rhéteurs, les orateurs, les généraux, les dramaturges
de la vieille Hellade, les politiciens "de l'Athènes moderne :
Platon, Anaxagore, Gorgias, Alcibiade, Démosthène, Péri-
clès, Aristophane, Xénophon, Tricoupis, Delyannis, tous
beaux parleurs pour lesquels le geste n'est que le prétexte
de la parole, du discours qui l'a précédé ou qui, fatalement
le suivra.

Aucun peuple, autant que le Grec, n'a conservé la tradition
et le culte passionné de son passé, la pureté de sa race, ses
qualités et ses défauts. Le Grec moderne est au costume près,
— et encore dans certains coins reculés du Péloponèse ou de
la Morée les modifications n'en sont peut-être pas bien
grandes — resté ce qu'il était au temps d'Aristophane.
Télioudis et le chapelier discutent la valeur d'une coiffure
de cinq francs avec la même ampleur, la même dialectique
que Seuthès et Xénophon à Salmydesse en mettaient à
discuter la solde des Dix Mille.

Télioudis, ancien saute-ruisseau, aujourd'hui dactylogra-
phe à Yeni-Han, a une ambition : devenir bacalis à Kydros.
Il possède un oncle qui fera les fonds nécessaires — trois ou
qualités et ses défauts. Le Grec moderne est, au costume près,
En attendant la réalisation de ce désir qui n'est pas un rêve,
il propose à Dec des affaires quelconques, prospecte les mines
dans les montagnes de la Troade et des Dardanelles, couche
dehors sous la pluie dans son petit pardessus mastic, me
fait gagner deux piastres sur l'achat d'un chapeau de paille
et me conduit à la recherche de M. Ba...

Ce méridional, ancien précepteur de plusieurs jeunes fils du Sultan, est aujourd'hui professeur dans je ne sais quelle institution impériale et entre temps rédacteur, je crois, au « Stamboul » journal français local. Aussi modeste que savant, Ba... type de l'érudit qui s'ignore, ouvre, quand on lui demande de le faire, le trésor de ses connaissances et y puise à pleines mains sans regarder la valeur de ce qu'il donne. Bien en cour, intimement lié avec le chef des eunuques noirs, gouverneur du vieux Sérial, qui a pour lui l'affection la plus vive, il n'a jamais rien demandé et est resté pauvre ou peu s'en faut, alors qu'autour de lui chacun mettait la main sur quelque bonne place ou quelqu'affaire lucrative. J'ai visité, l'an dernier avec Ba..., Constantinople et ses monuments et j'ai conservé le meilleur souvenir de ce savant aimable que je voudrais bien revoir. Nous le cherchons en vain dans ses divers domiciles et, de guerre lasse, nous abandonnons la partie.

Télioudis m'accompagne au bazar où je veux acheter des petits linges brodés, mouchoirs ou serviettes. Mon grec connait des Persans qui ne nous écorcheront pas trop et nous feront boire du thé excellent. Malheureusement nous trouvons le quartier persan désert : les marchands qui y faisaient de piètres affaires ont fermé boutique. Nous repartons dans les rues qui longent le Bazar, et le spectacle si varié qu'elles nous offrent me fait bénir le hasard qui me les fait traverser : voici des chameaux lourdement chargés de sacs, des ânes qui trottinent sous leurs deux tonnelets pelins d'eau, des marchands de limonade à la glace. Des hamals disparaissant sous d'énormes ballots, bousculent en passant des camelots étalant sur des éventaires les plus hideux bibelots d'Allemagne. Dans les ruelles en pente nous passons, sans nous arrêter, devant des maisons profondes où l'on entrevoit, dans les cours, des montagnes de tapis, devant des boutiques alléchantes où, dans des bassines de cuivre, des nègres aux bras nus fabriquent le Rahat-Loukoum transparent et le coulent sur des tables de pierre, devant les

échoppes enfumées des rôtisseurs où, enfilées sur des brochet-
tes verticales grillent des petits cubes de viande de mouton,
et nous arrivons, près des murs d'une mosquée, à un vaste
khan relativement silencieux.

Nous montons un escalier, nous traversons une terrasse
couverte et ncus nous cassons le nez contre une porte
fermée. Un voisin, les yeux cachés par de grandes bésicles,
la tête couverte d'un haut turban vert, pose le livre qu'il
lisait, nous prie d'attendre et va chercher le propriétaire
de la chambre close, juif de Salonique qui parle un vague
français. Dans la chambre où l'on nous introduit des milliers
de mouchoirs sont jetés pêle-mêle sur le sol dallé. Je fourrage
dans le tas pendant que Télioudis explique et que le juif
discute : Mais j'ai saisi au vol un mot d'Espagnol. J'avais
oublié que le Castillan est la langue usuelle des Juifs de
Salonique. Je suis sauvé : le bazarlik va se continuer en
français et en espagnol.

J'ai choisi dix-huit mouchoirs brodés de soies blanches
et ornés de jours faits, probablement, par des fées. Le juif
m'en demande 180 francs. Télioudis s'indigne d'abord, puis
s'assied sur la pile des étoffes et, comme naguère chez le
chapelier, le combat s'engage bilingue. J'offre 2 livres
turques, 48 francs. Petit à petit le juif est descendu à
72 francs.

— Petit agneau, lui dit alors dans son meilleur grec
Télioudis, qui comprend mais ne parle pas le Castillan,
n'as-tu pas honte de t'entêter à vouloir dépouiller un
mouzafir (1) aussi vénérable que le mien ? et ne crains-tu
pas qu'une fois rentré dans son pays il ne fasse publier
par les journaux que tu es un voleur.

— Le mouzafir ne commettrait pas une mauvaise action
aussi peu justifiée. C'est au contraire, si je lui vendais ces
magnifiques mouchoirs à perte que l'on pourrait croire que
je les avais volés.

----

(1) *Mouzafir.* — Etranger.

— Adelphi, répliqua Télioudis, tu n'es qu'un sauvage. En conscience, je ne peux laisser plus longtemps mon Mouzaphir entendre tes éxagérations pires que des blasphèmes.

Et en même temps, avant que j'aie pu prévenir son geste, il rejette sur le tas les mouchoirs que j'ai choisis et me pousse hors de la chambre ; nous sortons pendant que le juif ramasse les mouchoirs, referme paisiblement sa porte nous salue et s'en va.

— Ne craignez rien, me dit le grec qui voit mon désappointement et prévoit mes reproches, avant que nous ayons passé le pont, le juif nous aura rejoints et aura aussi baissé son prix.

Nous allons ailleurs faire quelques emplettes. En redescendant vers la Corne d'or un embarras arrête notre landau.

— Tiens, prends tes mouchoirs pour deux Napoléons et demi et un medjid — 55 francs environ. —

C'est le juif qui vient de surgir à côté de nous agitant un paquet.

— Ne répondez pas à cet homme, me dit Télioudis, nous n'en finirions pas. Il reviendra.

La voiture repart. A la tête du pont nouvelle apparition de notre vendeur, toujours aussi calme, aussi souriant.

— Tiens, prends les à deux Napoléons et demi, nous crie-t-il.

Télioudis se dresse dans le landau et, devant les passants intéressés le duel à coups de langue recommence. Le juif qui en tant que sémite, préfère le geste à la parole, croit couper court en acceptant mon offre de 2 livres turques. Mais Télioudis, enfin vainqueur, lui crie à pleins poumons : « Il est trop tard ! » et forçant le cocher à s'engager sur le pont il laisse son adversaire déconfit essuyer les quolibets des spectateurs.

— Soyez tranquille, effendi, me dit alors ce grec subtil, dans un mois je retrouverai Sabbas, comme par hasard, et j'aurai vos mouchoirs pour 30 francs. Je vous les enverrai par la poste et vous me les rembourserez plus tard. Tous ces juifs sont des voleurs. (1)

Kostis arrive à l'hôtel en même temps que moi, effaré 'et affolé ; il a reçu l'an dernier, sur la figure, pendant notre voyage en Bithynie, un maître coup de pied de mule qui lui a dévié le nez et cassé pas mal de dents. Je le vois aujourd'hui dans un tel état de surexitation que je le crois devenu fou des suites de son accident, et pendant qu'il reprend ses esprits et cherche ses phrases, je commence avec ma conscience un dialogue aux fins de déterminer la part de responsabilité que je peux avoir dans ce fâcheux évènement. Kostis, qui a repris son sang-froid, interrompt cet examen avant que j'aie trouvé la solution du problème.

— Monsieur, me dit-il, vous ne pouvez pas partir par le bateau russe, comme vous comptez le faire ; la peste est à Galata. On vient d'emporter un épicier malgré qu'il affirmât n'être pas malade. On a enfermé sa famille dans une maison isolée hors de la ville. On a jeté dans la rue tout ce qui était dans sa boutique et les passants l'ont emporté. Sa boutique, inondée d'une drogue dont j'ai oublié le nom est maintenant fermée et les zaptiès montent la garde devant la porte. On assure que tous ceux qui ont pris les marchandises, mourront de la peste, mais il paraît que ce n'est pas certain. Ce qui l'est, c'est que l'on va mettre des quarantaines sur tous les bateaux venant d'ici.

Ceci est plus grave. Allons-nous passer dix jours en rade de Smyrne ou dans un lazaret turc ? Evidemment non. Puisque je dois aller en Cilicie, le plus simple et le plus court serait d'y aller par terre. J'y vois trois avantages : nous éviterions la quarantaine, le mal de mer, et je verrais le pays que par mer je n'aurais pas même entrevu.

Dec revient de Thérapia à 1 heure. On lui fait part des nouvelles et aussitôt nous décidons le voyage par terre.

---

(1) La vérité m'oblige à dire que j'attends encore mes mouchoirs.

Départ après-demain dimanche, par le train de Koniah. All right !

Visite, dans la soirée, au vieux général Lecoq Pacha, cet excellent homme qui raconte si bien et si volontiers la bataille du Mans à laquelle, quittant les trois étoiles de divisionnaire ottoman, il a assisté en officier français volontaire ; puis à B...ski pacha, général de division lui aussi, et chimiste en chef de sa Hautesse le Sultan, très brave polonais, malgré son titre d'opérette. Ils sont, ce matin, tous les deux au palais où la fête du Beïram appelle tous les hauts fonctionnaires. Ce soir, en dînant chez les V... nous verrons par les fenêtres ouvertes sur la Corne d'Or, tous les minarets de Stamboul s'illuminer et nous entendrons les muzzins des deux mosquées voisines de la rue Fayk-Pacha faire du haut de leurs perchoirs, assaut de roulades et de vocalises, un peu pour appeler les croyants à la prière, beaucoup, dit-on, pour conquérir le cœur et les bonnes grâces d'une dame turque du voisinage.

SAMEDI 29. — Nous achetons nos ustensiles et nos provisions de voyage. Tout cela est tellement sommaire que Diogène lui-même ne s'en fut peut-être pas contenté. Nous joignons à ce bagage où deux lits de campagne représentent le confortable moderne, deux volumes de Strabon, des capsules d'huile de Ricin et des cachets de Quinine : l'aliment de l'esprit et la santé du corps. Puis, nous allons déjeuner avec l'ami Ba... qui s'est manifesté ce matin, venant des îles des Princes, où il était en villégiature, et Diamantidis, ingénieur grec que Dec avait envoyé l'an dernier sur la côte de Cilicie, à Mélech et à Séléfkia, faire des recherches de mines. Il vient avec nous comme interprète jusqu'à Kutarah où il organise pour Zu... pacha, une exploitation de chrome. Au-delà, nous nous tirerons d'affaire comme nous pourrons, avec une cinquantaine de mots turcs, un tout petit vocabulaire de cette langue et le grec que Dec parle comme feu Démosthène.

Au jardin des Petits-Champs où Zu... nous a donné rendez-vous pour diner, ce pacha nous remet une lettre personnelle de recommandation pour son ami le Vali de Koniah, et une autre, officielle celle-ci, du président du conseil d'Etat pour ce même vali qui est son obligé.

Avant de rentrer à l'hôtel nous écoutons deux actes des « Granatieri » sorte d'opérette, moitié « Fille du Tambour-major », moitié « Fille du régiment », bien jouée par une troupe italienne très nombreuse du côté des dames. Ces personnes sont malheureusement trop maigres pour plaire aux indigènes : Les turcs, comme les Juifs orientaux estiment chanteuses et danseuses au poids.

Très amusant ce théâtre à peu près en plein air où se donne rendez-vous le Tout Péra élégant. Un Ambassadeur céliba-taire, ou réputé tel, y serre de très près une Smyrniote déjà entre deux âges mais toujours très blonde et, autant que j'en peux juger, très coquette. Elle habite Péra mais revient de Smyrne où elle avait été faire visite à son mari qui y reste pour obtenir une concession de chemin de fer après laquelle il court depuis des années, depuis si longtemps même qu'il ne sait plus bien, dit-on, de quelle concession il s'occupe. Sa femme ne court pas, mais elle laisse courir après elle. Ceci d'ailleurs, ne nous regarde pas.

On nous raconte sur cet ambassadeur une bonne histoire : Il était, il y a quelques mois, tout à fait bien avec une belle lévantine et leurs rendez-vous se donnaient la nuit, sur un vacant planté d'arbres, près d'une caserne. Leurs allées et venues et les scènes très intimes qui les suivaient déplurent aux officiers du régiment, si bien qu'un beau soir les deux amoureux furent appréhendés par une escouade de quinze soldats, et attachés, bien baillonnés, chacun à un arbre, l'Excellence le dos à l'ennemi, la dame, au contraire le dos à l'arbre. Puis, tous deux, dépouillés en partie de leurs vêtements eurent à subir successivement les outrages des quinze militaires.

L'injure faite, les patients déliés et débaillonnés restèrent penauds et seuls, leurs agresseurs étant rentrés au quartier en bon ordre. L'Excellence courut, dès l'aube, se plaindre au ministère des affaires étrangères où on lui fit comprendre qu'en pareil cas le mieux est de se taire. Il se le tint pour dit, mais la dame ébruita l'affaire, en ajoutant, pour ses intimes seulement, que, somme toute, elle n'était pas trop fâchée, les soldats s'étant conduits très galamment avec elle.

La seule conclusion logique à tirer de cette aventure est que la dame, aussi sotte qu'indiscrète, qui en fut l'héroïne, n'était pas musulmane, car il est écrit dans le Coran : « Le Sage cèle ce qu'il sait, mais le fou publie des sottises ». Et j'ajouterai, pour clore cette digression, que les femmes, turques ou non, n'ont pas le monopole des indiscrétions. Les hommes ne s'en sont jamais privés, même les saints. Anatole France, entr'autres Pères de l'Eglise, raconte que saint Injuriosus et sainte Scolastica — qui furent après leur mort, enterrés dans la basilique de Sainte-Allire, à Clermont d'Auvergne — avaient, quoiqu'unis par les liens sacrés du mariage, vécu dix années côte à côte, comme frère et sœur. Après quoi, Scolastica étant morte, son corps fut porté en grande pompe et le visage découvert, dans la basilique. Agenouillé près d'elle, Injuriosus prononça à haute voix ces paroles : « Je te rends grâce, Seigneur Jésus, de ce que tu m'as donné la force de garder intact ton bien. »

A ces mots, la morte se souleva de son lit funèbre, sourit et murmura doucement : « Mon ami, pourquoi dis-tu ce qu'on ne te demande pas ? » Puis elle se rendormit du sommeil éternel.

Les exemples d'indiscrétions abondent et j'en pourrais citer de singulières, mais il vaut mieux que je me conforme au précepte du Coran, et que je me taise. D'ailleurs ces obesrvations ne seraient peut-être pas tout à fait à leur place dans un récit de voyage.

CHAPITRE III

DE CONSTANTINOPLE A KONIAH

DIMANCHE 30 JUIN. — Nous partons à 5 heures du matin par le premier bateau allant à Scutari. On nous donne au ponton de Galata, nos billets et on enregistre nos bagages pour Koniah, après une visite de douane rendue minutieuse et pénible par la présence d'un inspecteur très galonné.

Ces visites, chaque fois qu'on arrive dans une ville turque ou qu'on en sort, sont odieuses. Que cherche-t-on ? quels sont les objets dont la possession est licite et ceux dont elle est prohibée ? Mystère. Les armes, me dit-on, sont toujours confisquées. Or, dès qu'on a quitté Stamboul, les indigènes sont des arsenaux ambulants ; chacun d'eux a au moins un long poignard dans la ceinture et, s'il va dans la campàgne, un interminable fusil. Bien mieux : à Rhodes, séjour du plus grand nombre des déportés de l'Empire, soit politiques, soit de droit commun, siège d'une forte garnison, j'ai vu colporter et vendre dans les rues, des Lefaucheux à deux coups, comme on vend ailleurs des fleurs, des légumes ou des fruits. Et l'on a confisqué à Dec, venant à Salonique de Cassandra, le revolver qui constituait son unique moyen de défense dans une région infestée de brigands ; en même temps, on lui a pris la carte de l'Empire turc, de Kiepert, achetée à Constantinople où elle est en vente chez tous les libraires.

Reconnaissez-vous, si vous pouvez, au milieu de tout cela.

Les douaniers n'ont rien trouvé dans nos valises, revolvers, cartes, Strabon, ayant été répartis dans nos poches que personne n'osera visiter. Et ce déménagement aura lieu à l'entrée et à la sortie de chacune des villes où nous nous arrêterons. Elles ne sont, heureusement, pas nombreuses.

Voici notre itinéraire. Nous allons suivre le chemin de fer d'Anatolie, première section du chemin de fer de Bagdad, dans toute sa longueur, de Scutari à Koniah. Là, nous nous procurerons des chevaux et, avec ou sans escorte, nous descendrons droit au sud pour atteindre la Méditerrannée, vers Alaya, en traversant le Taurus dans sa pàrtie là plus déserte. A Alaya, nous renverrons les chevaux et l'escorte, si nous en avons une, et sur des chevaux de Dec, venus au devant de nous, nous gagnerons les mines de plomb qu'il fait exploiter dans la région. Puis, nous suivrons la côte à petites journées, visitant les ruines dont elle est couverte et les mines qui n'en sont pas très éloignées. Nous gagnerons ainsi Mersine d'où nous rentrerons en France comme nous pourrons : par Athènes, s'il n'y a pas de quarantaine à craindre, par Constantinople ou, au besoin, par Odessa.

Il pleut ; Scutari, devant nous, est voilée de gris, et derrière nous la tour de Galata, les minarets de Sainte-Sophie et de la Suleymanié disparaissent presque dans la brume. Sur le nouveau quai de Scutari où nous débarquons, des gens affairés, vêtus à l'européenne, courent à leurs affaires, et des hamals, plus nombreux que les voyageurs, se disputent leurs colis. La gare, Haydar pacha, est à deux pas, coquette sous les platanes qui l'ombragent.

Nous sommes salués sur la terre d'Asie par le fonctionnaire chargé de vérifier les terkérés. Puis de nouveaux douaniers visitent assez sommairement d'ailleurs, nos colis à main, et nous voici dans le train de Bagdad. Il n'y a qu'un seul compartiment de première classe où, étant seuls, nous nous installons pour deux jours.

Puis, de nouveaux douaniers visitent assez sommairement d'ailleurs, nos colis à la main, et nous voici dans le train de Bagdad. Il n'y a qu'un seul compartiment de première classe où, étant seuls, nous nous installons pour deux jours.

La voie suit, à peu de distance, le rivage de la mer de Marmara qui s'enfonce dans les terres par de nombreux fiords. Cette vieille terre d'Asie est ici riche, riante et peuplée. Elle accueille le voyageur par un sourire, pour dissimuler, peut-être, les tristesses qu'elle lui laissera voir ailleurs.

Cet « ailleurs » existera-t-il pour moi qui, voyageur trop pressé, ne peux que jeter, en passant, un regard sur ce qui m'entoure ? Si j'étais seul, je marcherais lentement et, au risque d'être indiscret, j'ouvrirais toutes grandes les portes entr'ouvertes. Je sais bien que je ne pourrais voir que la première salle de la maison. Mais cette salle, je la verrais bien. Hélas, je ne le pourrai même pas, et, à cheval ou autrement, je passerai, sans m'arrêter, les yeux trop fixés sur le but pour regarder à droite ou à gauche ; et quand, haletant encore, je serai rentré au logis, je ne connaîtrai pas beaucoup mieux les pays parcourus à cheval que ceux traversés en wagon. De ceux-ci, je n'aurai entrevu que les gares, des premiers, je n'aurai vu que les sentiers ; mais je pourrai dire : j'ai traversé l'Asie-Mineure en tant de jours.

C'est, peut-être, une compensation.

Strabon a assez sommairement décrit la partie occidentale de la Bithynie que baignent les détroits et la mer de Marmara, celle où nous sommes et la seule qui m'intéresse aujourd'hui. C'était, à l'époque où il écrivait, une région pauvre et inhospitalière. Elle ne devint que plus tard le jardin de l'Asie-Mineure, le réservoir d'où Bysance tirait ses fruits et ses légumes, la province dont les villes, enrichies, passèrent pour les plus prospères de l'Empire. Saccagée à plusieurs reprises, par les Croisés d'abord, par les Turcs ensuite, la Bithynie ne s'est jamais relevée de ses ruines et ce n'est pas l'administration ottomane qui lui rendra son ancienne splendeur ; mais, grâce à la richesse de son sol et au labeur infatigable de ses habitants, elle nous a paru la plus riche, la plus peuplée et la mieux arrosée des parties de l'Asie-Mineure qu'il nous a été donné de parcourir.

Au fond des petits fiords qui frangent ce calme golfe d'Ismidt, de jolis villages, aux grandes maisons de bois d'aspect constantinopolitain, se cachent sous les platanes. Les habitations, les petites fermes disparaissent dans les vergers. Des verdures séparent des champs de tabac, de maïs, de coton, bordées de figuiers trapus ; leurs feuilles géantes expliquent, mieux que tout commentaire, pourquoi cet arbre devint jadis la Belle-Jardinière du Paradis terrestre.

Nous stoppons à Ismidt. L'ancienne Nicomédie renferme encore des ruines intéressantes. Mais quand il est l'heure de déjeuner et qu'on n'a que 20 minutes d'arrêt, on les consacre exclusivement à la visite du buffet. Un grec très empressé nous y offre, moyennant la modique somme d'un franc par personne, des œufs au plat, un ragout de mouton aux courgettes, de l'eau très fraîche, des serviettes très sales et du café très clair. La pluie qui n'a pas cessé depuis ce matin redouble et devient déluge pendant que nous regagnons le wagon où nous arrivons trempés. A peine sommes-nous repartis, le soleil paraît, l'averse s'éloigne et bientôt les derniers nuages s'enfuient vers le nord. Nous n'en reverrons plus qu'au retour, en traversant la Bavière.

Nous tournons maintenant le dos à la mer et bientôt nous cotoyons le lac d'Isnick. Stations très rapprochées avec un fourmillement de voyageurs : des femmes, surtout, laides et malheureusement, dévoilées. Je ne me formalise pas de cette indécence musulmane, mais je la déplore car elle me dépoétise la femme turque. On ne pouvait déjà regarder sans déplaisir ses pieds maussades et son férédjé (1) trop plat par devant et trop meublé par derrière, mais on restait libre de parer de tous les charmes son visage invisible. Le haimak supprimé, cette dernière illusion nous est, hélas, enlevée.

Pourquoi depuis un an ce décolletage facial est-il à l'ordre du jour.

Je me le demandais depuis mon arrivée à Constantinople. Dec vient de me donner ce qu'il croit en être la raison : je la donne à mon tour pour ce qu'elle vaut :

L'année dernière les évènements de Chine battant leur plein, les affaires des Occidentaux dans l'Extrême Orient allaient mal. Cette année au contraire, les Célestes semblent

____

(1) *Férédjé :* Sorte de domino en étoffe légère dont la femme turque s'enveloppe quand elle sort.

céder et accepter les exigences de l'Europe. Or, à chaque
période de baisse dans la cote des affaires occidentales en
Extrême-Orient, correspond une recrudescence du fanatisme
musulman, qui se traduit par une affluence plus grande dans
les mosquées, et une observation plus rigoureuse des précep-
tes coraniques. Les maris font alors descendre le haymak
de leurs femmes jusqu'au menton. A chaque succès des Européens, au contraire, le zèle religieux diminue. On entrevoit,
peut-être sous l'influence de la Jeune-Turquie, une ère d'occidentalisation et de tolérance : les femmes en profitent pour
relever le haymak, en attendant qu'elles le lancent par
dessus les moulins, ce que beaucoup font, d'ailleurs, sans
attendre cette ère nouvelle.

A Hamidié, soudure de l'embranchement d'Ada-Barar, une
Kanoum au férédjé jaune serin descend d'un compartiment de
dames seules. Les pieds et les mains sont jeunes et distingués, la taille fine et souple ; elle se retourne : par miracle
elle est jolie. Pendant que nous la regardons s'éloigner, un
bras nu et décharné de vieille femme sort d'une portière,
brandissant un pot de chambre en fer émaillé, et rentre dès
que le contenu du vase à quitté le contenant. Mais le train
est déjà reparti au milieu des vergers, longeant au sud des
collines qui s'élèvent graduellement, couvertes de chênes,
de charmes, de noyers, de noisetiers et, surtout vers le
bas, de saules et de frênes.

Arrêt subit du train : la vallée autour de nous
est inondée, les petits ruisseaux tributaires du Sangarius
sont sortis de leurs lits et les débirs des haies et des clôtures
qu'ils entraînent ont obstrué les fossés et les aqueducs
trop étroits. Nous attendons pendant plus d'une heure que
des cantonniers en enlevant ces barrages aient dégagé la
voie. Puis nous avançons lentement... Un nouvel arrêt :
des hommes travaillent, dans l'eau jusqu'à la ceinture. La
voie seule est noyée, formant au milieu de la plaine verte où
miroitent encore de larges délaissés, une sorte de canal.
Sur ses berges les paysans sont rassemblés, curieux, femmes

d'un côté, hommes de l'autre. Les femmes, sans férédjé ni haymak, ont les épaules et la tête drapées dans une sorte de grand haïk. Les hommes portent la veste blanche que les plus riches recouvrent d'un gros caban noir sous lequel ils étouffent. Les notables se mettent à l'ombre de grands parapluies.

Le mauvais passage traversé sans encombre, nous arrivons au Sakaria, ce Sangarius dont il y a un an, dans la mer Noire, du pont du Massoushé où je hoquetais le mal de mer, j'avais aperçu l'embouchure marécageuse. Le fleuve suit une jolie gorge boisée puis à Gueiré débouche dans une plaine très cultivée. Il contourne ensuite des collines de plus en plus élevées semblables, comme aspect et constitution géologique, à celles du Rio Guadalfco en Andalousie ; à Vézirkhan le fleuve s'est creusé, dans un calcaire argileux rose, un défilé étroit, à pente rapide, à parois verticales hautes de plus de 100 mètres. Rien ne peut donner une idée de la coloration de ces calcaires sous les rayons obliques du soleil.

Au sortir du défilé, au delà de la gare de Bélédjick, le gneiss et les schistes noirs anciens, très ébouleux, remplacent le calcaire. La voie, qui depuis le défilé a quitté le fleuve et a pris une inclinaison sensible s'élève rapidement par une série de lacets et de tunnels. La locomotive essoufflée arrive enfin sur le plateau et nous voyons en bas, bien au dessous de nous les fins minarets de trois villages que nous apercevions, il n'y a qu'un instant, très haut au dessus.

Le crépuscule arrive et minarets déjà lointains, platanes feuillus dans les gorges, croupes arrondies et arêtes rocheuses soulignées d'une dernière frange de lumière s'effacent et disparaissent dans la brume qui monte des vallées.

A 8 heures du soir Bossuc (Altitude 740 mètres) dont nous n'entrevoyons qu'une mosquée à coupole et un haut minaret.

Des œufs durs achetés le matin au buffet, pondus par des poules nourries de chrysalides de vers à soie, ont été immangeables ; nous mourrons de faim. Enfin, à 10 heures 30, nous sommes à Eski Cheïr où le train s'arrête pour la nuit. (Altitude 800 m.)

Une nuée de hamals envahit le quai, entre dans les compartiments et s'empare des colis. Un d'eux, grand gaillard barbu, fortement enturbanné vétu d'une robe rayée en long que serre à la taille une large ceinture de laine noire à palmettes rouges, semble présider à ce pillage méthodique.

— Où vont les effendis, demande-t-il ?.

— A l'hôtel Tadia.

Nous lui donnons jumelles photographiques, sacoches, billets, teskérés et clefs, et il nous dirige vers la sortie. Agitant billets et teskérés, il nous fait livrer passage, par la foule d'abord, puis par les contrôleurs, les policiers et les douaniers, agents forts polis, mais particulièrement loqueteurs.

Nous voici dehors, en une sorte d'avenue ou plutôt de piste large et poussiéreuse, coupée bientôt, à angle droit, par une rangée de lumières, piquant irrégulièrement le noir profond de la nuit ; c'est la rue des hôtels. Il y en a cinq ou six, tenus par des Grecs ; la ville est derrière, à plus d'un kilomètre. L'hôtel Tadia, où nous entrons, jouit du triple avantage d'être le plus proche, le plus ancien, et d'être tenu par une française barbue qui, après enquête, s'est trouvée être hongroise.

Dans la grande salle, où tous les vents se jouent au travers de quelques tables, deux ou trois roumis assez débraillés, poussent sur un billard crasseux, des billes polyédriques : aux murs, entre des chromos allemandes, la Régle du jeu de billard, en grec, s'étale au-dessus du portrait du Roi Georges et de lithographies bibliques.

La grande salle traversée, nous nous trouvons dans le restaurant, où les courants d'air sont encore plus violents. Pendant que l'on prépare notre repas dans une cuisine éloignée et vague, l'armée des hamals arrive, silencieuse, conduite par son chef. Elle monte un escalier, distribue méthodiquement nos colis dans trois chambres, suivant les indications

de Diamantidis élevé pour la circonstance au grade de four-
rier et disparaît aussi silencieusement qu'elle est venue. Nos
teskérés dûment visés, nous seront rendus plus tard.

Sur une nappe très propre (?) on nous sert d'abord une
soupe étrange mais succulente, où des fragments de tomates
crues et d'autres corps étrangers nombreux et mal définis
flottent dans un bouillon de mouton ; puis des sardines et
du beurre aigre qui est peut-être du fromage ; enfin l'inévitable rata aux courgettes que Kalipso prépara, dit-on, chaque
jour pendant sept ans, sans qu'il s'en lassât, pour le subtil
Odysseus, et qui mérite bien sa réputation.

Nous terminons ce festin, par de beaux abricots, tout en
nous amusant des efforts que fait, à une table voisine, une
gentille fillette de 8 à 10 ans, pour vaincre le sommeil, pendant que son père, Allemand aux moustaches rousses, discute
dans un français cocasse avec un Lévantin au nez busqué. C'est
le moment où surgissent les marchands de curiosité.

Du fond de leurs boutiques du bazar, ils flairent l'étranger
et l'assaillent quelques instants après son arrivée d'où qu'il
vienne et quelle que soit l'heure. Un très savant colombo-
phile militaire a prouvé, je crois, que les oiseaux migrateurs
ont un sens spécial, le sens de l'orientation ; un entomolo-
giste découvrira sans doute un jour l'organe qui permet aux
insectes ontophages d'arriver en quelques minutes, du fond de
l'horizon sur l'Argol (1) que vient de déposer dans la plaine le
cheval ou le chameau isolé qui passe ; quel naturaliste découvrira jamais l'organe ou le sens qui décèle au marchand juif
de l'Orient, la présence d'un effendi étranger à écorcher ?

Ceux qui, ce soir, attaquent notre bourse vendent surtout
des bibelots en écume de mer. Ce silicate d'alumine et de
magnésie se trouve près d'ici dans des mines assez riches.
Il y est disséminé en amas plus ou moins volumineux que
l'on recherche et que l'on exploite un peu au hasard. La
production de ces mines était autrefois travaillée sur place

____

(1) *Argol :* Excrément.

par des artistes locaux qui gagnaient largement leur vie. Depuis l'ouverture du chemin de fer on expédie la matière brute dans la pudique Allemagne où elle est transformée en ces belles pipes d'un goût si pur, sur les quelles s'étendent des jeunes femmes sans chemise que la nicotine culottera plus tard sans les vêtir. Et l'art de la sculpture indigène est et restera dans le marasme.

Après les bibelots en écume de mer viennent les antiquités ou les vieilleries, et notre table devient un musée : faïences persanes, armes anciennes c'est à dire rouillées, monnaies, ceintures, etc... Un des marchands, vieux juif à barbiche blanche nous confie qu'il a un objet d'art, très ancien et très précieux ; il n'a pu l'apporter ici, la vente des antiquités étant interdite. Mais nous pouvons aller le voir chez lui. C'est une statue de grandeur naturelle, en marbre blanc, représentant une femme enveloppée de draperies. Elle serait intacte s'il ne lui manquait la tête et les bras. Nous ne pouvons, à notre grand regret profiter de cette occasion vraiment unique, le long voyage à cheval que nous allons entreprendre nous interdisant le transport des femmes estropiées, fussent-elles de marbre. Je me borne à l'achat de quelques monnaies et d'une merveilleuse assiette en faïence de Perse à reflets métalliques qui, m'assure-t-on, ne peut être considérée comme fragile et qui ne l'est pas en effet, car rentré à Paris, je la retrouverai intacte dans ma valise.

A minuit nous montons nous coucher. Ma chambre dans une sorte de pavillon saillant, en bois, comme en ont certaines maisons de Stamboul, est percée d'un nombre plus que respectable, de grandes fenêtres à chassis dont je n'arrive à fermer qu'une seule. Deux lits et un divan me sollicitent, les uns et l'autre faits d'une table qui porte le matelas turc si mince et si court. Les lits ont, en plus, posé sur le matelas, un drap sale ; un autre drap plus sale encore, cousu sous une courte-pointe aussi épaisse mais moins dure que le matelas, complète la literie. Deux oreillers étroits et longs que l'on place, je crois, l'un sur l'autre, en équilibre, semblent n'être

qúe des objets de luxe. La chambre est propre... si l'on veut.
Sur une très petite table, une cuvette, un peigne épagneul et
une brosse à dents chauve. Comme on voit, à ces derniers
raffinements, que Madame Tadia est française !

Je m'introduis dans mon sac Razurel et, bien enveloppé
dans mon burnous, je superpose matelas et courte-pointe
et me couche dessus.

LUNDI 1ᵉʳ JUILLET. — Ce matin le soleil m'a réveillé.
Sous ses rayons déjà vifs la friperie de bazar qui meuble ma
chambre prend des airs de luxe réellement oriental. Par les
fenêtres restées ouvertes j'aperçois la plaine infinie baignée
d'une lumière éclatante qui la saupoudre comme d'une
poussière d'or. Tout au loin, des collines bleues, sur lesquelles
les gorges tracent de larges stries très sombres, limitent l'horizon ; à leurs pieds des brumes, pâles, légères, cotonneuses,
courent sur les marais ou les lacs que l'on devine au loin à
l'éclat plus vif du ciel. Plus près, l'œil ne voit que le sol,
jaune, aride et fendillé, sur lequel de rares herbes achèvent
de se dessécher, courbées par un vent du Nord assez frais
qui rend exquise la température matinale. Plus près encore,
des files de chameaux lippus, couchés sur l'avenue de la gare,
balancent par un mouvement continu leur petite tête stupide.
Et tout à fait sur mes fenêtres, un jardin avec de beaux
figuiers : la lumière traverse leur feuillage et dessine sur le
sol une mosaïque de gouttes de soleil.

Cette première vision de la vraie Turquie telle que l'ont
faite, après tant d'autres destructeurs, les Turcs actuels, me
la montre bien telle que je me la figurais : une terre déserte
sur laquelle le vent chasse la poussière, des flots de lumière,
des chameaux couchés synthétisent le passé et le présent.
Une gare rouge, la fumée d'une locomotive, la ligne blanche
d'une voie ferrée rayant la plaine, sont le symbole de l'avenir.
Lequel des deux l'emportera et donnera à la vieille Phrygie
son empreinte définitive ?

Un grand bruit d'ailes, des gloussements, des cris de
volailles s'élevant du jardin me tirent de ma contemplation.

C'est une buse de grande taille qui cherche à enlever l'un ou l'autre des jeunes poulets confiés à une dinde. Des dindons couchés dans l'ombre du mur, et que la buse n'avait pas aperçus, sont venus à la rescousse. C'est un vacarme affreux. La voleuse d'enfants effrayée disparaît après plusieurs retours offensifs, et les poussins apeurés se cachent sous les ailes de leur nourrice sèche. Ces dindons courageux n'étant vraisemblablement ni les pères ni les tuteurs des petits poulets menacés, je dois conclure de leur intervention spontanée, que les gallinacés de l'hôtel Tadia sont syndiqués. Déjà !

Pendant le drame, une porte qui donne sur le jardin s'est ouverte, encadrant une jeune femme sans haymak enveloppée de férédjé. Est-ce l'éclairage ? Est-ce parce qu'elle porte son chat par la peau de cou comme on porte un réticule ? Est-ce parce que je ne distingue pas bien ses traits ? Elle me paraît remarquablement jolie.

Les hamals silencieux reviennent et reprennent les bagages. Pendant que nous avalons une tasse de thé, un bon gendarme rapporte nos teskérés et reçoit avec gratitude une demi-piastre.

Nous courons à la gare où le train chauffe ; nos colis sont déjà dans notre compartiment exactement à la même place que la veille. Le chef hamal demande pour lui et ses hommes une juste rémunération, dérisoire si on la compare au service rendu et nous partons. Lorsque nous aurons en France une corporation de hamals aussi honnête aussi silencieuse, aussi économique et aussi perfectionnée que celle d'Eski-Cheïr et de Koniah, alors seulement nous pourrons nous dire un peuple civilisé et les Turcs se hasarderont, peut-être, à venir chez nous.

Dorylée, l'Eski-Cheïr actuelle, dont nous voyons fuir au loin les maisons basses et grises dominées par des mosquées et des minarets décrépis (1), fut autrefois le séjour de plaisance des Empereurs du Bas-Empire. La plaine était, à cette

---

(1. *Décrépis :* dont le crépissage a disparu.

époque, couverte de riches vergers et de paturages qu'arro-
saient des sources abondantes et nombreuses. Les montagnes
de l'Ouest, les collines de l'Est disparaissaient sous d'épaisses
forêts : aux portes de la ville s'élevaient les villas magnifiques des riches bysantins. Les Croisés d'abord, les Turcs
ensuite, sont passés par là et de tout cela, il ne reste
rien. Les forêts brulées périodiquement pour donner de
l'herbe aux innombrables troupeaux des envahisseurs, les
sources disparurent et, avec elles, les vergers et les villas. Le
désert entoure aujourd'hui la cité qu'évangélisa l'apôtre
Philippe, le lieu d'exil où Saint-Hilaire de Poitiers composa
son « Traité de la Trinité », désert insalubre, dont la température varie de 40 degrés de chaleur en été à 30 degrés de
froid en hiver, et où la fièvre paludéenne, engendrée par les
marais du Pursak, règne en maîtresse de juin en novembre.

Nous remontons, en le longeant, le cours du Tymbris
(le Pursak actuel) probablement aux lieux mêmes où les
Croisés gagnèrent en 1097, sur les Turcs Seljoucides, la
célèbre bataille de Dorylée. Après la bataille, les Croisés
pillèrent-ils la ville ? Les chroniques sont muettes sur ce
point. Retombée aux mains des Seljoucides, vers l'an 1300,
Dorylée n'y resta que quelques années et devint la résidence
d'Ertogrul, le chef des premiers Turcs Ottomans, qui arri-
vèrent sur les plateaux de l'Asie Mineure ; le sultan d'Iconium la lui donna comme fief héréditaire. La décadence de la
ville, irrémédiable aujourd'hui, commença probablement avec
la domination de ces nomades.

Les minarets gris se sont peu à peu effacés dans le lointain,
me laissant le regret de n'avoir pu passer quelques heures,
à défaut de quelques jours, dans les rues tranquilles et silen-
cieuses de la ville déchue. Est-elle restée vraiment turque,
sans pollution grecque ou franque, la capitale d'Ertogrul ? Le
chemin de fer est encore trop récent et la gare trop éloignée
de la ville, pour que le microbe européen ait traversé les
ponts du Tymbris. Mais déjà les chameaux connaissent le
chemin de la gare le long duquel le Grec s'est embusqué

dans des échoppes en planches, les femmes turques dévoilées promènent leur chat sous les fenêtres d'une gargotte franque, et l'ombachi (1) vient remettre, respectueusement des Teskérés aux chrétiens ; dans vingt ans le Bacalés sera maître de la ville où les Kanoums iront y acheter des gants dans un bazar allemand.

Sur la plaine les friches alternent avec quelques maigres cultures de céréales et de sésame. Des grès fins, friables, assez semblables à ceux de Fontainebleau, ont remplacé l'humus fertile du Sangarius.

Quelques villages plats, sans minarets apparaissent au loin. La plaine s'ondule ; puis des collines se rapprochent, s'élèvent et la vallée se resserre en gorge avec des pins clairsemés d'aspect japonais.

A Saboundji-Bounar nous retrouvons la plaine unie où les grès forment quelques pointements isolés. Le village est misérable fait de perches et de torchis, couvert en roseaux ou en planches grossières. Dans une colline gréseuse, formant falaise au dessus du village, des grottes montrent leurs orifices inaccessibles.

Alayund. — C'est la soudure de l'embranchement de Kutaïah. La gare est encombrée de moutons qu'on expédie à Scutari. Des Turcs assis sur les quais, devisent en fumant. Dans la plaine qui s'étend de plus en plus à l'Est, se dressent des petites tentes noires de Tziganes, entourées de troupeaux de chevaux. Les tziganes sont nombreux sur ce plateau. Très pauvres ils vivent pendant l'été du commerce des chevaux qu'ils volent avec autant d'adresse mais moins d'audace que les Circassiens. L'hiver ils tâchent de ne pas mourir de faim et de froid, et c'est là tout ce qu'ils peuvent faire.

Une piste longe la voie, d'autres s'éloignent vers l'Est dans la plaine aride. Sur toutes s'avancent de longues files d'arabas, à deux roues en bois pleines et basses, traînées

____

(1) *Ombachi :* Brigadier de gendarmerie.

par des bœufs ou de petits buffles. Ces chars transportent des planches ou des troncs de résineux tronçonnés en billes de 4 mètres environ. Ils viennent de bien loin sans doute, car il n' ya pas un arbre à l'horizon et les montagnes à l'ouest sont nues.

Duver. — (Altitude 1.120 mètres) Un grand bordj s'élève au dessus de la plaine : une porte cintrée flanquée de grosses tours carrées et basses donne accès dans l'enceinte. Est-ce une ferme ? une forteresse ? un poste pour garder la voie dans cette solitude ?

Les villages, toujours rares ,sont de plus en plus misérables : huttes de bois et de roseaux. Déjà depuis longtemps nous ne voyons plus de ruisseaux ; les pâtures encore vertes commencent à jaunir. Des moutons peut-être nombreux, mais rares si on compare leur nombre à l'étendue de leur terrains de parcours, paissent, gardés par des bergers deminus, montés à cru sur de petits chevaux épagneuls. Des saillies de grés perforés jalonnent la plaine. On dirait d'énormes éponges.

Ishané. — A l'ouest, très loin des montagnes profilent sur le ciel leurs arêtes finement dentelées ; plus près sur une route poussiéreuse, cahote un landeau fermé, escorté de gens à cheval, vétus à la franque, abrités sous des parasols blancs doublés de vert, et de piétons couverts de la longue robe turque. Quelle macédoine !

Derrière la gare des arabes attendent qui viennent d'amener des gens au train. Un gros personnage entouré de serviteurs empressés monte en 3me classe, après des salutations et des baisements de main reçus avec une indifférence de Sultan. Voilà ce que nous autres européens ne saurons jamais faire ; nous sommes d'autant plus enchantés de recevoir des hommages qu'ils nous sont moins dus, mais nous ne savons pas cacher notre satisfaction. Au lieu de l'indifférence ennuyée ou de la dignité hautaine que l'oriental montre en pareil cas, nous prenons l'air béat d'un âne qu'on étrille.

Nous partons d'Ishané exactement à l'heure de l'horaire.

Depuis Scutari je remarque la ponctualité du service, l'ordre et la propreté des gares. Beaucoup de monde dans certaines : jamais de désordre, jamais de bousculades. Le service est silencieux : on accroche ou décroche des wagons, on en décharge d'autres ou on y embarque des céréales et des bestiaux sans bruit, presque sans mouvement. Cela à l'air de se faire seul :quelques coups de sifflet et c'est tout.

Ici, j'ouvre une parenthèse. — C'est la seconde. — Quelle différence entre ce chemin de fer d'Asie Mineure et ceux d'Espagne, d'Andalousie surtout si semblable physiquement, pendant l'été, au plateau d'Eski Cheïr. Les gares des chemins de fer andalous sont, sans exception, rebutantes de saleté ; le service n'y existe pas. Une population de mendiants et de flâneurs est maîtresse des quais, les trains arrivent et partent presqu'au hasard, tant les retards rendent les horaires illusoires ; Sous les hangards trop grands et presque vides le désordre est extrème et prend des airs d'encombrement. Les colis s'y égarent ou s'y enlisent pendant des mois quand, par chance ils n'y sont pas volés. Et quel personnel ! Le voyageur qui perd de vue, ne fut-ce qu'un instant, sa valise ou ses menus bagages peut les considérer comme perdus. Les employés fouillent et allègent de ce qui est à leur convenance toute malle, grande ou petite qui leur est confiée sans avoir été entourée d'une cordelette à « âme métallique ». Une caisse que les employés plus ou moins gradés, les facteurs ou les hommes d'équipe supposent contenir des objets de valeur, ou seulement des comestibles, arrive rarement à destination. Si par hasard elle y arrive elle pèse bien le poids marqué sur la déclaration, mais quand on l'ouvrira on n'y trouvera que des pierres. Au chemin de fer d'Anatolie, quoique le petit personnel soit indigène la propreté, l'ordre, la ponctualité allemandes règnent partout. Un employé supérieur français m'a affirmé que les vols y sont à peu près inconnus. Le turc des classes inférieures est obéissant et souple. Il se plie à la discipline et quand il a compris l'esprit et retenu la lettre d'un réglement, il s'y conforme et sait le faire exécuter. Le soldat turc sous les armes est un soldat allemand ; l'employé de chemin de fer dans sa gare, sur sa voie ou dans son train, est aussi allemand que ses premiers instructeurs. Transportez ces mêmes instructeurs en Andalousie ; dans dix ans ils en repartiront laissant tout au point où ils l'auront trouvé en arrivant, trop heureux si, avec leurs illusions, ils ne laissent pas aussi, sous le ciel bleu du pays de l'huile, leurs économies et leurs effets.

Ces réflexions que mon expérience personnelle me rend peut-être trop amères, me sont suggérées par la vue des villages que nous rencontrons ; ils semblent venir, sans modifications d'Andalousie. Ce sont les mêmes maisons basses, sortes de cubes percés de petites et rares ouvertures, couvertes d'un toit plat en roseaux et argile battue ; c'est la même couleur terreuse des maisons du sol, des gens. Ce sont les mêmes puits à longues antennes. C'est le même soleil qui en fait disparaître les ombres sous ses rayons aveuglants. Les hommes diffèrent, heureusement ; et avec la perspective de notre long trajet à cheval, c'est le principal.

Ghazli-Gueuhl-Hammam : petite gare près des ruines d'un barrage ancien sur la rivière Akkar que nous suivons depuis quelque temps. Des débris de murs déchirent le sol. N'y avait-il pas là autrefois des thermes comme l'indique son nom de Hammam ? Que sait-on de leur passé ? voilà ce dont s'embarrassent peu les cinq ou six femmes aux férédjés blancs qui escaladent en riant les marchepieds d'un wagon. Affairées en apparence à caser avec elles les cages de leurs tourterelles et de leurs chats, elles coulent de longs regards du côté de Diamantidis qui encadre dans une portière sa belle tête régulière d'Apollon barbu.

Nous descendons la légère dépression dans laquelle coule l'Akkar-Tchaï, pour se jeter plus loin dans le lac d'Ack Cheïr. Rien ne borne à l'Est la plaine aussi plate qu'inculte. Près de la voie des chevaux sellés paissent, tandis que leurs cavaliers dorment étendus au soleil. Plus un seul arbre. Le pays paraitrait vide si vers l'ouest un minaret n'indiquait un village.

Nous roulons toujours. Assez loin, à droite, une grande gare, des magasins, des hangars au pied d'une colline, puis une voie qui, de la gare, semble venir se souder à la notre : nous sommes à Afioun-Kara-Hissar, et la gare que nous avons vue est la tête de ligne du chemin-de-fer de Smyrne : mais la jonction avec la ligne de Bagdad, la nôtre, n'est pas faite : il manque à la voie de Smyrne la longueur « d'un rail ». Les trains s'arrêtent donc à la gare entrevue, et des arabes transbordent voyageurs et colis. Il y a une histoire assez compliquée de querelle de tarifs entre les deux compagnies de Smyrne et de Bagdad, querelle que le Sultan a tranchée en interdisant le raccordement. Il se fera lorsqu'on se sera mis d'accord, et peut-être même beaucoup plus tard.

On déjeune à Afioun-Kara-Hissar, au buffet rudimentaire de la gare de Bagdad, où le Grec indispensable, en bras de chemise, nous sert une soupe espagnole, le « saupicado », et un rata de mouton dans lequel des petits pois, qui m'ont paru métalliques, remplacent la courgette. Pour boire, on n'a que de l'eau trouble ou, dans une immense bouteille l'eau de la source de Ghazli-Gueuhl-Hammam, qui est tiède et que l'on dit purgative. Je me garde d'en boire, mais je me réjouis en vérifiant l'exactitude de mon hypothèse sur la nature des débris anciens de Ghazli-Gueuhl.

Beuyuk Tchabanlar. — Altitude 995 mètres. La plaine s'étend toujours à l'Est monotone, couverte pour quelques jours encore d'une herbe courte que paissent de nombreux troupeaux de bœufs noirs. Dans certaines parties plus humides des paysans fauchent et chargent le foin mêlé de joncs sur des arabas qui se dirigent, en longues files, vers d'invisibles villages. Au dessus de collines basses se découpe une sorte d'arête hérissée des silhouettes pointues de quelques pins. Une broussaïlle rare pique de noir les pentes, tandis que des nuages promènent sur le vert éclatant du désert de larges taches d'ombre.

Tchaï. — La montagne du Sud-Ouest s'est rapprochée. Ce n'est plus une saillie isolée mais une chaîne imposante qui par l'ampleur des croupes, le nombre de ses rameaux, la hauteur des sommets, doit appartenir à l'ossature principale de l'Asie mineure. En avant, un premier chainon aux contours arrondis se relie à la plaine par des pentes douces ; au second plan une chaine plus âpre, sauvage, rébarbative, énorme entasse en escaliers de géants, ses falaises aux rebords des déchirures profondes. L'ombre des sommets se heurte à des saillies, et se divise aux dents aigues des crêtes secondaires, coupant seule l'uniformité de cet entassement de roches d'où le vent et les pluies ont chassé toute végétation, tout humus. A un détour de la voie, très loin et très haut, dominant de toute sa hauteur le panorama des montagnes qu'elle éclaire, une masse de neige resplendit, tellement éclatante sous le soleil que l'œil ne peut la séparer par une ligne précise du ciel bleu qu'elle illumine. Portée par un piédestal que la brume rend invisible elle semble flotter comme un nuage au-dessus du troupeau des sommets secondaires tout à l'heure si lumineux et qui maintenant paraissent sombres : c'est le Taurus.

A l'Est une grande étendue, très verte, avec des roseaux, représente un lac : l'Ebergueul, lac d'hiver qui, pendant l'été, n'est qu'un réservoir de fièvre paludéenne.

Ischakli, la Juliaïpsos des anciens, (altitude 975 mètres) est un oasis dans la steppe inculte. Le foin remplace les roseaux, les troupeaux sont plus nombreux. Puis voici de belles cultures, des arbres fruitiers, vergers d'un village invisible.

Yassian: l'oasis a disparu. Un large cône de déjection sort d'une gorge qui descend directement des cîmes neigeuses du Taurus. Il étale vers la plaine sa surface inclinée, ravinée par les derniers orages. A l'Est pas une cabane en vue : au loin, derrière une mer de roseaux miroite l'eau de l'Akchelik-Gueuhl.

Akcheïr — l'ancienne Philomeï. — Grande ville au pied des montagnes, près de l'Acchelik-Gueuhl dont le régime est des plus variables : presqu'à sec à la fin de l'été ce lac est rempli, à l'automne, par les pluies d'Octobre et, au printemps, par l'eau de la fonte des neiges que lui amènent plusieurs affluents, dont l'Akkar. Son aire d'été assez restreinte laisse autour de lui de grands marécages qui font de la région et de la ville, un des coins les plus malsains de la malsaine Phrygie.

Nous débouchons sur un nouveau lac, l'Ilgun-Gueuhl. L'eau bleue bat, sur l'une de ses rives, le pied de hautes falaises verticales et frange, sur l'autre rive, d'une écume blanche la lisière des champs de sésame.

Il est cinq heures. Le soleil couchant éclaire les falaises et fait du lac une nappe d'or en fusion que survolent, en criant, des bandes d'oies sauvages et de cygnes. Les plus hauts des sommets neigeux couronnés de gros nuages noirs semblent fuir au sud en une ligne bleue de plus en plus effacée. Au loin les troupeaux se rapprochent des villages qu'on devine au pied des montagnes.

Plus près de la voie, des buffles paissent dans un petit mezarlik (1) pendant que le berger, seul dans la plaine immense, fait la prière, prosterné sur son tapis.

Ipschid. — (Altitude 1033 mètres). Une acropole montre sur une colline de gneiss brillant son enceinte carrée de gros blocs taillés. C'est probablement tout ce qui reste de l'ancienne Tyriarïon.

Kahdjnani. — 6 heures 30. Le vent s'élève violent chassant vers l'ouest de gros nuages noirs. Les collines et les montagnes des deux côtés de l'horizon bleuissent et s'éloignent. Puis c'est encore la plaine. Le soleil couchant souligne d'un trait clair les arêtes du Taurus de plus en plus lointain. A l'Ouest les derniers rayons crevant les nuages colorent en violet un village inconnu. Pas un arbre, pas un être vivant dans l'immensité du désert où seul le train représente la vie.

8 heures. Il fait nuit. Quelques lumières scintillent au loin, puis se groupent plus nombreuses en un point. Des feux

(1) *Mezarlik :* Cimetière.

rouges, la secousse et le bruit du wagon passant sur les aiguilles et les plaques tournantes, un coup de sifflet, un arrêt brusque : nous sommes à Koniah, tête de ligne, jusqu'à nouvel ordre, du chemin de fer de Constantinople à Bagdad et au golfe Persique.

CHAPITRE IV

KONIAH

Comme à Eski-Cheïr les hamals se précipitent sur les colis pendant que nous nous hâtons vers un hôtel grec, vis à vis la gare : la ville est loin.

L'hôtel est très éclairé et semble plus confortable que celui d'Eski-Cheïr, une sorte de drogman au nez aussi rouge que son fez nous accueille et nous introduit : ce pochard parle français.

Pendant que nous dinons avec un « Saupicado », un rata aux haricots verts, et de la compote d'abricots, les bons hamals fonctionnent, commandés par un grand zouave blème, au visage ascétique, vêtu de bleu soutaché de blanc sale. C'est, nous dit-on, le meilleur loueur de chevaux et de voitures de la ville.

A minuit, nous nous répartissons dans trois chambres ; l'hôtel en possède cinq, et deux ménages l'un turc, l'autre arménien occupent les deux autres. Nous voyons passer les femmes enveloppées de férédjés et traînant chacune un chapelet de marmots. Nos chambres sont vastes, belles mais fort sales. Je me couche tout vêtu sur le lit-table dont les draps portent les traces certaines d'usages antérieurs ; une abondante pulvérisation d'insecticide dans mes vêtements me délivrera, approximativement, d'un excès de puces. La nuit est tiède mais le voisinage des arméniens qui, de leur chambre, ont reflué dans le couloir, ne me permet pas de dire qu'elle est embaumée.

MARDI 2 JUILLET — Nous ne nous levons qu'à 7 heures; on s'habitue vite au lit rudimentaire de l'Asie Mineure et j'ai très bien dormi sur mes planches. Le soleil est radieux. Nous avons envoyé, hier soir, en arrivant, un mot à notre ami St... ingénieur français, chef de section au chemin de fer, qui loge à la gare, à deux pas de chez nous. Ce trèsaimable garçon nous attend sur le seuil de l'Hôtel. Il nous accompagnera et nous fera les honneurs de l'ancienne Iconium.

Dec avait envisagé, dès le réveil, l'hypothèse d'un départ immédiat qui, avec le temps que nous prendront la visite au Vali, les emplettes indispensables, la location des chevaux, l'organisation de notre modeste convoi ne pourrait avoir lieu, au plus tôt, que vers 2 ou 3 heures de relevée. Il faudrait, dans ce cas, et pour gagner quatre ou cinq heures sur un trajet de vingt jours, renoncer à visiter la vieille capitale des Seldjoucides, la métropole des derviches tourneurs, la ville sainte où les pieux Musulmans de l'Asie Mineure se rendent en pélerinage. Nous en avons déjà vu, il est vrai, la gare et l'hôtel grec ; mon camarade estime que ce pourrait être suffisant. Et quoique, sur les sages observations de St...., qui vient à mon aide, le départ soit remis à demain, je commence à entrevoir que le but, principal aujourd'hui, demain unique, de notre voyage, sera la conquête du record de vitesse en Asie Mineure.

Le zouave bleu, homme prévoyant, a amené un landau découvert somptueux — il y en a six à Koniah —. Nous nous y installons, St... Dec et moi pour la plus grande joie des consommateurs assis sur la petite terrasse de l'hôtel. Nous allons d'abord au Konac.

Une piste à peu près entretenue relie la gare à la ville dont nous voyons devant nous les minarets. Nous laissons à gauche une grande koubba en terre jaune, nouvellement réparée, qui recouvre les restes de je ne sais quel marabout. A côté des terrassements indiquent un parc ou un jardin public en construction. Au milieu des terrassements se dresse le charpente d'un kiosque pour la musique : Iconium s'Hausmanise.

Des murs de terre, des maisons de terre, quelques verdures émergeant des cours : c'est Koniah. La ville de boue, où seules les mosquées, et quelques maisons sur la place du Konac sont solidement construites, s'étend au loin autour

d'une colline basse couronnée de minarets. Les maisons
neuves s'accolent aux ruines que chaque hiver accumule.
Les briques crues, gros cubes de boue séchés au soleil, dont
l'extérieur seul présente quelque résistance, interdisent les
constructions à plusieurs étages ; elles résistent mal aux
pluies d'automne, aux gelées de l'hiver, aux dégels du
printemps. Le soleil d'été consolide bien, de nouveau, ce
qui n'a pas été trop fendillé, mais malgré cela, les maisons
durent peu. Une fois hors de service on les reconstruit,
le plus souvent à côté, ce qui évite d'enlever les débris
inutilisables de l'ancienne construction, mais donne à la
ville un aspect lamentable. Aucun crépissage ne recouvre les
murs et l'on ignore l'usage de l'enduit de chaux dont le
blanc éclatant fait paraitre propres et neuves les plus vieilles .
masures de l'Andalousie ou de la côte d'Afrique.

En approchant de la place du Konac, les maisons s'amélio-
rent : on aperçoit des soubassements, puis des arêtes de
pierre, puis enfin des maisons solides, à deux étages ; les
passants, rares d'abord, se multiplient. La piste, pavée depuis
les premières maisons, se termine en une rue étroite. Le
landau s'y engage et roule à grand bruit de ferraille, sautant
sur les pavés irréguliers, à la grande frayeur des passants
qui se collent aux murs des maisons.

Nous voici sur la place, entourée de maisons à l'européenne : quelques agences, un hôtel, la banque Ottomane et
le Konac dont la façade est banale comme celle d'une petite
sous-préfecture. Un factionnaire assis à l'ombre d'un porche
sommeille sans s'inquiéter des gens qui vont et viennent.
Nous montons un large escalier de pierre. Le soleil fait rage
dans la galerie, véritable serre chaude, où se tient le planton
du Vali. Nous remettons à ce gardien nos lettres de créance
et nos cartes, avant d'entrer, sur l'indication de St... dans une
salle d'attente nue et sans meubles. Un officier très correct
nous introduit dans un second salon. Le Vali, dit-il, va nous
rejoindre. Sur le sol un tapis élimé : tout autour, contre les
murs peints en gris, un canapé et une suite de fauteuils en

acajou recouverts d'un velours de coton jaune et copiés par un artiste naïf sur les plus hideux modèles du style Louis-Philippe. Le voilà bien le luxe oriental !

Son Excellence Férid-Pacha, (1) vali de Koniah arrive aussitôt. Arnaute et petit-fils du fameux Ali, pacha de Janina, le gouverneur du vilayet de Koniah est, malgré la chaleur, très correctement vêtu en fonctionnaire de la réforme, du pantalon et de la redingote noirs, du gilet blanc et du fez. Il a longtemps habité l'Italie et la France et parle sans la moindre trace d'accent, les langues de ces deux pays. Accueil très aimable. Son excellence s'informe de nos projets, nous donne des indications sur le meilleur itinéraire à suivre, les moyens de transport, etc...

Quoiqu'à la tête du vilayet depuis deux ans seulement, Férid l'a déjà parcouru en grande partie — ce vilayet étendu de près de cent mille kilomètres carrés comprend toute l'ancienne Lycaonie et une partie de l'Isaurie — et il se propose, dès les grosses chaleurs passées, de reprendre ses tournées d'inspection. Il est très au courant des affaires qui nous intéressent, et il promet à Dec tout son concours, tout en lui recommandant de vivre en bonne intelligence avec les Aghas de la côte, sur lesquels il a peu de moyens d'action.

— J'ouvre ici une parenthèse pour placer une théorie. Cela m'arrivera quelquefois, car j'en ai pas mal en réserve, et qu'en ferais-je si je ne trouvais le moyen de les placer ? Celle-ci étant assez étrangère, au fond, à mon journal de route, le lecteur prudent fera bien de la laisser de côté.

On m'a beaucoup blamé à Constantinople et ailleurs, de ne pas avoir usé de l'offre que me faisait notre ambassadeur de lettres pour nos consuls et pour les Vali de Koniah et d'Adana, lettres qui auraient mis, dans une certaine mesure, les autorités turques à notre disposition.

Je me félicite de plus en plus d'avoir décliné cette offre...

(1) Depuis que ces lignes ont été écrites, Férid-Pacha fut nommé Grand Vizir. Il conserva ce poste jusqu'à l'arrivée au pouvoir des Jeunes Turcs.

Sans méconnaître la nécessité d'être bien vu de l'ambassade, à laquelle on peut être obligé d'avoir recours, je suis persuadé qu'il vaut toujours mieux être recommandé par les gens du pays où l'on voyage, si on en connaît qui soient en position de le faire utilement. La lettre officielle, obtenue par l'entremise des bureaux, est, pour le fonctionnaire auquel elle est adressée, comme une mise en demeure, non seulement d'aider le recommandé, mais encore et surtout, de lui éviter tout désagrément, toute avanie, toute égratignure. Et dans les pays où l'autorité est souvent plus nominale qu'effective, où les moyens de se faire obéir ou respecter lui manquent plus ou moins, le fonctionnaire instruit par l'expérience, voit arriver derrière l'étranger officiellement recommandé, la série éventuelle des démarches, des difficultés avec ses subordonnés, des réclamations du voyageur, des correspondances et des notes aigres-douces avec ses supérieurs.

Aussi, après avoir reçu officiellement l'hôte officiel, l'avoir fait escorter par un ou plusieurs cavas, lui avoir fait, au besoin, rendre les honneurs militaires par le poste du Konac, il s'efforcera de le bien protéger et pour cela, de le laisser agir le moins possible et de s'en débarrasser au plus tôt en douceur. C'est pourquoi il lui fera toucher du doigt mille difficultés imaginaires, lui en suscitera de réelles s'il le faut, et lui démontrera l'impossibilité d'aller ici ou là. Le malheureux voyageur verra, comme je ne sais dans quelle féérie, un mur s'élever entre lui et chacun de ses désirs. Et après avoir subi des réceptions, des fêtes, avalé Dieu sait quels repas de gala, il repartira accablé d'amabilités et de prévenances, mais sans avoir fait ou vu rien de ce qu'il voulait faire ou voir.

Au contraire, l'étranger recommandé par des amis indigènes, trouvera un accueil d'autant plus cordial qu'on lui saura gré de ne pas arriver avec l'estampille officielle dont il eut pu aisément se munir, et il peut être assuré qu'on aura à cœur de lui faciliter l'accomplissement de ses projets.

— Ici, je ferme la parenthèse. —

La conversation avec Son Excellence continue sur les différentes affaires du vilayet. Le Vali les connaît bien et s'y intéresse, soit qu'il espère en tirer un bénéfice personnel, soit, comme il est plus charitable de le croire, qu'il tienne à hâter le développement de ses provinces, soit encore, et c'est le plus probable, pour ces deux raisons réunies.

— Vous êtes arrivés quelques jours trop tard pour voir notre exposition de tapis, nous dit le Vali, et je le regrette. J'y avais réuni des spécimens uniques des diverses fabrications de notre Asie, l'Art ancien à côté de l'Industrie nouvelle. On y est beaucoup venu, non par curiosité, — les Asiatiques ne sont pas curieux — mais pour s'instruire : des nationaux en grand nombre, très peu d'Européens. Cependant ces derniers ont traité, en quelques jours, pour des maisons étrangères, plus d'affaires qu'en deux mois de voyages pénibles. Je ne désespère pas, l'expérience ayant réussi, de recommencer plus tard. Je voudrais faire de Koniah l'emporium des tapis que l'Asie Mineure fournit au monde entier. Si le chemin de fer de Mersine peut être fait !...

Ce tronçon, ou cet embranchement de la ligne de Bagdad, hante le cerveau de tous ceux qui, à Mersine, à Adana, à Koniah, désirent le développement de leur pays. Ce serait, en effet, la voie la plus directe pour aller du centre de l'Asie Mineure en Occident ; mais Mersine n'a qu'une rade foraine où l'on ne peut embarquer des marchandises que par le beau temps, et encore avec l'aide de chalands, et le Taurus élève sa haute barrière entre la mer et l'intérieur. Le chemin de fer sera fait certainement, peut-être aussi le port. Mais les rêves du Vali se réaliseront-ils jamais ?

Son Excellence se lève, l'audience est terminée. Poignées de main. Et un officier nous conduit au bureau de Rizza-Hakki, intendant (?) du régiment de gendarmerie de Koniah à qui il transmet les instructions du Vali. Ce gendarme en chef, haut de six pieds et galonné sur toutes les coutures, ne comprenant pas un mot de Français, la conversation aura lieu par le canal de St... Nous expliquons que nous voulons aller droit au sud, rejoindre la côte à Alaya ou à Silenti : il nous faut deux chevaux pour nous, deux autres pour nos bagages, les conducteurs nécessaires et une petite escorte. Un des conducteurs devra parler le grec et connaître, si c'est possible, les sentiers du Taurus que nous aurons à franchir.

Rizza-Hakki nous explique d'abord que Koniah, lieu de déportation, regorgeait de bandits. Avant l'arrivée de Férid, nous n'aurions pu traverser la plaine sans être bien armés et bien escortés. Mais aujourd'hui, les bandits ont disparu, il ne reste que les filous, et deux gendarmes d'escorte nous suffiront. Quand aux chevaux et aux conducteurs, il a notre affaire.

— Revenez, ajoute-t-il, dans une heure ou deux. Un loueur sera ici avec qui vous n'aurez qu'à traiter.

La Turbé-Chérif, mosquée principale de Koniah, que nous allons visiter, avant de revenir au Konac est, nous dit St... célèbre dans toute l'Asie Mineure par les tombeaux des Sultans Seldjoucides qu'elle renferme. Notre ami commet une erreur déplorable : aucun Sultan ne repose à Koniah, quoique cette ville ait été la capitale des Seldjoucides. C'est en 1086 que Soliman Ier, arrière petit-fils de Seldjouk, la prit aux Byzantins. Onze ans après l'armée de Godefroid de Bouillon entra à Iconium, sans coup férir, après la bataille de Dorylée mais ne s'y maintint pas ; et jusqu'en 1189, soit pendant près d'un siècle, les successeurs de Soliman l'occupèrent sans l'habiter, obligés qu'ils furent de tenir la campagne contre les Byzantins.

En 1189 Frédéric Barberousse prit la ville d'assaut, mais, à sa mort, les Sultans y rentrèrent et la gardèrent jusqu'à l'invasion mongole de 1294. A partir de cette date c'est comme vassaux de Gengis-Khan et de ses successeurs, que les Seldjoucides régnèrent encore sur la Lycaonie pendant une cinquantaine d'années ; puis leur Sultanie se disloqua en petites principautés qui guerroyèrent les unes contre les autres et furent successivement absorbées par l'Empire Ottoman.

Les Seldjoucides ont laissé leurs os un peu partout : nul ne sait où ils reposent, et les sarcophages de la Turbé-Chérif ne contiennent que les dépouilles mortelles très authentiques de Mohamed-Djelal-ed-Din-Hazzeti-Mevlena — fondateur de la confrérie des Derviches Tourneurs, — et de ses vingt-huit successeurs : quelle ville peut se vanter de posséder les reliques d'une lignée de gens aussi peu recommandables ?

Je ne donnerai pas ici la description des rites bizarres de la confrérie, d'abord parce que je n'ai pas assisté à leurs cérémonies qui n'ont lieu que le vendredi, et aussi parce que ces rites ont été décrits si souvent que tout le monde les connait. Les derviches sont à Koniah au nombre de plus de cent, et les novices de plus de dix mille, répartis dans un grand nombre de médressés. Ces novices sont, en général, de grands coquins tout jeunes, ayant au plus haut degré les vices des Orientaux, sans en avoir les qualités dont les derviches s'appliquent à les débarrasser. Paresseux, ils préfèrent vivre d'une très petite pension que l'Etat sert à chacun d'eux, de jongleries et d'aumônes souvent forcées que de faire le moindre travail.

Il y a quelques années ces novices étaient les maîtres de la ville qu'ils terrorisaient. Aucun éphèbe, aucune fille ou femme ne pouvait s'aventurer dans les rues après le coucher du soleil. C'étaient chaque jour des meurtres, des rapts, d'abominables violences. Férid, dès son arrivée a remis les choses au point : tout mevlévi, — derviche ou novice — trouvé le soir dans les rues est mis en prison après une bastonnade préventive, le soin de rechercher s'il s'est ou non rendu coupable de quelque méfait, étant remis « à plus tard », et l'on sait ce qu'en Turquie cette expression représente de vague. Et pour couper le mal à l'origine l'admission de nouveaux novices fut interdite. Il y a quelques mois, pour faire taire les criailleries des dévots, le vali a dû lever en partie cette interdiction qui ne s'applique plus aux hommes ayant fait leur service militaire : ceux-là seuls sont admis au noviciat. Mais on sait que la durée de ce service peut-être, au besoin, prolongée jusqu'à la plus extrême vieillesse. Petit à petit les médressés se sont dépleuplés et la ville délivrée a retrouvé le calme dont elle a besoin pour se développer. L'opinion publique approuve Férid et le gouvernement encore plus, qui voit diminuer le nombre des pensions à payer.

Malgré tout il n'y a pas de rue où l'on ne rencontre quelque novice à face patibulaire ou quelque mevlévi reconnaissable à sa longue robe noire sans collet et à son haut bonnet d'astrakan roux, le Sikké-Chérif. Mais maîtres ou étudiants ces derviches ne sont plus que des charlatans. Seule la venue d'un nouveau Vali, à la poigne moins solide que celle de Férid, leur permettra, Inch Allah, de redevenir des bandits.

Une porte de style persan, ou tout au moins d'inspiration persane donne accès dans le couvent des Derviches, le Mevlévi-Hané. La très grande cour — plutôt le jardin — où chante une jolie fontaine ombragée de beaux platanes, est entourée d'une galerie sur laquelle s'ouvrent les cellules des mevlévi : nous en vooyns quelques-uns qui, assis sur des nattes prennent leur repas.

Pendant qu'une sorte concierge va demander pour nous l'autorisation de visiter la mosquée — la Turbé-Chérif — nous traversons le jardin et nous nous asseyons à l'ombre, sur les dernières marches d'un perron. La mosquée est devant nous. Sa façade que décorent des Kiosques légers supportés par des colonnettes de marbre blanc et fermés de légères grilles dorées, occupe un des côtés du jardin. Des coupoles et une sorte de clocher conique côtelé, recouvert de faïences d'un vert éclatant s'élèvent au dessus des toits plats.

Du coin où nous sommes assis, l'or des grilles élégantes et le blanc des marbres, se détachent sur le fond chaud des murs, et au travers des feuillages, les tons rouges des tuiles des toits font ressortir les reflets verts du clocher qui étincelle sous la lumière crue du soleil. Des pigeons bleus volent dans les platanes et viennent boire à la fontaine, tout près de nous. Au milieu de ce silence profond que troublent seuls le chuchotement des derviches, le roucoulement des pigeons et le chant de l'eau tombant dans la vasque, dans ce décor de contes de fées, sous ce ciel bleu et cet éclairage tellement intense que dans la partie du jardin voisine de murs blancs, l'ombre elle-même est éclairée, nous nous sentons dans un monde nouveau, dans une atmosphère bien franchement orientale, où la sensation remplace la pensée ; et nous comprenons combien nos idées, notre besoin d'activité, de mouvement, doivent être étrangers à ces musulmans qui vivent dans un rêve, sans autres besoins réels que ceux créés par des passions violentes, aussi peu nombreuses que peu recommandables, mais, en somme, faciles à satisfaire.

Est-il besoin d'autres explications pour comprendre le mépris qu'ont ces contemplatifs passionnés pour les roumis qui n'ont que des besoins sans passions apparentes, et leur haine pour ces agités qui viennent troubler leur quiétude et faire évanouir leur rêve ?

Notre arabaji, (1) outré du peu d'empressement que l'on met à ouvrir le sanctuaire, apostrophe un mevlévi (2) qui n'en peut mais, et sa voix irritée me tire brusquement de mes réflexions. Au même instant arrive un sacristain portant les clefs.

Nous quittons nos chaussures, sauf Dec qui déclare ne le pouvoir faire à cause d'un rhume qu'il n'a pas encore, et nous voici dans la mosquée, traînant des babouches trop grandes sur de beaux tapis anciens et des nattes très fines. Dans la nef de droite où les chrétiens ne peuvent pénétrer, nous entrevoyons, derrière une grille, le sarcophage de Mohamed-Djelal-ed-Din etc... enveloppé de vieux cachemires. Les sarcophages de ses successeurs sont à côté, drapés de merveilleuses étoffes malheureusement trop anciennes. Un énorme turban noir marque la tête de chaque cercueil. Et ces étoffes élimées, les loques innombrables nouées en ex-voto à toutes les grilles, accrochées à toutes les saillies de

______

(1) *Arabaji* : Cocher, conducteur arabe.

2) *Mevlévi* : Derviche.

la nef, donnent à ce sanctuaire vénéré, sinon vénérable, l'air de l'entrepôt d'un marchand de chiffons.

La nef centrale et celle de gauche sont réservées au culte et aux danses des derviches ; rien n'y attire l'attention que le nombre des chandeliers et des lustres, ainsi que les revêtements en faïence de certains soubassements.

L'architecture de la Turbé Chérif est typique de l'art musulmann au XIVe siècle. On me l'a dit et je dois le croire, car mon bagage archéologique ne me permet pas de m'en rendre compte. Ce que je sais, c'est que malgré les draperies et les belles étoffes d'une des nefs, la singularité des catafalques qui l'encombrent, singularité qui pourrait être impressionnante, l'ensemble de ce grand vaisseau est vide, froid, et ne m'a fait éprouver aucune émotion. Mais je n'oublierai jamais la sensation d'art — c'est, je crois, l'expression consacrée — que je dois aux trop courts instants passés dans ce jardin, devant ces coupoles d'un vert si rare, ce réseau de grilles dorées, cette fontaine chantant sous les platanes dans le grand silence du milieu d'un jour de juillet.

Nous voici de nouveau au Konak. L'intendant — lisez le colonel ou peut-être le major — de gendarmerie n'a pas perdu son temps. Il a organisé sa petite affaire avec le zouave bleu, de façon à nous écorcher proprement et à garder pour lui le meilleur morceau de notre peau. Après une interminable discussion, de pure forme d'ailleurs, au cours de laquelle il a de longs a-parte avec le zouave bleu, nous tombons d'accord et le marché est conclu ; nous payerons 150 piastres par jour et l'on nous fournira au moins deux hommes, cinq ou six chevaux, dont deux avec des selles à la franque. Nous ne nourrissons ni bêtes, ni gens, nous irons où nous voudrons, pendant tout le temps que nous voudrons et nous renverrons notre monde quand et d'où il nous plaira, sans indemnité ni frais de retour.

Nous sommes écorchés eu égard aux prix du pays. Mais pas autant que nous eussions pu l'être. Le prix demandé correspond à 3 fr. 85 par jour et par tête, hommes et bêtes ; mais si on considère que le retour, pour lequel nous n'aurons rien à payer, durera à peu près autant que l'aller, ce prix de 3 fr. 85 se réduit à 1 fr. 90 par jour, au lieu de 1 fr. 50 qui est le prix normal du pays.

Nous versons de suite, deux jours d'avance, 300 piastres. C'est la coutume locale ; et ce versement laisse à la charge du loueur tous les accidents qui arriveraient en cours de route à ses mammifères à deux et à quatre jambes. C'est le gendarme qui nous indique cette coutume et qui reçoit la somme de nos mains. Il la met dans sa poche, se promettant, sans doute, de la remettre au zouave bleu plus tard, dès qu'il aura le temps.

Après déjeuner, toujours vissés dans le landau et conduits par St... martyr de l'hospitalité, nous revenons en ville où il fait une bonne petite chaleur de Sahara, malgré l'altitude où nous sommes et la brise qui, par moments, agite les verdures. Nous admirons, en passant, le curieux minaret, cannelé et faïencé, et la porte d'une ancienne mosquée, Inje Minaret (1) et nous nous arrêtons devant un mur au milieu duquel s'ouvre une porte monumentale, spécimen merveilleux de l'art musulman au XIIIᵉ siècle.

C'est, nous dit St... la Karataï Médréssé. On retrouve sur cette porte, mais d'un style plus sobre, plus pur et en marbre ou en faïences, l'ornementation en stuc de l'Alhambra de Grenade. Tout est intact : les deux colonnes torses aux chapiteaux d'aspect corinthien qui flanquent la baie, les panneaux aux grosses baguettes saillantes, les encadrements, où les versets du Koran se déroulent en merveilleux demi-reliefs, et au-dessus de l'ouverture, la niche en nid d'abeilles bien moins historiée que les ornementations similaires du style Hispanno-Arabe.

La porte franchie, dans un terrain vague, s'effrite une grande coupole en briques crues, revêtue à l'extérieur, soit de briques cuites, soit d'un enduit épais détruit en grande

(1 Ce minaret a été renversé par le vent, en 1902.

partie, ruine lamentable que chaque hiver désagrège et qui, bientôt s'effondrera, si on n'y prend garde.

Un long mollah, famélique et goguenard, nous a, sans mot dire, ouvert la porte du monument ; au-dessus de nos têtes, nous voyons, sous le grand jour qui rentre à flots par une lanterne centrale — elle est hideuse, cette lanterne, tout à fait moderne, en bois et plâtre blanc — le plus étonnant morceau de céramique que l'on puisse imaginer. La coupole, ainsi que les parois des murs qui la supportent, sont entièrement revêtus de faïences, formant, autour de rosaces étoilées, un entrelacement compliqué, arrêtés, en haut et en bas, par deux bandeaux de rinceaux, entremêlés d'inscriptions en caractères inconnus — ni coufiques, ni arabes — fleuris et historiés. Des pendentifs, formés chacun de sept triangles allongés, semblent porter cette décoration. L'intérieur de chaque triangle est occupé par des inscriptions en caractères coufiques carrés que l'on m'a dit reproduire les noms des quatre premiers Califes : Abou Bekre, Omar, Othman et Ali ; coufiques ou non, ces caractères forment un semis d'une élégance rare. Les couleurs de l'ensemble, vives, mais sobres, sont restées aussi fraîches que le premier jour. Sauf un angle qui est détruit, aucune détérioration ne dépare ce bijou ; mais l'enveloppe extérieure s'effrite et, dans quelques années, si le Vali ou Hamdy Bey, directeur général des Musées de Turquie n'y met ordre, la coupole ne sera qu'un souvenir.

En continuant notre course trop rapide, nous passons devant le dernier vestige du Palais des Seldjoucides, construit vers 1160. C'est une des tours de l'enceinte surmontée d'une sorte de kiosque à larges baies qui donnaient sur un balcon protégé par un toit en auvent. Le kiosque était entièrement revêtu de carreaux en faïence ; il en reste encore, autour de la plus grande baie. un encadrement orné d'une inscription en beaux caractères en relief.

Plus loin, nous montons vers un ensemble de jardins et de bâtiments. Il y a là deux mosquées, dont une grande, la

grande Mosquée, je crois, l'autre plus petite : Sahib-Ata.
La première rappelle, en plus petit, la mosquée de Cordoue.
Comme en Espagne, les colonnes, de marbres divers, ont
été fournies par des monuments anciens, probablement par
les églises d'Iconium. Une fausse porte, en marbre, encadrée de céramiques de l'art le plus exquis, orne l'une de ses
parois intérieures. C'est une petite merveille que les Turcs
entretiennent d'ailleurs avec soin ; une partie de l'encadrement
détruite, a été remplacée par une peinture en trompe l'œil
dont l'effet ne choque pas. Un mihrab en bois sculpté appelle
aussi l'attention.

Nous aurions bien voulu voir les vieux exemplaires du
Koran, écrits en caractères coufiques, que l'on garde dans
une niche, grillée et cadenassée. Mais, notre mine n'inspire
sans doute pas assez de confiance : on nous dit que le gardien
des clefs est absent.

Nous ne faisons que passer devant la mosquée de Sahib-
Ata dont nous notons la porte à stalactites de style alhambra
et le minaret côtelé. Le petit oratoire Doul-Ufar-Médresse,
où nous nous arrêtons un instant, a dû être, il y a cinq ou
six cents ans, la plus élégante des constructions de Koniah.
Ce qui reste du revêtement extérieur permet d'imaginer la
richesse de ceux qui faisaient ainsi fouiller la pierre dure, et
donne la mesure de la valeur artistique et professionnelle des
ouvriers qui imaginaient et exécutaient de pareils travaux.
Conservera-t-on ces vestiges ? ne les laissera-t-on pas suivre,
pièce à pièce, ceux qui ont disparu ? Allah bélir! Dieu seul
le sait.

Le tchartchi — nom turc de ce que nous nommons bazar
— où nous arrivons après ces visites de mosquées, est petit,
assez pauvre et mal couvert par des auvents en planches. Je
ne peux obtenir de mes compagnons que nous y circulions
à pied, et c'est en landau, au trot de nos rosses étiques, au
milieu des cris des passants qui se rangent, que nous le
visitons. Mais quand il s'agit de trouver un heybé (1),

(1) Sac.

grand, solide et pas cher, force est de quitter notre forteresse roulante et de nous mêler enfin à la foule.

Koniah renferme peu de Grecs et d'Arméniens, réunis presque tous dans le même quartier, et seulement quelques Européens — encore ne le sont-ils souvent, que par leurs origines — employés à la Banque Ottomane, à la Régie des Tabacs et au chemin de fer ; on peut dire que la population est exclusivement turque. Les hommes y portent la veste recouverte d'une longue robe en étoffe rayée qu'une ceinture de faux cachemire serre à la taille : maintenue elle-même par une courroie, une sacoche en cuir plus large que haute — produit incontestable de l'industrie allemande — reste toujours béante entre les plis de la ceinture. Elle sert d'entrepôt et l'on y place les objets les plus variés ; la ceinture retient en outre un ou deux longs poignards, ustensiles de cuisine plutôt inoffensifs. Le fez est en général remplacé par un talpac conique, noir, entouré d'un étroit turban qu'au soleil on déplie en couvre-nuque. Ne peut-on pas déduire de cette habitude, que le turban fut, à l'origine, un mouchoir serré autour du bonnet pour le fixer pendant les grands vents d'hiver, déroulé en été pour garantir le front, les yeux et la nuque des rayons du soleil ?

Les femmes, peu nombreuses dans les rues du tchartchi, y sont drapées de férédjés couleur tabac et strictement voilées de haymacks noirs très épais.

Le public qui flâne dans le bazar s'intéresse à nos petits achats, nous suit, et quand nous nous arrêtons devant une boutique, nous entoure, nous conseille, soutient ou combat les prétentions du marchand : c'est le chœur de la tragédie antique. Pourquoi ne parle-t-il pas français, ce chœur ? En deux jours de flanerie, avec ce cortège de bonnes gens, je serais plus édifié sur la vie, les idées de la classe moyenne en Asie Mineure, que je le suis après un mois de voyage.

L'achat d'une ceinture dont l'un de nous a besoin, nous amène d'abord chez un Juif qui vend des monnaies anciennes, puis dans un khan, où, tout en prenant du café, nous marchandons de belles pierres gravées et des armes avec des plaques d'émail d'un beau travail. Les prix que l'on indique, quoiqu'élevés pour le pays, sont très bas relativement à la valeur qu'auraient en France les objets marchandés. Notre vendeur les baisserait d'ailleurs, au moins de moitié. Pierres et émaux me tentent fort. Mais St... nous a quittés et je suis seul avec mon compagnon qui refuse de me servir d'interprète, par la raison, très juste peut-être, qu'à nos étapes, nous trouverons, à meilleur compte, bien mieux que tout cela. Je laisse donc à regret les belles intailles et docile, je vais, dans une rue latérale, acheter du sucre et de la corde pour nos colis. Pendant ce temps, Dec, resté dans le khan, á la chance de mettre la main sur une jolie coupe ancienne en bronze doré et émaillé. Je regrette de ne pas être resté : un tiens, vaut, dit-on... c'est vrai partout et, surtout en Turquie

Nous quittons le bazar pour chercher du paximat, pain blanc coupé en tranches épaisses bien desséchées au four et très supérieur au biscuit. Il nous en faut une provision pour le voyage. Remontés dans le landau, nous circulons en quête d'un paximadji. En voici un : sa boutique est fermée. Nous frappons. Rien : il est absent. Vient un voisin, le maréchal-ferrant, qui cherche en vain à ouvrir la porte. Notre cocher grec, descendant sans doute du subtil Odysseus, quitte son siège, j'allais dire son char, soulève un chassis vitré, en enjambe l'appui, et suivi du voisin, entre ainsi dans la boutique, par escalade, mais sans effraction. Des paximat sont là, sur une table ; on les pèse, puis on en discute le prix. Le maréchal, qui craint de se tromper, demande le double du prix normal : on criaille. A ce moment le paximadji apparaît au haut de la rue, tout courant, précédé par un gamin qui est allé le prévenir du pillage de sa boutique. Il sort vivement de sa ceinture... une énorme clef, et ouvre la porte, trouvant naturelle une violation de domicile qu'il sait devoir se terminer par une bonne affaire. Tout le monde rit, lui le premier. Puis, les pains pesés à nouveau, il va en

chercher d'autres dans son grenier, nous procure un grand
sac et nous compte le tout au plus juste prix.

Voyez-vous la même aventure en Europe, en France par
exemple, dans un de nos départements du centre ou du sud-
est ? Quelle affaire ! les gendarmes, le maire, le juge de
paix, puis le parquet, puis les huissiers, les avoués, les
avocats, que sais-je ? Il y en aurait bien pour six mois de
procédures et de chamailleries couteuses. Décidément les
Turcs ont du bon.

Il est cinq heures. La chaleur est moins forte. Nous allons
prendre congé du Vali qui habite aux environs. La route,
ombragée d'oliviers épineux, circule entre des murs en pisé,
— semblables aux tapias de nos oasis tunisiennes — qui
protègent de beaux jardins... L'eau circule partout, dérivée
d'un ruisseau qui, dit-on, ne tarit jamais.

L'habitation du Gouverneur général, très simple, est précédée d'une cour plantée de grands arbres. Un kiosque, bois
et briques, sorte de terrasse fort laide, couverte d'un toit de
tuiles, à quatre pans, comme un four à chaux de notre pays,
domine la route et permet de voir les passants. Sur
la porte de la cour, semblable à celle de nos fermes du
Languedoc, joue un garçonnet de dix ans à grand col marin.
C'est le fils du Vali. St... lui remet nos cartes ; il se sauve
et revient bientôt suivi d'un domestique qui nous conduit
vers le kiosque où le Vali qui se promène sous les arbres
en lisant le « Journal des Débats », arrive en même temps
que nous.

L'accueil est tout autre que ce matin. L'homme, qui n'a plus
rien d'officiel, est charmant et sa conversation devient des
plus intéressantes ; son villayet, un des plus grands de
l'empire, est assez riche ; il produit net, plus de quatorze à
quinze millions de francs et pourrait en produire davantage.
Sur cette somme, le Vali cherche à prélever le plus possible
pour les travaux publics : bien des routes sont projetées,
certaines tracées, d'autres commencées, mais tout reste en
suspens par suite de l'impécuniosité chronique dont tout

souffre en Turquie. Dès que Férid a quelques sous en caisse, et même avant, la Porte les lui réclame... et il les envoie. Aussi, est-il très bien noté au Palais. C'est en grattant à droite et à gauche, qu'il trouve de quoi faire entretenir les routes autour de Koniah, notamment celle qui conduit chez lui, et créer un jardin public comme il y en a en Europe. Quant à conserver des monuments qui rappellent l'ancienne grandeur de sa capitale, il n'y faut pas compter : cela coûterait bien autrement cher qu'un kiosque pour la musique!

La population de Koniah commencerait à s'épurer, je l'ai déjà dit. Mais il faut compter avec l'immigration obligatoire, on pourrait presque dire l'internement des Circassiens et des Crétois.

Avant l'ouverture du chemin de fer, on déportait ici les gens qui, à un titre quelconque, gênaient le sultan et ceux qui, incorrigibles coupeurs de bourses, avaient séjourné trop souvent dans les diverses prisons de l'Empire. Ces derniers, à peine arrivés, reprenaient leur honnête profession et écumaient la plaine, qui passait, avec raison, pour le plus dangereux coupe-gorge de l'Asie Mineure. On en arrêtait de temps en temps quelques-uns, mais les prisons, une fois pleines, il fallait relâcher les plus anciens pensionnaires pour faire place aux nouveaux, et il s'établissait entre les brigands en service actif et les brigands en disponibilité, une sorte de roulement qui laissait toujours les premiers en nombre suffisant pour assurer et maintenir l'insécurité absolue des chemins.

Férid, dès son arrivée, envoya une bande de prisonniers, choisis parmi les plus parfaits coquins, au bord des marais, dans un fort abandonné depuis longtemps à cause de son insalubrité. Il renouvela chaque semaine les gardiens, mais il oublia les prisonniers assez longtemps pour que le jour où leur tour vint d'être mis en liberté, il n'en restât presque plus. Satisfait, autant que peu surpris de ce résultat, il fit publier que tous les voleurs de grands chemins qui se laisseraient prendre, seraient enfermés au fort. Ils comprirent et se tinrent cois. Depuis cette époque, les brigandages ont à peu près disparu et la plaine de Koniah n'est pas beaucoup plus dangereuse que toute autre partie de l'Empire.

Tout marcherait donc au mieux sans les Crétois et les Circassiens. Les premiers, grands gaillards moustachus, aux pieds énormes, la tête couverte de fez trop longs ou de turbans trop hauts, la taille trop serrée dans une immense ceinture rouge, ont, avec leurs larges pantalons et leur veste raide soutachée d'or ou de jaune, l'air de grosses guêpes se promenant au soleil. Ils ne font rien, encombrent les cafés où ils ne boivent que de l'eau, et attendent que le Padischah les nourrisse ; et comme il faut manger jusqu'à ce que sa Hautesse s'occupe d'eux, ils mendient sans politesse et dérobent sans vergogne tout ce qui est à leur convenance.

Les Circassiens, venus d'abord du Caucase, puis d'Arménie, puis de partout, circulent en bandes dans les rues. La cartouchière sur la poitrine, le long poignard à manche et fourreau de métal passé à la ceinture, grands, minces, distingués, sanglés dans leur tunique, ils regardent de leurs grands yeux paresseux, avec le souverain mépris d'une race aristocratique et guerrière, les pauvres diables qui travaillent. Envoyés ici, parce qu'ils n'ont voulu rien faire ailleurs, ils ne refusent pas de travailler, mais ils se déclarent impropres à toute autre occupation que le vol des chevaux, à quoi ils sont fort habiles. Le vali, sans contester la légitimité de leur désir, a trouvé que le moment n'était pas encore venu de le satisfaire, et leur a donné des terres auprès de la gare. Ils les refusent, ne pouvant — disent-ils — en accepter qu'au centre de la ville, où il n'y en a pas. L'affaire en est là. Le Vali temporise, comptant qu'ils se feront tuer les uns après les autres par les gens à qui ils cherchent à voler des chevaux, et que ceux qui survivront, mourront de faim.

Le Vali est plein de sagesse.

Au début de notre entretien, Férid-Pacha nous a conté les méfaits des Derviches : « Je regrette que vous partiez demain matin, a-t-il ajouté, je vous aurais montré leur chef. » Nous n'avions pas prêté grande attention à ce propos. Tout à coup, pendant qu'il nous parlait des Circassiens, le Pacha se lève et s'incline profondément, en le saluant à la turque, devant un personnage qui passe sur la route au pied du kiosque, et que nous ne voyions pas. Ils échangent quelques propos, puis se tournant vers nous :

— Je voulais vous montrer le Beuyuc Tchélébi ; tenze, regardez-le ! Et Férid nous montre la route. Nous nous penchons, et nous voyons, arrêté, un gros personnage d'une quarantaine d'années, vêtu d'une ample robe sombre et coiffé d'un haut talpac marron. La figure bouffie et blafarde, est encadrée par une barbe noire taillée en pointe ; des paupières grosses et lourdes voilent un regard fuyant. Nous échangeons des saluts et le Tchélébi s'éloigne, égrenant un chapelet sous ses doigts blancs, gros et courts. Derrière lui, suivent deux jeunes novices à figure féminine, aux yeux battus, très élégants sous leur robe noire et leur haut bonnet.

Son Excellence s'est assise et, sans plus parler du Tchélébi, Férid nous raconte qu'il fait élever ses fils par un précepteur français socialiste, peut-être même anarchiste, avec lequel il s'entend très bien, sans partager tout à fait ses opinions. Malgré la lecture du « Journal des Débats », le Vali a de singulières idées sur la politique intérieure des Etats européens et en particulier de la France, qu'il ne chérit pas plus qu'il n'est nécessaire. Et je me demande quel sera l'état d'esprit de ses fils, entre les leçons d'un socialiste détraqué, et les conceptions bizarres de leur père.

Il n'est bonne chose qui ne finisse. Nous prenons donc congé, après qu'on nous a offert du thé froid, sans sucre, parfaitement détestable. Je souhaite au Pacha que dans le Paradis de Mahomet, auquel il aspire sans doute, on ne lui en serve pas de semblable.

Le chemin du retour est charmant, frais et semé de rencontres imprévues. C'est d'abord l'instituteur socialiste qui, à bicyclette, accompagne le fils aîné du Vali, jeune boy anglais en veste bleu marine, canotier et molletières, monté sur un double poney. Le jeune homme salue et le précepteur nous escorte pendant quelques instants pour nous souhaiter un bon voyage.

Puis, c'est le Tchélébi qui promène sur la route ses paupières bouffies, ses yeux fuyants et ses deux jolis novices. St... nous explique alors les motifs du mépris que le Vali professe pour ce peu noble seigneur. Le successeur de Mohamed-Djellal-ed-Din etc... est un des principaux personnages religieux de l'Islam où ils abondent. C'est lui qui, comme chef des Derviches doit remettre au nouveau sultan le jour de son avènement, le cimeterre, symbole de la puissance militaire, cérémonie qui a lieu dans la mosquée d'Eyoub où les chrétiens ne sont pas admis et où cependant voulaient m'introduire, il y a quelques jours, le maigre Kostis et le mollah du lieu. Le Beuyuc Tchélébi a une grande influence par ses innombrables derviches répandus dans tout l'Empire où ils occupent plus de cent tékkés (1). Le sultan actuel, très soupçonneux, et d'ailleurs jaloux de cette influence, le retient ici comme un simple interné, mais il lui sert une rente de 80.000 francs environ. Le Tchélébi charme ses loisirs en accomplissant avec ses jeunes novices des rites crapuleux qui remontent au fondateur de l'ordre, et auxquels il convie les fonctionnaires, assez nombreux d'ailleurs, qui trouvent louables ces mœurs spéciales.

Le Vali méprise profondément le derviche pour ces mœurs et pour son ignorance crasse, et il le déteste à cause des difficultés qu'il a fait naître quand Férid a maté les novices ; parce que, Vali de Koniah, il répond sur sa tête de la garde de cet interné, parce que le Tchélébi touche une quantité de livres turques qui seraient bien mieux employées sur les routes du villayet et enfin, parce que, malgré son titre de Pacha et de Vali, il doit en cas de rencontre saluer le premier. St... ne conseillerait pas au saint personnage de dépasser la limite assignée à ses promenades. Avec quelle joie Férid

____

(1) Monastères.

qui le guette, le ferait arrêter et passer à tabac, sous
prétexte de tentative d'évasion !

Tout en écoutant les propos de St..., je cherche à préciser
les impressions que je rapporte de notre longue conversation
avec Férid. Ou je me trompe fort, ou nous venons de voir un
des spécimens les plus complets, les plus parfaits aussi, de
la vieille Turquie, telle que l'a modelée aujourd'hui son
contact avec l'occident, non l'occident présomptueux, suffisant, ignorant et bohême qui a créé la eujne Turquie, mais
l'occident sage, pondéré, actif et instruit qui, en France,
tend de plus en plus à s'implanter. Notre Pacha est resté
Turc, et Turc d'autrefois, sans qu'il s'en doute ; la manière
dont il gouverne son vilayet et y maintient l'ordre le prouve
surabondamment. Mais c'est de l'occident que lui viennent
son respect pour l'apparence de la légalité, son désir d'économies, l'intelligence qu'il a des besoins de sa province et des
meilleurs moyens d'y développer une industrie encore
embrionnaire qui y apportera la richesse. C'est sa finesse de
vieux Turc qui lui fait sacrifier son amour du progrès à la
nécessité d'être bien en cour, et son désir d'employer à
faire des routes l'argent de l'impôt, à celui de plaire au
Sultan en lui envoyant cet argent pour être gaspillé.

Les idées nettement Jeunes-Turques sur les droits de
l'homme, le socialisme, le parlementarisme, etc... ne sont
chez le Vali que superficielles. Il en parle par genre, et aussi,
par courtoisie pour des Français qui sont, peut-être, aussi
toqués que le précepteur de ses fils ; mais il n'y croit pas et
il n'y a aucune apparence qu'il veuille jamais les appliquer.

En somme, son Excellence, Férid Pacha, est quelqu'un.
Les hommes comme lui, avec le temps, sans secousse, pourraient transformer la Turquie et en faire ce qu'elle peut et
devrait être. Mais de ces hommes, y en-a-t-il beaucoup ?

Nous rentrons à l'hôtel à la nuit. Triphon, l'interprête
pochard, nous attend. Il est allé plusieurs fois au bureau
de police sans obtenir nos teskérés ; mais il va y revenir une
dernière fois et les rapportera. Sur cette assurance, nous
dinons.

Triphon revient très gris, avec nos teskérés. Sur mon observation que, vu son état, les zapties auraient bien pu le garder au violon, il s'indigne, car, dit'il, il est protégé autrichien.

— Ici, nouvelle parenthèse. —

Dans les Etats de sa Majesté le Sultan, la principale préoccupation de ceux de ses sujets qui ont pu prendre contact avec l'Europe, est de devenir sujet ou seulement protégé de quelque Puissance. Le défaut d'état-civil facilite l'opération dont l'avantage est d'exempter le protégé du service militaire ou de l'impôt qui le remplace pour les chrétiens, ainsi que de pas mal d'autres impôts. Les arabes sont, en grand nombre, en trop grand nombre même, protégés français. Les grecs raïas sont devenus, depuis la grande guerre, sujets autrichiens, italiens ou russes. A Constantinople, il n'y a que les vieux Turcs de Stamboul ou de Scutari qui se reconnaissent ottomans. A Péra, à Galata, tous les Lévantins qui s'occupent d'affaires, se disent étrangers.

Télioudis, le jeune Télioudis, futur baccalis de Kydros qui, en attendant ce poste lucratif, brocante des mines et achètera pour moi des mouchoirs au rabais, Télioudis, lui-même, né à Constantinople de parents raïas depuis Mahomet II, m'a confié son désir de ne pas payer d'impôts. Il a réussi, Dieu sait comment, à éloigner jusqu'à ce jour, de ses lèvres l'amer calice du bordereau d'impositions ; il a pu se procurer quand il est allé aux Dardanelles, un teskéré comme sujet russe ; mais tout cela est précaire, il le sent, et pour assurer l'immunité fiscale à son âge mûr et à sa vieillesse, il voudrait devenir sujet, ou, à défaut, protégé français.

J'ai en vain cherché à lui faire comprendre l'immoralité de son désir.

— Télioudis, — lui ai-je dit, un jour qu'ayant payé pour nous deux, de mes deniers, le prix de nos places au funiculaire de Galata, il avait profité de l'obscurité du long tunnel pour mè confier ses préoccupations et ses projets — Télioudis, que faites-vous du patriotisme ? Avez-vous considéré que les

Grecs, vos aïeux, quand ils allaient se faire tuer aux Thermopyles, ne songeaient pas à se faire naturaliser français ? Ils voyaient d'un côté la patrie en pleurs les yeux fixés sur eux, d'un autre les couronnes de laurier que la Muse de l'Histoire tressait pour en ceindre leurs fronts, et ils mouraient sujets grecs, comme ils avaient vécu. Bien plus tard, Byzance devint leur patrie ; c'est donc à Byzance que vous devez votre sang et votre or, sans rechercher si celui qui possède cette ville aujourd'hui en est devenu le propriétaire par héritage ou autrement. Cessez donc de nourrir des projets dénaturés et ne pensez qu'à servir votre Patrie.

— Kyrie — me répondit Télioudis, — je ne comprends pas bien votre discours, ayant appris tout juste, dans ma petite enfance, à parler et à lire les langues, à les écrire, et à calculer. Toutefois, je sais que je n'ai eu aucun parent tué là où vous dites. Ils ont tous été bacalis, et tous ont désiré devenir Français, Russes ou Italiens. Vous me parlez de couronnes ; qu'en auraient-ils fait ? Ils portaient un fez ou un turban. Je suis le premier qui ait porté un chapeau melon. Personnellement, je ne dois, à ma connaissance, rien à personne, ni argent, ni sang. Quand Monsieur M... que vous connaissez, me remercia, il y a six mois, pour diminuer ses frais généraux, j'avais en poche un medjid et deux quarts. Avec cela, et en accompagnant des étrangers auxquels je montrais Constantinople que je ne connaissais pas, non seulement j'ai pu vivre, mais encore, j'ai gagné assez d'argent pour acheter et payer une machine à écrire. Quant à défendre ma patrie, je suis chrétien et cela ne me regarde pas ; mais j'ai à payer l'impôt (1) que les Mores, comme vous les appelez, réclament férocement. Je ne discute pas leurs droits, mais je voudrais qu'ils les exerçassent sur d'autres que sur moi. Mon père croit que je suis catholique romain. Je le crois aussi sans en être certain, mais je suis prêt à l'affirmer. C'est pourquoi je désire être protégé français. Vous en

(1) Les chrétiens, en Turquie, ne sont pas astreints au service militaire, mais payent, en échange, un impôt assez lourd.

parlerez à M. Constans, Kyrie, parce que vous le connaissez et que vous êtes bon, et vous aurez en moi, à Kydros, un baccalis honnête et dévoué.

Telle fut ma conversation avec Télioudis, et ses raisons ne manquaient pas de force ; mais il me semble qu'elles sont communes à trop de gens et à des gens de trop de sortes. Aussi les consuls qui, il y a quelques années, faisaient des battues pour se procurer des protégés, refusent-ils, aujourd'hui, toute nouvelle clientèle : et Télioudis, je le crains pour lui, restera longtemps encore, sujet du Padischah.

Cependant Triphon s'est retiré pour cuver son vin. Nous faisons nos adieux à l'excellent Monsieur St... et nous gagnons nos chambres, car nous partons demain matin à la première heure.

J'aurais bien désiré passer encore au moins un jour à Koniah où nous laisserons, sans les avoir vues, bien des choses intéressantes ou rares. Nous n'avons jeté qu'un rapide coup d'œil en passant sur les deux ou trois principales mosquées, mais il y en a tant d'autres qui, sans être aussi belles, sont cependant tout à fait remarquables ; et nous n'aurons pas été voir Silé ; cette colonie Laconienne, située à quelque distance au nord-ouest de Koniah, où l'on parle encore, dit-on, le grec ancien de Sparte, aurait bien mérité une demi-journée de notre temps.

Elle possède, à peu près intacte, une basilique Byzantine, construite en l'honneur de saint Michel, par sainte Hélène, mère de Constantin qui, au retour de son pèlerinage à Jérusalem, s'arrêta à Silé. Assez près de la ville, contre les premiers gradins de la montagne, s'élève l'Aq Monastir, le monastère blanc, construit sous Dioclétien, par saint Chariton. La chapelle du couvent, creusée dans le roc, s'étant éboulée, il y a une cinquantaine d'années, les habitants de Silé en creusèrent, à côté, une nouvelle, identique à l'ancienne. Au pied d'un autre rocher, voisin de l'Aq Monastir, s'ouvrent trois cryptes : celle du milieu sert de mosquée et aussi de prison pour les Derviches et les novices dont le

Beuyuc Tchélébi croit avoir à se plaindre. Les deux autres sont dédiées, l'une à la Sainte Vierge, l'autre à saint Amphiloque, évêque d'Iconium.

Il faudra laisser tout cela sans le voir et, regret plus grand, doublé d'un remords, nous ne visiterons pas, comme nous avions cependant décidé de le faire, les Ecoles françaises que dirigent avec tant de succès les Pères Augustins de l'Assomption.

C'est cependant un devoir pour tous les voyageurs, à défaut d'argent qu'ils n'ont pas toujours, d'apporter à ces œuvres un encouragement et l'appui de leur très modeste influence. La visite de deux étrangers, de deux Français surtout, recommandés au Vali, aurait rehaussé, aux yeux des Turcs d'Iconium, le prestige des bons Pères et des sœurs qui les secondent ; les enfants, réunis dans la cour, auraient montré leur savoir chanté un cantique, peut-être la Marseillaise. Qui sait ? Puis la visite des classes ; des notions d'histoire locale débitées en français, par des Turcs de dix ans. Ce n'aurait pas été bien long. Les élèves auraient été ravis de voir de près des étrangers, et leur respect pour leurs maitres se serait accru de tout celui que nous leur aurions nous-mêmes témoigné.

Ici, comme à Eski Cheïr, nous passerons, ignorés de nos compatriotes. Quand demain ou après, les Pères sauront que des Français sont venus à Koniah sans s'arrêter chez eux : Ce sont des francs-maçons, penseront-ils.

Et ce sera notre punition.

Itinéraire de Koniah à Kara-Lar

CHAPITRE V

DE KONIAH A HADEM-KEUY

DIMANCHE 9 JUILLET. — Nous sommes debout à cinq heures. Temps splendide.

Diamantidis nous quitte. Il prend le train qui va le ramener à Kutaïah. Je vois partir avec regret cet excellent garçon dévoué, débrouillard et polyglotte. Son concours nous fera d'autant plus défaut que le gendarme en chef n'ayant trouvé aucun de ses hommes connaissant à la fois le grec et le chemin d'Alaya, chemin qui d'ailleurs n'existe pas, nous a envoyé un ombachi (chef de dix hommes, brigadier) et un zaptié qui ne connaissent ni l'un ni l'autre. Nous serons donc livrés à nos seules ressources, c'est-à-dire à la carte de Kiepert au trois millionnième ; aux cent et quelques mots turcs de Dec et à mon petit lexique du père N... M..., prêtre de la mission. Comment nous en tirerons-nous ? Allah bilir !

Hommes et chevaux sont là à cinq heures et demie, heure militaire. Excellent augure pour la suite du voyage. Nous présidons à l'organisation du convoi et à la répartition des charges ; deux chevaux d'assez bonne mine avec des selles d'ordonnance turques, nous sont destinés; deux autres, avec la haute selle kurde, porteront le principal seyid (1) Achmet et son aide Hassan. Deux autres bêtes ont des bats et seront chargées de nos cent soixante kilos de bagages. Ali, l'ombachi et le zaptié Mohamed, très bien montés tous deux sur leurs propres chevaux, complètent le personnel.

Nous avons divisé nos bagages en trois classes : ceux qui sont inutiles en route, mais que nous sommes obligés d'emmener avec nous à cause de l'incertitude de notre voie de retour en France ; le matériel de campement que l'on

______
(1) Palfrenier.

n'utilise que le soir ; enfin les provisions et la modeste batterie de cuisine indispensables à chaque halte. Nos valises bien bourrées, constituent la première classe, un grand sac où sont nos deux lits, deux colis de toile cachou contenant vêtements et linge de rechange, manteaux, nécessaires de toilette forment la deuxième classe. La troisième, limitée aux harnais de gueule, est répartie dans deux grands kheybés et deux sacs. On arrime la première et la deuxième classe sur les chevaux de bât et le reste sur ceux des deux seyids. Les gendarmes ne portent rien, naturellement.

Le véritable voyage va commencer ; notre programme, très précis dans son but, est plutôt vague quant aux moyens d'exécution. Nous voulons traverser le Taurus du nord au sud, de manière à atteindre la Méditerranée, soit à Alaya, soit par la basse vallée du Sélénus, soit plutôt, entre les deux, vers une des petites installations construites par Dec sur les filons de plomb qu'il fait exploiter. Puis, en suivant la côte ou en zigzaguant dans l'intérieur du pays, nous prospecterons certains cantons que l'on nous a indiqué et nous atteindrons Mersine, point terminus de nos études où nous licencierons notre troupe et où nous attendrons, avec les évènements, le passage d'un bateau qui nous ramènera... Dieu sait où.

Comment accomplirons-nous la première partie de ce programme ? Par où passerons-nous pour atteindre la côte ? Dec, il est vrai, a fait, l'an dernier, ce voyage, en sens inverse mais il déclare qu'il n'a gardé aucun souvenir des détails de cette course trop rapide à travers pays, sans sentiers tracés, dans des montagnes escarpées, couvertes de forêts et à peu près désertes. Il était guidé par un certain Mokharêm Tchaouch qui habite un village du Taurus. Mais voilà ; Dec a laissé à Paris un petit carnet sur lequel il avait inscrit, avec quelques notes, le nom de ce village. Comment en retrouverons-nous les coordonnées ? Une fois engagés dans le Taurus, nous serons comme le petit Poucet et ses frères avant l'invention des cailloux blancs. Nous irons donc

à l'aventure, droit au sud. On arrive toujours par ce procédé ;
il y a des précédents : Christophe Colomb, pour n'en citer
qu'un. Encore, plus heureux que lui, pourrons-nous, peut-
être, nous documenter en route plus ou moins — sans parler
du mal de mer que nous éviterons.

Pour aujourd'hui, il s'agit de cheminer dans la plaine.
Bêtes, gens et charges s'accomoderont les uns aux autres
et après-demain, ou peut-être même demain soir, quand
nous aborderons la montagne, tout sera au point.

Nous partons à 6 heures 1/4. Le sovari (soldat à cheval)
Mohamed, nous fait contourner la ville. En la traversant,
nous donnerions l'éveil aux filous que la vue de nos bagages
pourrait tenter. Nous y perdons une bonne heure, mais,
avec la sécurité, nous y gagnons une matinée de délicieuse
chevauchée, par une brise fraîche, tantôt sous le soleil
clair, tantôt à l'ombre des platanes ou des saules qui bordent
les jardins et les cultures. Ces environs de Koniah et certaines
parties de la plaine que nous allons parcourir, sont aussi bien
cultivés que les plus riches cantons de France.

La mer qui remplissait autrefois cet immense bassin a
laissé en se retirant, reliés entre eux par des rivières au
cours incertain, des lacs et des marécages dont le grand
dépôt de sel de Kotch-Hissar est le plus important. Certaines
parties de l'ancien fond marin, aujourd'hui émergé, sont,
par places, recouvertes d'un humus profond, propice à toutes
les cultures. D'autres parties, où une mince couche de terre
masque à peine des bancs de poudingues faits de cailloux
mal agglutinés, ne peuvent nourrir que des herbes rares et
dures.

Au temps de la domination byzantine, toute la partie
cultivable portait de riches moissons ou de belles forêts qui,
semble-t-il, s'étendaient aussi sur une partie de la steppe.
Depuis la fin du IXe siècle, les cultures d'abord, les forêts
ensuite, ont disparu, sauf au voisinage des villes et, d'Eski-
Cheïr au Taurus on ne rencontrait, il y a quelques années,
que des pacages. L'ouverture du chemin de fer a ramené la

vie dans ces régions abandonnées. Nous avons vu, du wagon qui nous emportait, l'importance des récoltes de céréales. Koniah est la gare où s'est fait le plus grand trafic : En 1900, il a été le double de ce qu'il était en 1899 et l'on prévoit pour 1901 un accroissement semblable. La superficie ensemencée augmente donc chaque année, car les méthodes de culture sont restées les mêmes, ainsi que l'emploi des engrais. Pendant combien de temps le développement des labours persistera-t-il ? Les prix du blé et de l'orge ne sont guère rémunérateurs, et la distance qui sépare Koniah de Smyrne est bien grande. Le paysan, une fois le transport de son grain payé, gagne à peine de quoi vivre ; s'il ne peut, par un labeur dont l'ont déshabitué de longs siècles d'indolence, améliorer ses conditions d'existence, il reviendra aux coutumes des aïeux et, comme ils le faisaient, mènera paître ses troupeaux sur les champs laissés en friche.

Il faudrait trouver des cultures plus rémunératrices que celles du blé, de l'orge, du maïs, du sésame. La richesse du sol permet d'essayer celles dites industrielles, et les bénéfices à réaliser, en achetant des terrains aujourd'hui sans valeur, devraient tenter nos capitaux et nos spécialistes. Mais il faudrait y aller voir d'abord, puis essayer sur place ces cultures avant de s'y établir. Or, si les capitaux se déplacent assez facilement, il n'en est pas de même des agriculteurs professionnels ou professeurs qui préfèrent — ces derniers surtout, dit-on — cultiver la carotte ou le poireau officiel dans la mère-patrie, que le coton annuel en Lycaonie (1).

Vers sept heures, nous tournons Harmanly, petit village de banlieue où s'aperçoivent quelques débris anciens. Des pâtures, sur un sol maigre et caillouteux, alternent avec des cultures. La chaleur a fendillé le sol et d'innombrables belettes au poil long et fourré de couleur assez sombre, plus grosses que les nôtres et moins vives, semblables à des boules de laine brune, courent d'une fente à l'autre, près de nos chevaux.

---

(1) A toute règle il y a des exceptions.

A l'est, la longue ligne des poteaux télégraphiques s'éloigne et disparaît vers Adana. La piste que nous suivons, laissant à droite et à gauche les chemins habituels, n'est frayée que par des troupeaux ; de hauts mâts la jalonnent, coupant de loin en loin l'uniformité de la plaine. Ce sont des antennes à contrepoids, mobiles autour de deux poteaux conjugués, maintenus verticaux par une accumulation de grosses pierres à leur base, qui arment des puits. L'extrémité de l'antenne opposée au contrepoids porte une chaîne ou une corde; le passant ou le berger y attachera son dénécké. Après l'avoir descendu dans le puits et remonté plein d'eau, il en versera le contenu dans une auge, tronc d'arbre grossièrement creusé, pour abreuver ses bestiaux. Notons ici que cet appareil primitif est encore employé, aussi fruste, dans les plaines du Languedoc et de la Gascogne.

Quelques fois, à peu de distance du puits, s'élève un corral, parc quadrangulaire d'une vingtaine de mètres de côté, clos de murs bas en pisé. Près de l'entrée du corral, une chambre, à peu près couverte, peut abriter, en cas d'orage, les bergers ... et les puces.

De grands troupeaux de buffles paissent à l'Est ; la teinte verte du pâturage et des touffes de joncs plus nombreuses, y indiquent la présence de marais.

Nous traversons Gouroutonou, hameau de boue et de roseaux, et à 11 heures, nous sommes à Tchariklar où nous déjeunerons. Le soleil brûle, malgré l'altitude de 1020 mètres que marque le baromètre. On nous conduit à l'Oda, petite maison isolée où bêtes et gens se casent dans l'unique pièce. La partie réservée aux gens, surélevée de quelques marches, est propre ; elle serait même confortable, une fois garnie de tapis, si un foyer, sur lequel nous faisons le thé et qui est ménagé dans le mur, contre les deux seules places où nous puissions nous allonger, ne nous donnait un supplément de chaleur plutôt inutile. Les bonnes gens qui sont venus sans mot dire, meubler notre logis temporaire, disparaissent aussi silencieusement qu'ils sont venus, laissant pour nous servir un vieux barba qui s'empresse auprès de nous.

Le thé bout ; on nous apporte nos provisions pendant que zapties et seyids s'installent entre notre estrade en terre battue et l'écurie où nos animaux mangent de la paille · hachée. Nous déjeunons. Notre menu ? Une petite boîte de thon, de la confiture, du pain frais, acheté à Koniah le matin, et une tasse de café à peu près buvable, préparé par le barba et offerte par un pieux habitant.

Les polissons du village se sont d'abord groupés devant la porte ouverte. Chassés par l'ombachi, ils se reforment devant la meurtrière par laquelle, avec leurs regards, pénètrent dans l'Oda, l'air, la lumière et les mouches. Ils restent bouche bée sous les rayons verticaux du soleil, désireux d'entendre parler les mouzafirs, de voir ce qu'ils mangent et comment ils le mangent : enhardis par le silence qui règne à l'intérieur, le plus petit passe la tête ; lorsque ses yeux pleins de la clarté du dehors, se sont habitués à l'ombre, il aperçoit les deux Francs étendus sur les nattes, faisant leur kiet comme de bons musulmans. C'est une déception ; mais contrairement à ce qui se serait passé en France, la petite bande se retire silencieuse.

Les exigences d'une polygamie jalouse qui exclue les étrangers de la famille musulmane, et celles de la loi religieuse qui fait de l'hospitalité un devoir, ont amené la construction, dans tout centre habité, de la Mouzafir Oda, la maison des étrangers. Quelle soit pauvre ou confortable, le mouzafir y trouvera toujours une literie sommaire, c'est-à-dire des tapis ou des nattes, du pain, de l'eau et du feu pour lui, et pour son cheval de la paille hachée. Aucun musulman n'accepterait, en échange de ces prestations, le plus léger pourboire. S'il s'agit d'un voyageur de marque, les tapis et les matelas remplaceront la natte habituelle ; souvent, un pieux personnage, sans s'inquiéter de la qualité de l'hôte, enverra du pilaf, du yogourt — lait caillé — ou du café. Dans certains Odas, le passant trouvera dans un placard, le poelon à griller le café, le moulin cylindrique pour le moudre, les petites cafetières, les tasses minuscules, et, dans un coin, la brassée de bois sec pour allumer et entretenir le feu.

Les provisions, si le village en possède : poules, œufs, tomates, oignons, l'orge pour les bêtes, se payent toujours et il ne faut pas oublier de prononcer, quand on en réclame, le sacramental « Kach para », — je payerai, — sans lequel on ne les obtiendrai pas.

Après une heure de halte, nous repartons par une chaleur torride. Voici, à gauche, une nappe d'eau, et sur la rive opposée, une rangée de grands arbres, probablement la lisière d'une forêt qui s'arrête au pied de trois collines élevées. A mesure que nous en approchons, le lac s'allonge et s'étend devant nous avec sa bordure d'ombrages. Mohamed ne semble pas s'en préoccuper et avance toujours droit dessus. La nappe, peu à peu, semble s'élever au-dessus du sol, et les ombrages s'espacent ; ce sont maintenant des bouquets isolés. Les collines sont moins hautes, plus espacées. Quelques instants encore, l'eau a presqu'entièrement disparu, il n'en reste plus qu'une bande étroite auprès des bouquets d'arbres de plus en plus bas et indécis. Encore quelques minutes et l'eau, reflet miroitant de la nappe d'air, surchauffée au contact du sol, a disparu. Il ne reste des ombrages que quelques arbustes maigres et bas, alignés au bord d'un champ d'orge ; et les collines ne sont plus que trois chameaux paissant l'herbe rare. C'est le mirage, le mirage classique qui nous suivra, au sud ou à l'est, jusqu'au coucher du soleil. Quelque curieux que soit ce spectacle qui coupe la monotonie de la longue étape, il est bien difficile de s'y tromper et il faut que le voyageur ait le cerveau malade ou trop surchauffé, qui se hâterait vers ces eaux imaginaires.

Nous passons rapidement, à l'amble de nos montures, devant le haut minaret blanc de Tchoumra, que nous laissons à gauche ; le village, comme tous ceux de la plaine, est trop plat, trop écrasé sur le sol, dont il a la couleur, pour être visible à distance.

Profitons du moment où notre caravane s'avance paisiblement en file indienne pour la présenter au lecteur ; elle a vraiment fort bon air. En tête marche le zaptié Mohamed, vêtu d'une veste très sale et on ne peut plus rapée. Comme son chef de file, il porte la carabine Martini d'ordonnance, mais il fait occuper à cette arme, sur sa selle, les positions les plus imprévues, tantôt réglementairement en travers, tantôt verticale, la crosse à la cuisse, tantôt horizontale, sous la cuisse gauche, la crosse en avant ou en arrière, suivant la fantaisie ou l'état des muscles cruraux du gendarme, tantôt enfin, et c'est ce que j'admire, en diagonale, la crosse en avant et à droite de l'encolure, le canon en arrière, à gauche de la croupe, tout le poids du corps portant sur la batterie qui occupe le centre de la selle.

Pandorre jovial, bavard, débrouillard et surtout brouillon, Mohamed se fait souvent attraper par son chef Ali. Celui-ci, maigre, correct, calme et froid, sous un haut fez conique, a endossé, en notre honneur, un cafetan neuf, sur les manches duquel aucun galon n'indique le grade. De l'arrière-garde qu'il ne quitte jamais, sauf en cas de discussion trop vive avec son cheval, il surveille l'horizon où pourraient apparaître des rodeurs, la route que suit Mohamed, l'équilibre des charges, la ferrure des chevaux. Il commande les haltes, et n'ordonne le départ qu'après avoir pris correctement nos ordres ; nous ne pouvions désirer un meilleur chef de convoi.

Derrière Mohamed, sur un cheval affranchi de tout bagage comme il convient au coursier d'un conquérant, Dec s'avance majestueux et farouche. Je viens après, l'air moins conquérant. J'ai organisé sur le devant de ma selle, avec manteau et couvertures, un long portemanteau qui descend assez bas pour maintenir mes genoux et me permet aussi de m'accouder, ce qui diminue sensiblement la fatigue de mes vieux reins.

Hassan, second seyid, me suit ; long et maigre, la barbe courte taillée en pointe, il est coiffé d'un fez blanc sous lequel flotte un grand mouchoir de coton à fond rouge. Il enlève quelquefois l'un et l'autre et montre alors un crâne rasé, sauf une étroite couronne de cheveux noirs qui lui donne alors un faux air de moine barbu.

Son énorme ceinture doit peser de 15 à 20 kilos. Allah seul peut savoir ce qu'elle renferme. Il monte une bête indécise et la détermination de son espèce, mule ou jument, chaque jour discutée, n'est jamais définitive. Hassan porte, avec la responsabilité de l'arrimage des bagages, un fusil interminable qui, heureusement, n'est pas chargé et ne saurait l'être, faute de munitions.

Les deux bêtes de bât viennent après. Une d'elles est un mulet authentique. Ainsi que son camarade, fort cheval gris-pommelé, il est chargé de travers, et malgré les pierres que l'on place, tantôt à droite, tantôt à gauche, pour rétablir l'équilibre, il faut s'arrêter sans cesse pour redresser le bât au moment où il va tourner.

Achmet, le maître muletier, précède l'Om-ba-chi. Achmet est le propre frère du zouave bleu qui nous a loué les bêtes, il le représente et il est responsable, vis-à-vis de nous, de la régularité du service, de l'exécution du traité, et vis-à-vis de la postérité, de notre conservation. Son talpak noir, turbanné de blanc, une veste brodée, une myrifique ceinture et des bottes locales d'une forme on ne peut plus pratique, dont le cuir fut rouge autrefois, lui donnent un fort grand air que complètent un couteau aussi considérable qu'inoffensif et un fusil plus long et aussi peu dangereux que celui de son subordonné Hassan, et pour la même raison. Achmet citoyen de Koniah, conduit habituellement les landaus de son frère et associé. Il n'a donc pas la pratique du paquetage, et comme ses parents négligèrent de l'envoyer aux écoles spéciales — en admettant qu'il y en eût — où il eut pu l'apprendre, il en ignore aussi la théorie ; ce qui fait que les charges de ses bêtes sont trop souvent sous leur ventre, évènement qui ne l'émeut pas, et dont il laisse à Hassan le soin de réparer ou d'amoindrir les conséquences.

A chaque halte, notre convoi étant bien hiérarchisé, Achmet et Hassan, tiennent l'étrier aux gendarmes, après quoi ceux-ci viennent tenir le nôtre. La mule supposée et le mulet authentique d'Hassan profitent en général de ce moment de moindre surveillance pour se rouler sur le sol, l'un avec la selle de son propriétaire et le kheybé des provisions, l'autre avec notre sac de campement, ma valise et l'assiette précieuse qu'elle renferme. Je suis encore tout nerveux de l'anxiété que me causèrent les conséquences imprévues de la réglementation protocolaire de nos haltes ; et nous en faisons une à chaque puits, pour boire l'eau opaline, fade, mais très fraîche que l'on en tire.

Le soleil nous aveugle dans cette plaine où rien n'en tempère l'éclat ; quand les effets du mirage cessent, notre regard fait le tour de l'horizon sans rencontrer la plus petite saillie : ni un homme, ni un animal, ni un arbuste n'arrêtent la vue. Le sol, jaune entre les touffes d'herbes dures, reverbère les rayons qui le frappent. L'horizon et les parties basses de l'atmosphère sont chargés d'une vapeur dorée, tandis qu'au zénith le ciel a conservé, très pure, sa teinte bleu d'azur. Un lourd silence que le bruit régulier des pas des chevaux trouble à peine, assourdi par la fine poussière de la piste, pèse sur ce billard de cuivre surchauffé. On n'entend pas même une cigale, et nous avançons dans un demi-sommeil, sans échanger un mot.

A quatre heures, l'antenne d'un puits, mince silhouette verticale, trait noir sur le ciel jaune, apparait au sud. Nous approchons ; des bergers sont étendus près de l'auge, dormant ou devisant sous le soleil. Derrière le corral et l'abri couvert, des chameaux, en longue file, sont accroupis, que les chameliers commencent à mettre en marche. Ces animaux, énormes, bien tenus, beaucoup plus beaux que ceux de Roumélie ou de Bithynie, sont chargés de sel, récolté sur le lac Kotch-Hissar, et le portent au Taurus.

Nous questionnons les chameliers, personnages bibliques, vêtus d'une courte tunique de poil de chèvre. Ils ne vont pas au sud, mais à l'ouest, et ne connaissent pas la région qui nous intéresse. Pendant que nos bêtes boivent, leur caravane, enfin mise sur pied, s'ébranle, et longtemps encore nous apercevons les longs cous des chameaux se découper en ombres chinoises sur le fond gris des montagnes.

Une ligne continue de collines basses au sud : ce sont les premiers échelons du Taurus. Sur l'un d'eux, nous distinguons, à peine visible dans l'air que l'approche du soir rend limpide, la tache fauve d'un village. Consulté par l'ombachi qui propose de s'arrêter et de passer la nuit à Ali-Bey-Keuy, gros bourg dont le minaret domine des ombrages à quelques dix kilomètres à l'est, Dec objecte, avec raison, que ce crochet nous jetterait trop en dehors de notre trajectoire et qu'il vaut mieux atteindre ce soir le village lointain dont nous apercevons au sud la tache jaune. Ali s'incline, mais je vois bien, à son air, qu'il n'en sera rien et que force sera la nuit venue, de nous arrêter loin du but, Dieu sait où.

Nous nous trainons péniblement : bêtes et gens, non entraînés, n'en peuvent plus. Dec, lui-même, vers six heures, a des étourdissements, des nausées, un commencement d'insolation. Qu'y faire ? Il faut marcher. La fraîcheur très relative de la brise qui s'est élevée avant le coucher du soleil, a un peu regaillardi mon camarade ; il regarde avec anxiété les collines toujours lointaines sur lesquelles le gîte désiré n'est plus visible, masqué par la brume du soir. Nous avançons toujours. La plaine est moins unie ; derrière une petite ondulation, nous tombons sur un village, Algara-Keuy — altitude 1030 mètres. — Sans hésiter, Mohamed oblique vers les maisons. Des gens sont assis devant les portes.

— Oda var ? Y a-t-il un Oda ?

Un vieillard que sa barbe fait paraître vénérable, nous y conduit. La demeure des étrangers est spacieuse. Nous y coucherons seuls ; nos hommes occuperont la partie ordinairement réservée aux animaux. Des écuries diverses, pour le moment invisibles, recueilleront nos chevaux que des gamins promènent lentement avant que l'on enlève de leurs dos endoloris selles et charges. C'est merveille de voir ces gamins, quelques uns pas plus hauts que des bottes, drapés dans leurs grandes robes de chambre, tirer gravement les bêtes par la bride tout en lorgnant du coin de l'œil l'exotisme de nos bagages qui doivent renfermer bien des choses étonnantes.

Nous voici dans l'oda. Nous refusons, à la grande stupéfaction des notables, les couvertures, les tapis et les matelas trop habités qu'ils nous apportent et nous installons nos lits de camp sur lesquels nous allons nous asseoir pour souper. Le thé bout, voici du yoghourt et du pilaf, hommage d'un homme pieux ; et de plus, sur ma demande, une grande écuelle de lait bouillant. Hélas, c'est du lait de brebis et malgré ma faim et ma soif je ne peux avaler que quelques gorgées de ce liquide gras et épais. Nos hommes le boiront avec bonheur.

La chaleur est étouffante dans l'oda. Notre souper expédié, nous nous asseyons devant la porte sur un banc de pierre. On décharge les chevaux. Ali fait porter les bagages dans l'oda. Achmet se charge des selles qui sont siennes. Le jour baisse le soleil a disparu colorant d'un jaune orangé l'ocre terreux des maisons basses. Les troupeaux, moutons blancs et noirs, chèvres fauves, rentrent au village, suivis des femmes et des chiens, les uns criant, les autres aboyant. Dès qu'elles aperçoivent les étrangers les femmes leur tournent le dos ou cachent leur visage avec leurs bras. Nous leur inspirons visiblement, la répulsion la plus vive. Mais, comme elles sont aussi laides que sales, je peux affirmer que ce sentiment est réciproque.

Pendant que les bêtes se bousculent à l'entrée des granges les femmes vont à l'eau, le dénéké sur la hanche. Ces dames, en attendant que soit venu leur tour d'atteindre le puits causent et se disputent ; leurs voix, tantôt s'élèvent, tantôt s'apaisent, formant un grand murmure qui se mêle aux cris des troupeaux. Les femmes rentrent l'une après l'autre accueillies le plus souvent par les injures ou les grognements du mari, assis à l'entrée de la maison, sur un tapis qu'il n'a pas quitté de la journée, si ce n'est pour éviter le soleil : On entend, par la porte ouverte, jaillir glapissante la réplique des femmes mêlée aux cris des enfants.

La nuit est venue calme et tiède, éclairée par le lune comme par un immense bec Auer ; le mouvement des villageois continue, maintenant silencieux. On porte tapis et matelas sur les toits de terre battue ou sur le sol de la place. Les familles se groupent, chacune sur son campement et les conversations reprennent à demi-voix.

Une très vieille femme pliée en deux, cassée en équerre, passe devant l'oda, allant à l'eau, un dénéké vide à là main ; appuyée sur son bâton elle s'arrête à chaque cinq ou six pas, essouflée. Un grand jeune homme marche à côté d'elle et lui parle mais ne l'aide pas. Puis il la quitte. Comment rapportera-t-elle son dénéké quand il sera plein ? Est-elle malheureuse ? probablement non. Son asthme, son isolement : puisqu'elle est vieille elle trouve cela naturel. C'est la vie. Musulman veut dire : « Résigné à Dieu ». La vieille marchera tant qu'elle pourra. Un matin, elle restera couchée sur son tapis ou, si elle commence sa course quotidienne, elle tombera en route et ne se relèvera pas. Les voisins la laisseront là où elle sera tombée jusqu'à ce qu'elle soit morte et la porteront alors au mézarlik prochain. Ce sont cependant de braves gens mais, musulmans, ils ne connaissent pas la pitié. On n'a, jusqu'à présent, rien trouvé qui vaille le catholicisme pour l'enseigner et la pratiquer.

JEUDI 4 JUILLET. — Debout avant 4 heures. Il fait à peine jour. Sur la place devant l'oda tout ou presque tout le village est couché et dort. Des épais édredons humides de la rosée de la nuit émerge l'extrémité des fez rouges. Des tas sphériques de guenilles, représentent les femmes couchées. Quelques unes plus actives ou plus incommodées par les puces, circulent ou flanent sur les portes. Près de l'oda, derrière un pan de mur en ruine un bruit de voix et de rires à demi étouffés appelle mon attention. Je ne vois d'abord personne, mais en m'approchant j'aperçois les longues mousteches de Mohamed qui sortent de dessous une douverture étendue sur le sol et tout près, debout, une grande femme hirsute dont j'avais remarqué hier la robe rouge et les criailleries.

A ma vue le colloque cesse et Mohamed tout épanoui, se manifeste, s'étire et disparaît dans une ruelle en emportant sa couche.

— Décidément, m'a dit Dec qui m'a suivi, c'est partout la même chose : la belle aime le militaire, ou si vous préférez, le militaire aime les belles. Dans l'espèce, cela m'attriste doublement. D'abord parce que je constate l'universalité de cette vérité fâcheuse et ensuite, seconde constatation, parce que Mohamed qui est Musulman semble ignorer ce que dit le Coran « Que Dieu te garde de la femme qui n'est pas à toi et dont les paroles te caressent. »

— Dec, ai-je répondu, vous récriminez à tort contre ce gendarme. Savez vous de quoi il parlait avec cette femme ? pourquoi lui prêter des intentions peccamineuses alors qu'il lui demandait, sans doute, des indications sur le chemin que nous devons suivre, ou quelques règles de l'art difficile de bâter et de charger solidement une bête, règles ou principes qu'il a grand besoin d'apprendre. Le Coran ne s'y oppose pas, car il est écrit : « Achète et ne vends pas la vérité, la sagesse et la prudence. » Il est vrai qu'il n'est question dans cette sourate de bêtes ni de bâts, mais il faut savoir lire entre les lignes.

— Mon ami, a conclu Dec, nous sommes trop sentencieux pour des gens à jeun. Allons déjeuner.

Cependant on a étrillé les chevaux et on leur a donné l'orge. Nous mangeons sur le pouce quelques fortes tranches de pain, parcimonieusement tartinées de confitures et arrosées de quelques verres d'excellent thé bouillant, nous plions nos lits, et à six heures nous sommes en marche. Avant le départ, des notables sont venus nous saluer ; ne nous énorgueillissons pas : c'est aussi et surtout pour vendre à Ahmet l'orge dont il a besoin pour ses bêtes.

Où allons nous ? on aperçoit une sorte de brèche dans la chaîne des collines du Sud. Est-ce là le passage qui, de la plaine nous facilitera l'accès de la montagne ? Le plus simple est d'y aller voir.

Nous traversons sur un pont, à deux arches, de forme byzantine le Tcharschembé-Tchaï, cours d'eau assez large dont le courant à peine sensible se dirige vers l'Est. La rivière limite la steppe : au delà du pont nous sommes dans les cultures.

On commence à moissonner certains champs. D'autres l'ont été et la récolte est déjà engrangée. Une flore abondante fleurit dans les champs et sur les bords du sentier. Je note une grande Sauge à fleurs blanches, un Delphinium à grandes fleurs éclatantes, plusieurs Dianthus et, en abondance un Mœconopsis orangé plus grand et plus brillant que le M. Cambrica de nos Pyrénées, un petit pavot grenat vif, d'ailleurs assez rare, de l'Anchuse, de la Bourrache, une Chicorée à fleur plus grande, d'un bleu plus vif à fleurons plus nombreux que la notre ; enfin, dans les blés d'énormes fleurs d'Althéa bleu violet très clair.

L'échancrure aperçue ce matin est maintenant assez proche pour que Dec y reconnaisse le passage par lequel il a débouché dans la plaine, l'année dernière, en descendant du Taurus. Nous sommes en bon chemin. Après de longs circuits dans les récoltes nous arrivons au pied des collines. Il est 8 heures et le baromètre indique 1.110 mètres.

Jusqu'ici, nous n'avons trouvé qu'un sol plat, uni, égal et ferme sans être dur, sur lequel nos bêtes ont marché sans peine. Nous abordons maintenant le calcaire, le fâcheux calcaire que nous suivrons jusqu'à Mersine et qui mettra les jarrets et les pieds des chevaux à une rude épreuve.

Un sentier en pente douce, à peine frayé ,reconnaissable surtout à la concentration de cailloux roulés qui s'y est faite conduit, au travers d'un taillis bas de chênes verts, au col par lequel nous devons passer. Des belettes, très occupées à se procurer leur déjeuner du matin courent dans tous les sens, sans faire attention à nous.

Du haut du col (altitude 1.245 mètres) la vue est splendide. Derrière nous, vers le Nord, s'étend la plaine sur laquelle la steppe, les marais et les cultures appliquent toute la gamme des verts et des jaunes. Les rares ombrages autour des minarets, taches sombres rayées de blanc, y précisent l'emplacement des villages. Tout au fond une brume fluide et presque lumineuse flotte dans la direction de Koniah ; sous nos pieds Algara Keuy dont on distingue les maisons semble dessiné sur une carte à grande échelle. Devant nous, au Sud, le Taurus développe en amphithéâtre, teintés de bleu de plus en plus intense, ses plans successifs séparés par des vallées larges et profondes. Une longue crête neigeuse, au profil uniforme, couronne ce paysage grandiose, superposant un désert de glace au désert de pierre qui domine les gorges boisées. La dureté du calcaire a préservé la montagne des injures du temps, l'eau a glissé sur la roche et l'a polie sans l'entamer. Cette arête blanche du haut de laquelle l'œil plongerait sans doute sur la mer, n'a pas varié de forme depuis les temps anciens où Alexandre en longeait la base, entraînant sa phalange vers les plaines d'Issus ; et quand une égale période de siècles sera écoulée, elle restera encore intacte et immuable, au milieu d'un monde renouvelé.

Rien dans cet horizon immense ,n'indique la présence de l'homme ; pas une fumée, pas une habitation, pas la trace d'un sentier. Un lourd silence nous enveloppe, à peine troublé par le cri des cigales, et ce n'est pas sans une certaine appréhension que je quitte mon observatoire pour descendre dans cet inconnu désert et muet.

Nous marchons au sud, dans une brousse de maigres génévriers, vestiges d'une forêt dont il ne reste que des troncs carbonisés. La température s'élève. Il fera plus chaud qu'hier. Nous traversons à 1.140 mètres d'altitude un thalweg dont un ruisseau à sec entouré de cultures précise les sinuosités. Après une succession de vallées broussailleuses, nous arrivons sur un plateau calcaire à l'entrée duquel le gros village de Tjidjeck étale ses maisons de pierres sèches crépies de chaux et couvertes ,comme les maisons andalouses de toits plats en schiste magnésien, décomposé et plastique.

Nous faisons halte pour déjeuner, dans un joli oda où un balcon très large, sorte de galerie couverte, nous offre un abri aéré. Il n'y a personne dans le village à notre arrivée, mais bientôt le mouktar, Hassan, bon vieux affable et souriant survient suivi des tapis réglementaires. Des jeunes enfants jolis et propres se sont emparés des chevaux des deux Francs , ils sont impayables de sérieux et je ne résiste pas à l'envie d'en photographier au moins un ; ce sont les petit fils du mouktar notre hôte, qui est ravi.

Pendant que nous déjeunons avec des œufs donnés par le mouktar les notables arrivent et, successivement, s'asseyent autour de nous, assez loin pour ne pas être indiscrets, et laissant tout à fait libre le côté qui donne sur la place, par où arriverait la brise, s'il y en avait.

Il n'est jamais passé de Franc à Tjidjeck, aussi l'évènement est-il considérable. Après un long silence qui a précédé les ablutions, les questions commencent, bienveillantes et polies. Ma timbale télescopique en argent doré, à anneaux concentriques, arrache à l'assistance un long murmure d'admiration. Je la confie à Hassan qui la passe aux notables. Elle me revient après avoir fait le tour du cercle, intacte, maniée par ces grosses mains avec une délicatesse féminine. Nouvelles exclamations à la vue de la fourchette et du couteau de voyage dont le manche de l'un sert de gaîne à l'autre.

Que de bonhomie sur ces visages barbus, et de curiosité aussi, vite réprimée par la crainte de gêner les mouzafirs. Le café avalé ils attendent qu'on les questionne à leur tour, désireux de prolonger la représentation. Quelle belle occasion de nous renseigner sur la route de la mer, les villages, les cours d'eau. Mais Dec reste sur son tapis immobile et muet, l'air sévère, persuadé peut-être à tort, que les Turcs mesurent le rang à la hauteur et à la rudesse. Après une demiheure de mutuelle et silencieuse contemplation Turcs et Chrétiens se lèvent : les chevaux sont prêts. Le vieux mouktar à qui j'offre des cigarettes les accepte mais refuse d'en allumer une ; et comme nous sommes un peu à l'écart des autres :

— Ma validé fume, me confie-t-il, ce sera pour elle.

Il est très ému le bon vieux car évidemment il aime sa femme, quelque vieille comme lui sans doute, et il se fait une fête de lui donner ces cigarettes qui sont dans une mirifique boite en forme d'étui, rouge à l'extérieur doublé à l'intérieur de papier métallique. Que ne suis-je polyglotte. Je lui citerais l'affirmation du sage Abul-Paohl-el-Meïdani : « Celui qui trouve une digne femme trouve le bien, et il a obtenu de l'Eternel une faveur. » Mais il s'agit bien de cela, il est onze heures et demie et il faut partir. Nous quittons à regret ces braves gens et l'ombre hospitalière de leur oda suivis et poursuivis par la longue litanie des souhaits de bon voyage.

Nous croisons une route empierrée, sur laquelle il est évident que ni hommes ni animaux n'ont circulé depuis sa construction, ce qui n'a rien d'étonnant, car partant d'un point quelconque de la brousse elle s'arrête plus loin en plein désert. Elle doit, de Karaman rejoindre la mer à Adalia et son achèvement figure, avec tant d'autres, sur la liste des projets du Vali de Koniah. Quand sera-t-elle terminée ?

— Allah bilir, dit l'Om-bachi, réponse que nous traduisons par : Jamais.

Auprès du tronçon de route une excellente fontaine fraîche et abondante désaltère le convoi. Nous questionnons des chameliers qui y sont arrêtés. Ils viennent de Hadem-Keuy, résidence d'un Caïmacan. Dec retrouve ce nom dans ses souvenirs. Hadem ne doit pas être très éloigné du village de son ami Makh'arem. C'est donc à Hadem qu'il faudrait d'abord arriver.

Le pays s'accidente ; nous remontons une pente régulière sur des argiles bariolées nues et schisteuses. Puis, devant nous, s'ouvre une gorge profonde, hérissée de roches déchiquetées et bizarres, au fond de laquelle coule une rivière, sorte de gave rapide au lit encombré de grosses roches. Si j'en crois ma carte ce doit être un des plus hauts affluents du Bourakdjé-Tchaï.

Un sentier en lacets, qui dégringole sur la pente, nous amène à un beau pont ancien qui traverse ce gave dans une partie encaissée entre deux berges verticales.

Rien d'aussi frais et d'aussi riant que ce petit coin, paradis de verdure et d'eau claire, au sortir de la fournaise où nous avons failli cuire tout à l'heure. Comme il ferait bon s'y reposer. Mais ce n'est point notre lot.

Le sentier bien visible jusqu'au pont se divise, à l'issue de la gorge, en une infinité de pistes qui semblent se perdre dans une vallée s'élargissant en plaine, vers le Sud. Que faire ?

Ali déclare que n'ayant jamais dépassé les limites du plateau de Koniah il ne sait pas du tout, mais du tout, où nous sommes. Mohamed qui a été désigné comme guide parce qu'il est né dans le Taurus, explique que d'Ermenech, sa ville natale il n'est jamais allé qu'à Karaman et de là, à Koniah ou à Selefkia. Il n'est donc jamais passé par ici. Sur ces renseignements le plus simple est de continuer au Sud. C'est ce que nous faisons.

L'escalade de la rive droite du torrent, aussi dure que la descente sur la rive gauche nous amène, à 1.200 mètres environ d'altitude, sur une petite plaine ondulée où, dans les près, paissent de belles juments.

Un bruit de tambourins : c'est une noce ou un enterrement que nous cache un pli de terrain ; nous le dépassons en quelques foulées. A cent mètres de nous s'avancent en file indienne, des bons Turcs à pied, sous des parapluies et des ombrelles blanches doublées de vert. Ils portent, au bout de longues perches, des guenilles multicolores. Ces gens psalmodient des airs lugubres, pendant que devant eux deux ou trois tambourins font rage aidés d'un fifre qui déchire de ses modulations suraigues l'air et les oreilles d'autrui. Un peu en arrière suit un second cortège, féminin celui-ci, juché sur des juments autour desquelles trottent les poulains. Parmi ces paquets amorphes y a-t-il une jeune mariée ? Mystère. Le bruit des instruments diminue, le cortège s'éloigne puis se perd dans le lointain, pendant que me revient à la mémoire ces vers de Gulistan : « La boucle de cheveux d'une belle est une chaîne pour le pied de l'intelligence ».

Si dans le premier cortège se trouve le futur mari, a-t-il lu ce vers et en a-t-il mesuré la profondeur ? C'est peu probable.

D'ailleurs, la belle à laquelle il pourrait l'appliquer est-elle dans le second cortège ? Et ces cortèges unisexués eux-mêmes, représentent-ils un mariage ou un enterrement ? L'Ombachi, consulté, l'ignore. Je ne saurai donc jamais si le protagoniste de cette cérémonie, fiancé ou machabée, va commencer ou s'il a fini de souffrir. Et j'entrevois une fois de plus le nombre infini des choses qui me resteront à jamais cachées. Mais j'ai le cerveau liquéfié et la force me manque de noter les réflexions amères ou saugrenues que me suggèrent à la fois mon ignorance, les chants lugubres, les ombrelles vertes des gens qui les profèrent, le bruit des tambourins et le sifflet du fifre qui seul, peut-être atteindra le trône d'Allah.

Je n'ose pas dire que la perte de ces réflexions en est une pour la postérité. Mais il est possible que je le pense.

Non loin du sentier ,deux hommes sont arrêtés auprès de chevaux chargés. Nos zaptiès les rejoignent au galop. Nous assistons de loin à un interrogatoire sévère, nous voyons les protestations des deux pauvres diables, la perquisition dans les charges. Les zaptiès reviennent penauds. Au lieu des tutundjis (1) qu'ils croyaient rançonner ils n'ont trouvé que de bons propriétaires transportant du charbon de bois.

Un peu plus loin, nouvelle rencontre. Un gars de quinze

(1) Contrebandiers de tabac.

à seize ans conduit un âne lourdement chargé. A la vue
de Mohamed, il se jette dans la brousse : mais elle est
trop fourrée il ne peut y pénétrer et nos hommes l'appréhen-
dent. Ce faux tutundji ne porte que des cerises, excellentes
d'ailleurs, qu'il vient de cueillir et qu'il compte vendre
demain aux villageois de la plaine. On lui en achète : tous
les mouchoirs sont réquisitionnés, les fez aussi, mais quand
il s'agit de payer les effendis seuls s'exécutent, tandis que
zaptiès et seyids envoient promener le gamin avec quelques
bourrades. Il pleure, gémit ,se lamente, mais au fond du cœur
il se réjouit de notre présence. Sans nous toutes ses cerises y
passaient et quelques vigoureux coups de fouet sur les
reins l'auraient payé à la turque. L'expérience lui a appris
que si l'on rencontre un zaptiè le plus sage est de se
sauver. L'épaisseur de la brousse ne lui a pas permis de le
faire, et tout en poussant son âne sur le sentier, il se dit
peut-être qu'heureusement pour lui, les Francs ne sont pas
d'aussi mauvaises gens qu'on le croit.

Une source sort d'une roche dans un grand pré et court
dans des auges de pierre. Nous y abreuvons nos bêtes.
Mais il se fait tard le pays est désert et nous ne rencontrons
personne qui nous indique un sentier ou un village. Les
faux tutundjis et le marchand de cerises nous ont bien dit
qu'Hadem est encore très loin, mais c'est tout. Nous poursuivons donc, mélancoliquement ,notre route au sud.

Il est déjà 7 heures 1/2. Le soleil est couché. Nous
voudrions en faire autant dans un oda quelconque. Le
pourrons-nous ?

Cependant, voici, sortant d'un bouquet de chênes, un grand
profil maigre vêtu d'une robe noire, poussant devant lui
un cheval à demi chargé d'herbes. Nous le hélons en vain ;
il s'éloigne, les deux zaptiès courent à sa poursuite, l'atteignent et le ramènent. On l'interroge. C'est un Khodja (1) de
Hadem qui vient de voler du fourrage et qui rentre chez

(1) *Khodja :* prêtre.

lui. C'est aussi un guide que la providence a mis sur notre route. Nous allons le suivre. Mais, nouvelle difficulté, il s'engage dans un sentier à l'Est et Dec refuse de dévier de la ligne Nord-Sud qui doit nous conduire directement à la mer ; il affirme au Khodja qu'Hadem ne saurait être à l'Est. « J'y ai couché ! » ajoute-t-il. Cette raison, cependant péremptoire, n'ébranle pas le Khodja.

— Je vais chez moi, répond-il à Dec, toi, fais ce que tu veux.

Ali suit cet homme sensé, nous suivons Ali, Dec nous imite en protestant et tout le convoi se hâte. Mais le guide va vite, nos chevaux sont fatigués, la caravane s'égrène.

A huit heures nous sommes en plein dans la brousse, et il y fait noir comme dans un four. Nous nous arrêtons, Mohamed, Dec et moi pour attendre l'arrière-garde et Ali dont nous entendons les appels. Nous répondons, les voix se rapprochent puis s'éloignent et se taisent.

Ali et le convoi se sont égarés. Mohamed va à leur recherche et nous restons Dec et moi, seuls avec le Khodja qui s'impatiente et veut continuer son chemin... S'il nous lâche nous n'avons qu'à coucher ici, le ventre vide et sans campement, ce qui n'est pas drôle. Nous discutons longuement avec cet ecclésiastique. Enfin l'offre de 1/4 de medjid le décide à attendre. Nous mettons pied à terre.

De loin des voix irritées s'élèvent ; d'autres plaignardes : c'est notre monde qui rejoint précédé de Mohamed et poussé par Ali exaspéré. Mais voici une nouvelle alerte. Pendant que Mohamed raconte comment il a retrouvé son chef, le Khodja a disparu. Où est-il passé ? nous attendons et bientôt il revient chargé de pommes de terre, d'orge, de légumes empruntés aux champs voisins, et sur son cheval, petit à petit, le bien d'autrui mal acquis, s'accumule, soigneusement arrimé par les bons gendarmes.

Nous sortons enfin de la brousse et à la clarté incertaine des étoiles nous entrevoyons une cassure profonde dans laquelle s'enfonce un sentier. Quelques lumières scintillent dans le fond, très bas. Nous dégringolons à la suite de notre guide. A ce moment la lune se lève et sous nos pieds, accroché à la paroi de la gorge, nous apparaît un gros bourg aux toits plats : c'est Hadem (Altitude 1.390 mètres). Après d'interminables circuits dans des ruelles trop étroites, sur des pentes trop glissantes, Mohamed s'arrête. Nous sommes devant l'oda : il est plus de dix heures.

Sur le large balcon de l'oda, toituré de branches de pins fraîchement coupées, les notables sont assis. Très surpris, à cette heure insolite, par notre arrivée, qui leur tombe sur la tête comme une tuile, ils se lèvent sans bruit, disparaissent et nous cèdent la place. Nous nous installerons pour la nuit, comme hier, à l'intérieur de la maison qui est propre, spacieuse ,presque confortable. Nos gens coucheront sur le balcon. En attendant, à demi morts de faim, allongés sur les tapis municipaux nous soupons de notre mieux en arrosant abondamment d'excellent thé nos maigres conserves, les cerises et les derniers morceaux de pain blanc apporté de Koniah.

Notre tranquillité n'est pas longue. Les notables reviennent conduits par le mouktar qui est aussi l'agha, l'homme influent à qui tous obéissent, et que tous flattent. C'est un bel homme à la barbe grisonnante, à l'œil fin, trop fin même ; beaux vêtements, grand sceau d'argent pendu au cou, mains grasses et soignées. Les autres sont des bourgeois aisés, amorphes et fâcheux. Ils s'asseyent près de nous, encombrent le devant du balcon, nous enlèvent en même temps l'air et la vue de la vallée, et nous laissent tout juste la place nécessaire pour nous retourner. Entre temps ils causent bruyamment, nous regardent sous le nez et nous assaillent de questions indiscrètes et saugrenues. L'agha, plus insupportable que les autres étale devant eux le trésor de ses connaissances, et met en relief, à nos dépens, les ressources de son esprit subtil. Que nous voici loin des bons paysans de Tjidjeck.

Cependant nous voudrions découvrir le nom du village

de Moukharem, où nous trouverons ,affirme Dec, bon
accueil et des guides. Ce n'est pas chose aisée. Nos hôtes
répondent par de grands éclats de rire aux questions de Dec
— dont le turc, il est vrai, laisse fort à désirer — L'agha
explique, non sans quelqu'apparence de raison, à ses auditeurs qui approuvent, que les Francs, une fois hors de leur
pays deviennent à peu près idiots et ne savent ni ce qu'ils
font ni où ils vont. Ils seraient assez savants, ajouta-t-il,
mais ils cherchent trop à s'enrichir et le Prophète a dit
: « La richesse est une pierre lisse sur laquelle trébuchent
ou glissent les gens d'étude ».

Tout ceci n'avance pas nos affaires ; mais voilà que du
dernier rang des assistants une voix s'élève :

— Je connais Moukharem Tchaouch !

C'est un zeybeck, un coureur de montagnes, naguère
brigand, aujourd'hui contrebandier. Il a connu Moukharem à
Mersine : Pilaouen est le nom du village que nous cherchons.
Il en connaît le chemin et nous y conduira demain. Enhardi
par l'attention qu'après nous chacun lui prête, il nous explique qu'il y a deux Hadem : un, celui ou Dec a couché,
résidence du Caïmacan et des services publics, village pauvre
et sans importance ; et un autre, celui où nous sommes, riche
et populeux mais sans existence administrative. Une bonne
piste qu'on parcourt en quatre heures réunit les deux Hadem.
Et il faut une demi journée pour aller d'ici à Pilaouen par
un sentier peu frayé mais que le zeybeck connaît bien.
Nous pouvons dormir en paix.

Mais l'agha n'a pas envie de nous lâcher : Il nous confie
que ses enfants sont morts très jeunes. Il ne lui reste qu'une
fillette d'un an et il compte la perdre comme les autres
car elle est déjà malade. Nous ferons sa photographie après-
demain, affirme-t-il. Elle est à la campagne — car ici nous
sommes à la ville — et elle ne doit rentrer que demain
soir. C'est alors que je prends ma revanche des moqueries
du personnage. En ma qualité de photographe de l'expédi-
tion je fais dire par Dec à l'agha, qu'un pacha de mon rang

ne se dérange pas pour un mouktar de village, fut-il agha, que nous partirons demain matin pour Pilaouen. Nous y séjournerons après-demain. Qu'on y amène l'enfant, je la photographierai. Pour le moment, je désire qu'on ne me parle plus de photographie et qu'on me laisse dormir.
Cette résistance imprévue blesse l'agha qui se lève brusquement, nous salue et se retire suivi de sa bande. C'est tout ce que nous désirions. Il est plus de minuit : vite au lit.

CHAPITRE VI

DE HADEM-KEUY A PILAOUEN

VENDREDI 5 JUILLET — Le lever est dur : nous étions éreintés hier soir et à minuit nos lits n'étaient pas encore dressés ! Mais, quand même je ne regrette pas la longue veillée sur ce balcon, au dessus d'un paysage de féerie éclairé par la lune, avec, comme premier plan ces types si réussis de la petite bourgeoisie turque, plus tout à fait paysans, pas encore rentiers, qui constituent la majorité de la classe censée dirigeante. Ignorants et doux, capitonnés de paresse et peut-être d'orgueil, sans ambition et bien pénétrés de la parole d'un de leurs sages : « Rien ne vaut le calme et la paix, et celui qui hausse son portail cherche sa ruine. », ils vivent dans leur trou entre leurs femmes qui travaillent et leurs récoltes qu'ils consomment et qu'ils vendent. Pendant l'été ils s'installent à l'ombre et au frais et restent là jour et nuit, la nuit à causer de niaiseries, le jour à fumer, à rêver et à dormir. Quelques uns voyagent et reparaissent après une absence de trois, quatre, dix ans, quelques fois plus. Se sont-ils enrichis ? Nul ne le sait. Ils reprennent leurs habitudes interrompues, racontent, le soir, leurs aventures et décrivent à leur façon les pays qu'ils ont parcourus. A leur mort leurs héritiers chercheront dans tous les recoins de la maison, — souvent en vain — la cachette où, s'ils en ont rapporté ils auront enfoui leur pécule.

Contrairement à l'usage le mouktar ne se montre pas ce matin. Il est vexé de notre résistance qui l'a amoindri aux yeux de ses administrés. Le zeybek d'hier soir qui devait nous servir de guide est, lui aussi, invisible, par ordre sans doute. Mais l'Om-bachi a bien vite trouvé pour le remplacer un grand gaillard déguenillé, portant à la ceinture un couteau qui est presqu'un sabre, dont le fourreau est formé de

morceaux de tôle de laiton reliés par de nombreux tours de
ficelle. Un fusil de même style que ce fourreau, posé horizon-
talement sur sa nuque, lui sert à accrocher ses deux mains et
ne semble pas pouvoir lui servir à autre chose.

Nous partons à 8 heures. On cuit déjà. Cependant la nuit
a été fraîche, presque froide dans cet oda sans volets, balayé
par un fort courant d'air et suspendu au dessus d'un précipice.

Une vieille, cassée à angle droit comme celle d'Algara,
descend le sentier devant nous : il est probable qu'arrivées
à un certain âge toutes les femmes du Taurus subissent une
opération qui les fixe dans cette posture peu naturelle : je
m'en informerai.

Nous passons, sur un plateau très étroit, devant la mosquée
et nous descendons au fond du ravin. De là Hadem-Keuy,
accroché sur la roche a tout à fait l'aspect de certains villages
de l'Alpuyarra, en Andalousie. Sans les bois de pins qui,
ici, couronnent les crêtes on pourrait se croire à Castaras ou à
Almejijar, ces deux pueblos si pittoresques dont j'aurais
gardé un si mauvais souvenir sans les braves gens que j'y
rencontrai.

Nous remontons le torrent ; la gorge s'ouvre et sur les deux
rives les cultures s'étalent, toujours les mêmes : prairies
rares et maigres pommes de terre, orge, froment, césame
et maïs.

Dès le premier kilomètre les charges de nos bêtes sont
tombées. Achmet impassible n'a pas bronché pendant
qu'Assan suait sang et eau pour rétablir un équilibre qui,
malgré tout, est resté instable. La mule a donné hier des
indications précieuses et précises sur l'indépendance de son
caractère et Hassan a passé la journée à lui courir après.
La petite fête recommence ce matin, mais le malheureux
Hassan fourbu par les 16 heures de marche de l'étape d'hier
ne descend plus de cheval et nous assistons à une série de
chasses à l'onagre où l'homme n'a pas toujours le beau rôle.

Nous montons toujours : cependant des perdrix traversent
la route. Achmet, descend au plus vite de son cheval, palabre

avec le guide qui lui prête son fusil et s'élance en courant sur les pentes. Il rejoindra dans une heure harassé et très étonné de ne pas avoir revu les perdrix.

Nous passons un col à l'altitude de 1.490 mètres, puis nous descendons des pentes boisées très raides qui nous amènent dans un pacage, la mule ne manque pas de s'échapper et de tomber dans le ruisseau boueux où l'entraîne le poids de sa charge mal équilibrée. C'est la troisième fois depuis ce matin que nos malheureux colis chavirent.

Je suis furieux, Dec hurle, Mohamed crie, Hassan, sans descendre de cheval, gesticule avec son fez et montre son crâne rosé, le garde s'est assis, Achmet est à la chasse et la mule dans la boue où, sans vergogne, elle se roule sur nos bagages.

Pendant que je verse des pleurs — internes — sur mon plat d'Eski-Cheïr que je pressens en miettes, Ali, resté un peu en arrière, arrive. Très calme, il descend de cheval et tombe à coups de fouet sur Hassan en ajoutant aux gestes cette courte apostrophe : « Tu n'es qu'une... — ici, le mot de Cambronne. — Puis, pendant qu'Hassan dégringole de son cheval, Ali qui a quitté sa veste administre au guide d'abord, puis à la mule, la même volée qu'à Hassan, secoue Mohamed qui me passe la bride de son cheval et va aider les autres. Tous, alors, procèdent au sauvetage de la mule et des effets après quoi Ali fait décharger le cheval de bat et nettoyer approximativement les paquets emboués, refait lui-même les deux chargements, serre correctement cordes et courroies et toutes choses étant ainsi remises au point, nous repartons.

Le sentier devient abominable : c'est un véritable escalier sur lequel nos chevaux de plaine buttent à chaque pas. Il s'arrête à 1.710 mètres d'altitude, sur un second col très étroit. Il faut mettre pied à terre pour redescendre, de l'autre côté, en traînant nos bêtes par la figure, dans une gorge d'abord pelée et chaude comme un four, avec de maigres broussailles accrochées aux fentes du calcaire, puis meublée d'une forêt de pins-parasols noirs dont le tronc sur toute sa hauteur est garni de courtes branches.

Le schiste a remplacé le calcaire. Nos chevaux avancent maintenant avec assurance et c'est sans craindre la culbute que nous achevons la descente sous les pins au milieu d'un sous bois de chênes-verts.

A l'ombre tamisée des grands arbres s'étale une flore variée. Les Cistes à grandes fleurs blanches et à feuilles résineuses, répandent partout leur odeur de térébenthine. De hautes touffes d'œillets barbus d'un rouge éclatant dominent des tapis d'un autre œillet pâle beaucoup plus petit. Les sauges jaunes et blanches, divers lithospermum, des Hyeracium tomenteux à grandes fleurs jaune vif, des Adonides à toutes petites fleurs rouge sang, poussent partout où peut atteindre un rayon de soleil.

Vers le bas de la descente, le cheval de Dec glisse dans un ravin. Heureusement il s'arrête à quelques mètres au-dessous de la piste. Moh'amed le rejoint et le ramène à coups de fouet. Après quoi nous traversons un nouveau thalweg et nous remontons un nouveau versant.

Une montée maussade sur une croupe pelée, un soleil qui nous rôtit, nos chevaux qui halètent sur un sentier trop raide, des flots de poussière noire sur un sol plus noir encore : voilà ce que j'ai retenu de cette partie du trajet.

La crête, assez large, traversée, subitement s'ouvre sous nos pieds un précipice dont le fond se perd dans une pénombre bleue, avec des rochers rouges — leurs déchirures semblent d'énormes plaies vives — des entassements de montagnes éboulées, des forêts sombres, pins, thuyas et cèdres, qui, se prolongeant vers l'Est couronnent les flancs de vallées invisibles : Ce précipice est la gorge de Pilaouen.

Encore quelques pas et voici, au dessous de nous, un amas pressé de maisons basses. Les toits plats sont comme les cases d'un grand damier brisé sur les marches d'un gigantesque escalier. Le sentier clair, sur l'argile plus foncée serpente jusqu'aux maisons au travers d'un mezarlik grillé par le soleil. Pas un arbre n'ombrage ce champ des morts sur lequel poussent, végétations bizarres, les stèles blanches inclinées au hasard.

Nous sommes guidés dans le dédale des rues étroites par un garçonnet en robe rayée ; le turban violet fait ressortir son teint doré et le blanc bleuâtre de ses yeux rieurs. C'est le petit Cathir, le propre neveu de Moukharem. Envoyé par Dec qui a précédé le gros de la troupe, il m'a baisé la main après avoir accompli, avec une gravité comique, les gestes compliqués du salut musulman ; et nous l'avons suivi jusqu'à la place publique ombragée de platanes.

Une assistance nombreuse y est réunie devant la maison de Moukharem Tchaouch qui est absent. Ces personnages barbus bien vétus, haut enturbannés, qui nous saluent sont les parents de sa femme, de sa validé : frères, neveux, cousins. Nous sommes en pays ami.

Je n'oublierai jamais cette maison hospitalière, et les braves gens qui nous y accueillirent, l'écurie où l'on nous fit entrer en tatonnant, les yeux encore pleins de l'aveuglante clarté du soleil, l'échelle à demi démolie qu'il fallut gravir pour atteindre la terrasse, les yeux curieux qui nous regardaient par les fentes de toiles pendues a des cordes, le couloir sombre au fond duquel, dans une sorte de cuisine vivement éclairée par une fenètre invisible s'agitait une vieille aux cheveux embroussaillés, et enfin, la chambre du maître qui nous est réservée, fraîche, obscure, ornée de tentures et de guéridons bas.

Moletières et brodequins enlevés, nous nous étendons avec délice sur les épais tapis qui couvrent le plancher, pendant que nos hôtes entrent à la file et s'accroupissent en demi cercle assez loin de nous, désireux de nous faire honneur sans nous gêner.

Je croirais manquer à tous mes devoirs si je ne présentais pas à mes lecteurs ces braves gens.

Voici Abdullah, l'aîné des frères de Madame Moukharem, le père du jeune Cathir. Il est plutôt vêtu en zeybeck qu'en citadin, ayant mis de côté la longue robe turque. Il remplace dans la maison Moukharem grand coureur de chemins, prospecteur de mines, toujours en voyage. Une longue barbe fauve taillée en pointe donne à Abdullah un air sévère que dément le sourire de ses yeux de bon caniche. Vigilant, discret et timide il cherche toujours sur le visage de ses mouzafirs, à deviner leurs moindres désirs.

Abderrhaman, son frère puîné, colosse à peu près imberbe, haut de plus de six pieds est affreux. Un coup de pied de cheval, de mule ou peut-être de Vénus lui ayant enlevé le cartilage médran du nez. Ce géant que nous nommerons Moreau à cause de sa ressemblance avec un Français du même nom que nous rencontrons souvent, possède au Yaïla des pâtures où il élève des mules excellentes — c'est lui qui l'affirme — qui lui servent à transporter de la contre-bande. Et ce grand gaillard de vingt ans, drapé dans une interminable robe à raies violettes qui le fait paraître encore plus long, rougit comme une jeune fille chaque fois que son frère, auquel il obéit sans broncher, lui adresse la parole.

Ali, le troisième frère, dont nous n'avons pu préciser l'âge, entre les deux autres, est serré dans une étroite soutane noire. Il a passé douze ans à Stamboul, dans un Médressé. Je suppose que cet ecclésiastique à la figure rose, à la barbe courte et frisée est le curé mahométan de de Pilaouen. Il parle lentement un turc très pur que Dec comprend bien mieux que le patois barbare du Taurus.

Derrière Ali, deux autres personnages fument silencieuse-ment. Le feu de leurs cigarettes pique l'ombre de points brillants et, à chaque bouffée fait courir sur des barbes noires des reflets clairs.

Le café que nous sert Cathir après que nous avons lavé nos mains dans l'aiguière en cuivre rouge, est excellent. Il le serait bien plus encore s'il précédait quelque chose de plus substantiel. Mais, hélas, il est deux heures, et rien ne nous fait prévoir un repas prochain que la politesse nous empêche de réclamer. Quand mangerons-nous ? La voix d'Abdullah s'élevant du fond de la chambre calme les alar-mes qu'il a lues dans nos yeux : Nous déjeunerons, mais plus tard. Madame Moukharem exerce, depuis notre arrivée, à notre intention, ses talents de cuisinière ; nous les apprécierons, le moment venu.

En attendant, Dec questionne nos hôtes sur les chemins, les distances, les difficultés de la route. A demi plongé dans une sorte de somnolence — qui serait exquise sans les réclamations de mon estomac — je fais d'abord de louables mais inutiles efforts pour suivre leur conversation, puis vaincu, je m'endors en rêvant que je comprends le turc.

Un bruit de voix dans le couloir et le grincement de la porte qu'on ouvre me réveillent. Ce sont Cathir et son cousin Takir, le propre fils de Moukharem, qui placent dans la chambre entre Dec et moi, un guéridon bas sur lequel ils disposent un plateau de laiton chargé de plats soigneusement couverts.

Assis sur mon... bienséant, je confie à Dec que le vue de ces deux gamins et de leur plateau m'est, en ce moment, mille fois plus agréable que celle de M. Loubet (Emile) président de la République. Mon camarade me fait aussitôt sur l'irrespect de mes pensées de sévères mais justes observations, pendant lesquelles Cathir a découvert les plats qui renferment des choses succulentes. Jugez-en : Côtelettes d'agneau presque crues, faute de feu ou de temps pour les duire, boulettes de viandes hachées puis salées, sucrées, miellées, parfumées par des plantes aromatiques et finalement frites dans l'huile. Ces boulettes me rappellent l'oie rôtie sucrée du wagon restaurant hongrois à laquelle comme couleur locale, elles sont très supérieures, et enfin, pour terminer, de petits cubes de mouton grillé.

Notre cœur déborde envers la maîtresse de la maison d'une reconnaissance que notre bouche, trop occupée ou trop pleine ne peut exprimer, mais dont nos gestes indiquent l'étendue.

Les viandes absorbées, des cerises et une dernière tasse de café terminent ce festin que nous avons arrosé de thé bouillant et d'eau fraîche, et nous nous mettons à disserter sur le repas que firent les compagnons d'Ulysse dans les demeures de la magicienne Kircé où on leur servit, dit-on, un brouet de farine, de fromage, de vin, de lait et de miel doux. Mais une torpeur m'envahit, que les naturalistes observent, après le repas, chez les juges et les serpents... Abdullah et ses amis se retirent discrètement.

Quelle bonne sieste, coupée par les ronflements de Dec ! Dans un demi sommeil, j'aperçois au travers de l'étroite meurtrière qui tient lieu de fenêtre et par laquelle nous arrive un jour discret et tamisé, Madame Moukharem circulant sur la terrasse. Cette forte gaillarde, moustachue, à l'air hommasse, aux grosses mains rouges, vaque, le visage dévoilé aux soins du ménage, sans se douter qu'un chrétien souille d'un regard impur mais, j'ose le dire, chaste, les lignes dures de son profil d'Auvergnate.

Au réveil, Cathir et Takir nous offrent la verveine et le basilic. Placés derrière l'oreille et dans la ceinture, ces menus rameaux éloigneront de nous les mauvais esprits qui donnent la fièvre.

On introduit dans la chambre deux nouveaux venus. Stupéfaction de Dec qui reconnaît en eux des ouvriers de sa mine de plomb. Ils sont grecs, ainsi que l'indiquent le chapeau de feutre mou de l'un et le veston de l'autre ; mais, comme le plus grand nombre de leurs correligionnaires d'Alaya, ils n'ont conservé de leurs pères que la religion et en ont oublié la langue. C'est donc en turc que Panaïr, l'un des deux arrivants explique à Dec qu'ils sont partis de la mine depuis cinq jours, envoyés à notre recherche par le maître mineur Giorgiou. Ils ont erré de l'Est à l'Ouest, recoupant les vallées par où nous pouvions arriver, et se sont échoués ici hier soir, morts de fatigue. Ils ont passé la nuit à l'oda où sont encore les trois excellents chevaux qu'ils nous amènent et où nos zaptiès viennent de leur apprendre notre arrivée. Décidément la chance est pour nous.

Dec, une fois bien réveillé, décide de partir sur le champ.

Si les deux mineurs et leurs trois chevaux sont trop las, ils resteront en arrière et nous rejoindront demain. Mais nous ne saurions rester ici une heure de plus, sans perdre notre réputation de voyageurs que rien n'arrête. Cependant Abdullah fait observer qu'il est quatre heures, qu'on ne se mettrait en route, au plus tôt, qu'à cinq et qu'on ne pourrait aller bien loin. On discute et tout ce que je peux obtenir est que nous partirons ce soir à 8 heures et que nous marcherons toute la nuit.

Tout étant ainsi réglé nous allons rejoindre les divers Moukharem qui nous attendent sur la place, en plein soleil : ils vont nous faire visiter le village.

A l'orée d'une ruelle très fraîche où nous nous serions attardés volontiers nous voici sur une arête calcaire qui s'avance, étroite et blanche, entre deux profonds ravins.

Un parapet bas protège son extrémité un peu élargie et permet de se pencher sur le vide sans crainte du vertige. Devant nous les déchirures sanglantes aperçues ce matin surplombent un chaos monstrueux formé par l'éboulement d'une partie de la montagne ; au-delà, la vallée s'enfuit au Nord, couverte de forêts noires que domine la ligne bleue des crêtes. Sous nos pieds la roche se creuse et nous laisse comme suspendus au-dessus de l'abîme des deux gorges qu'elle sépare ; les maisons du village éparpillées, s'accrochent aux saillies et, tout au bas, un torrent gronde sous les frondaisons.

Partout les platanes, mêlant leur vert clair à la teinte ocreuse des maçonneries, otent à ce spectacle ce qu'il aurait de trop sévère. Nous sommes dans un Castaras plus grandiose, plus extraordinaire, surtout plus riant et plus propre que celui de l'Andalousie. Dans ce dernier les habitants encombrent leur belvédère de tas du fumier qui couvre leurs rues. Ils ont déboisé les ravins et bientôt, grâce à eux, ce coin resté si frais de la Sierra désolée, ne sera plus, comme le reste, qu'un désert de pierre. Mais ils ne s'en apercevront pas : le paysan de l'Alpujarra n'a d'yeux

que pour ses maigres récoltes et ses cochons qui errent
sur la place de l'Eglise.

Les Turcs, gens contemplatifs, ont le sentiment des beaux
spectacles ; aussi, le chemin du belvédère s'est-il usé au
contact des babouches. Un peu au dessous du parapet, des
charpentes frustes supportent un plancher, le Tchardak,
vaste balcon carré surplombant un a pic de plus de 200
mètres. Dès que le soleil sera caché derrière la montagne
voisine, les notables porteront leurs tapis sur le tchardak
et y continueront leur Kief en face d'un des plus étonnants
paysages que j'aie jamais vus. Pour le moment on y cuit,
et la pierre surchauffée, brule la main qu'on y appuie.

Notre monome s'engage dans un lacis de rues inclinées,
propres, pavées de pierres aigues et bordées de maisons
grises. Sur la terrasse de l'une d'elles une jeune femme
assez jolie, sans haimak, porte à deux mains de gros moëllons qu'elle passe à son mari occupé à quelque maçonnerie.
Ses cheveux tressés s'échappent, abondants, d'une calotte
rouge ornée de faux sequins. Dès qu'elle nous aperçoit
elle nous tourne le dos et se sauve derrière certaines toiles
voisines, mais pas assez vite pour que nous n'ayons entrevu
l'arc noir des sourcils relevés par l'étonnement, l'éclat des
yeux, et la ligne rouge des lèvres dans le blanc mat du
visage. Les inévitables pantalons de gaze rose ballonnent
et moussent sous la veste brodée, et c'est pour nous, occidentaux, un spectacle peu banal que cette princesse des mille
et une nuits qui sert de goujat au maçon son mari.

Au bas du bourg un chemin qu'ombragent des platanes
nous conduit vers l'éboulement des roches bariolées. Le
coup de sabre d'un géant, ou peut-être d'un génie, a tranché
la montagne laissant d'un côté un à pic, rouge comme une
plaie saignante, et de l'autre l'entassement des quartiers
détachés entre lesquels se glisse et serpente la route.

Au sortir d'un étroit couloir entre deux énormes roches,
nous touchons le pied de la falaise : un pont ancien à l'arche
très surélevée enjambe un torrent : sur l'autre rive deux

fontaines accolées à la montagne déversent leur eau claire et fraiche dans de longs bassins de pierre. On travaille à un petit canal qui, passant sous le pont aménera l'eau des fontaines aux prés ombragés de saules et aux jardins qui descendent dans la gorge, très bas, au dessous du sentier. Un homme armé d'un pic fait glisser jusqu'au chemin les moëllons qu'il détache, et chaque passant prend au moins une pierre et la tend aux maçons qui construisent le canal. Personne ne cherche à se soustraire à cette prestation, et nous contribuons, comme les autres, aux Travaux Publics de Pilaouen, récompensés de notre bonne action par le murmure approbateur de ceux qui nous entourent.

Quelques pas au delà du pont nous amènent au café : c'est aujourd'hui vendredi, le dimanche des musulmans, et tous les notables sont là, couchés chacun sur son tapis à l'ombre de la falaise. — C'est aujourd'hui le jour du repos obligatoire, mais je suis persuadé que ce repos n'est pas hebdomadaire, mais quotidien. — Une plateforme de terre battue forme le sol de ce casino primitif qui n'a d'autre toit que le ciel bleu.

Le cafedji a établi son feu de brindilles contre les rochers, à côté de deux ou trois petites sources qui jaillissent d'une fente et s'écoulent dans le ravin. Un garçon d'une douzaine d'années fait la navette entre les assistants et leur apporte soit du feu pour les narghilés ou les cigarettes, soit de grands verres d'eau fraiche. On nous prête des tapis : en voyageurs éreintés nous jouissons délicieusement du charme de ce lieu paisible, entre le coup de soleil de ce matin et la grillade de demain.

« L'univers est où tu es » a.dit le Livre. Le Livre a raison.

Un tout petit garçonnet entièrement nu court, château branlant, d'un groupe à l'autre. On le prend, on l'amuse, on le fait sauter très haut, à sa grande joie. L'approche du soir a légérement rafraîchi l'air : vite on passe au bébé une chemise courte, une robe de chambre rayée et un petit fez, qui lui donnent l'air d'un singe habillé. C'est avec des précautions de nourrices que ces gens barbus s'acquittent de leur tâche et avec des yeux de mamans qu'une fois terminée, ils la contemplent.

Et nous songeons qu'il y a deux hommes au fond de chaque paysan turc : le villageois paisible et doux qui fait travailler ses femmes ainsi qu'il convient, caresse ses enfants, vend ses récoltes et fume accroupi à l'ombre ; et le Musulman pieux qui, pour gagner le ciel, obéit sans hésiter au Padischeh, représentant Dieu sur la terre.

Dans le Taurus où il n'y a pas d'infidèles, le paysan prime le musulman et n'exécuterait que bien mollement, s'il les exécutait, les ordres barbares du Sultan. Mais sur la côte, où la présence des Grecs a tenue éveillée la haine religieuse, le Musulman est fanatique. Les braves gens qui, devant nous, pouponnent ce marmot, n'hésiteraient pas, s'ils étaient Mersinois ou Alayotes, à briser, sur un ordre du Padischah, la tête des petits chrétiens, contre les murs de leurs maisons.

La cruauté, comme la propreté, n'est, en général qu'un rapport. En Asie mineure c'est surtout une question de coordonnées.

La curiosité de nos hôtes satisfaite ils ont repris les uns leur Kief, les autres leur conversation ; mais nous sentons, aux regards qu'ils nous jettent, que nous deviendrions bientôt importuns. Nous quittons le café : une partie de l'assistance nous suit, remonte avec nous la pente pierreuse et s'égrène dans les venelles pendant que nous regagnons la maison de Moukharem. Les zaptiès, les deux seyids et Panaïr causent bruyamment sous les platanes de la place. Des paysans chargés de légumes ou de fourrage la traversent, descendant des hauteurs pour rentrer au logis ; certains s'arrêtent un instant dans une cabane en pierre, sorte de fournil bâti au milieu de la place et en ressortent avec une expression non dissimulée de soulagement. Encouragé par l'absence de serrure et poussé par la curiosité j'entre à mon tour dans l'édicule : c'est un water-closet public. Dans un coin, sur une grosse pierre, un vase de cuivre au long bec effilé, contient l'eau nécessaire aux ablutions. Aucune souillure ni sur les murs ni ailleurs. Quel exemple, pour l'occident civilisé.

C'est plein d'admiration pour les édiles de Pilaouen qui construisirent ce modeste mais utile monument et pour leurs administrés qui en usent sans le maculer qu'arrivés à la maison de Mokharem nous remontons l'échelle branlante et que nous nous installons sur le toit. Achmet nous y rejoint : il a l'air déconfit de Théramène venant raconter la mort d'Hyppolite. Un de ses chevaux, nous dit-il, a un effort de boulet ; tout au plus pourra-t-il, à vide, regagner Koniah ! Comment les effendis vont-ils continuer leur voyage.

Nous sommes étonnés, non de ce qu'il nous annonce, mais de ce qu'il n'y ait qu'un cheval hors de combat alors qu'ils devraient être, tous les six, au moins estropiés. Et nous restons fort perplexes.

Abderrhaman-Moreau survient à point, qui nous suggère de lâcher Achmet et sa cavalerie et de prendre, pour porter nos bagages des mulets du village, où ils abondent. Lui-même en possède plus qu'il ne nous en faut. Nous adoptons sans hésiter sa proposition, la journée d'hier et la matinée d'aujourd'hui nous ayant démontré que nos gens ne savent pas charger solidement leurs bêtes, et que ces bêtes, élevées dans la plaine, ne peuvent pas se tirer des chemins de montagnes dont nous n'avons vu, nous assure-t-on, qu'un échantillon très atténué. Les chevaux des zaptiès ne valent pas, en l'espèce, mieux que les nôtres. Nous laisserons donc ici avec notre escorte, les bêtes et les gens de Koniah et nous continuerons le voyage avec les chevaux amenés par Panaïr et les mules de Moreau qui, lui-même, nous servira de guide.

Pendant que Dec discute je photographie Cathir qui en s'accrochant à la charpente en branches d'arbres d'un appentis descend de chez une voisine, femme jeune encore et élégante, si j'en juge par ses bras nus cerclés de nombreux bracelets. Elle traîne ses sandales sur son toit avec un port de déesse et, se croyant cachée par un lambeau de natte, épluche des oignons sur ses beaux pantalons jaunes ; mais elle m'a aperçu et quoique voilée elle se tourne brusquement, en donnant les signes les moins équivoques du dégout que lui inspire la lubricité des occidentaux. Les femmes turques sont étonnantes : violées par un chrétien, soit par force, soit avec leur consentement, elles resteront à peu près indifférentes à ce qui, au pis aller ne sera pour elles qu'un ennui, si la chose se passe dans l'obscurité. Mais elles se considéreront comme irréparablement souillées par un regard, de chrétien s'entend, car les méchantes gens prétendent que leurs coréligionnaires mâles les effrayent moins.

Dec a traité avec Moreau. Moyennant la somme de 48 francs une fois payés nous aurons trois mulets de charge et au moins quatre hommes, montés ou non, qui nous conduiront à la mine suivant l'itinéraire que nous voudrons et quelle que soit la durée du trajet. C'est pour rien. L'ombachi que nous avons mandé approuve le marché. Séance tenante, nous réglons, en sa présence, nos comptes avec Achmet que nous baschichons ainsi qu'Hassan, et nous fixons le départ à demain matin. Puis nous rentrons dans nos appartements où le dîner nous réclame.

Dans la chambre du maître, le cérémonial est le même que pour le déjeuner : toute la famille respectueusement accroupie au fond de la chambre, nous, étendus sur les tapis, près du grand plateau de cuivre, Cathir et Tahir empressés à nous donner à laver, puis à nous servir.

Voici le menu de notre festin :

Potage au riz et au fromage

Côtelettes de ce matin recuites

Boulettes réchauffées

Poitrine de mouton au riz, bouillie puis grillée

Cerises

Café

Boissons : Thé bouillant, Eau fraîche

Le repas fini, nous allons respirer l'air sur la terrasse. La nuit descend sur le village silencieux, amenant avec elle une brise rafraichissante. L'un après l'autre, les notables gravissent l'échelle et se groupent derrière nos hôtes. Assis au centre du demi-cercle, Dec sur un escabeau, moi sur un petit pliant de campement où je suis très mal et où je ne reste que par amour-propre, nous présidons cette veillée où manque cependant un peu trop l'élément féminin. Nous devisons très tard avec ces braves gens, de la pluie, des récoltes, des impôts, du gouvernement, de tout. Je préfère ne pas rapporter ici ces propos, la pauvreté de notre vocabulaire turc ne m'ayant pas permis de saisir autre chose que le sens général de certains discours ; d'autres, je n'ai rien compris ; et j'ai reconnu depuis que, de mes interprétations, une bonne moitié étaient des contresens, ainsi qu'il arrive le plus souvent quand on voyage dans des pays dont on ignore la langue. Cela n'a pas d'inconvénients et laisse, au contraire, au voyageur, plus de marge pour exposer ses propres idées sur les choses qu'il ignore.

Moreau, questionné, nous décrit à sa façon le chemin que nous allons parcourir et qu'il connaît au mieux, l'ayant suivi le mois dernier en allant avec ses mules conduire à la côte de la poudre de contrebande.

La production et l'exportation de certains articles de contrebande sont les industries principales du Taurus ; la culture du tabac et la fabrication de la poudre, en constituent les spécialités les plus prospères. C'est dans une vallée voisine de Pilaouen que l'on prépare la meilleure poudre : fine et très homogène, on la préfère, aux mines, à la dynamite, tant pour sa qualité que pour son bon marché. On cultive le tabac au pied de la chaîne, près du littoral, et on le vend jusqu'à Koniah. Les autorités ne cherchent qu'avec nonchalance à réprimer ces abus, et se bornent à punir, quand ils les trouvent dans la plaine, les pauvres diables de tutundjis isolés. Mais aucun agent de la régie n'oserait s'aventurer dans la montagne, encore moins saisir poudre ou tabac chez le producteur. Les montagnards se considèrent, au point de vue de la régie, comme indépendants, et un fonctionnaire qui s'aviserait de faire du zèle, disparaitrait un beau jour sans laisser de traces. Les douaniers cependant, viennent quelquefois dans les hautes vallées, mais c'est pour s'y approvisionner en denrées prohibées dont ils descendent à la côte de grandes quantités ; ils les écoulent plus tard par des bateaux caboteurs. Il faut bien vivre.

Les notables partis, on nous reconduit en cérémonie à la chambre du maître, où, dédaignant nos lits de camp, nous nous étendons avec volupté sur les matelas turcs garnis de nos draps.

SAMEDI 6 JUILLET. — Le soleil nous réveille vers 5 heures 1/2. Les mouches dansent en bourdonnant dans le rayon qui, de la fenêtre en fente étroite, trace une longue raie lumineuse sur le rouge du tapis. On parle sur la terrasse. C'est Mohamed, le zaptié, qui distribue, contre monnaie, à d'affreuses vieilles, des amulettes contre le mauvais œil. Armé d'un anneau en forme de sceau, qu'il noircit à la fumée d'une allumette, il imprime en noir le monogramme d'Allah sur des feuillets de papier à cigarette légèrement imbibés de salive.

— C'est, — nous dit-il en riant sous sa grosse moustache — un talisman infaillible. Et généreusement il en donne un exemplaire à chacun de nous.

Abderrhaman-Moreau nous a promis hier soir d'aller pendant la nuit chercher ses mules au yaïla et d'être prêt à partir à six heures. Il en est bientôt sept et bêtes ni gens ne se sont encore montrés. Dec, qui commence à s'impatienter, se recouche sur le tapis et se rendort. Assis sur la terrasse, à l'ombre de la maison, je démonte et je remets dans son sac, mon lit que je regrette d'avoir laissé inoccupé cette nuit ; quoiqu'étroit, on y est mieux que sur le matelas turc. Décidément, le lit est une ancienne mais excellente invention. Le malheur est qu'il marque pour les peuples qui l'adoptent, le premier pas sur le chemin de la décadence.

Me sera-t-il permis d'exposer ici mes vues personnelles et profondes sur ce point peu étudié de la philosophie de l'histoire ?

La guerre et la conquête constituent le processus que doit suivre une nation pour se former et se développer. Quand sa vie d'abord, sa sécurité ensuite, seront assurées, elle pourra rester conquérante ou devenir commerçante, suivant son tempérament. Mais jusqu'à ce moment, elle sera restée fatalement, guerrière.

Or, un peuple guerrier ne se dévet pas la nuit ; chez lui, tout citoyen est soldat, et le soldat, qui doit être toujours prêt, dort vêtu. De plus, ce peuple nomadise, poussé chaque jour par les nécessités de la défense ou de la conquête, vers un campement nouveau. Comment transporter un lit ? Le sol nu d'abord, peut-être des tapis le remplaceront, auxquels, lorsque la paix sera assurée, on superposera des matelas. Ce n'est que bien plus tard, au jour où la nation enrichie, voulant jouir en paix de ses biens mal acquis, aura confié à des spécialistes la garde de ses frontières, qu'apparaîtra le lit, avec son cadre, ses matelas, ses draps, ses couvertures, le lit qui reçoit le corps dévêtu.

Dès lors, la décadence est théoriquement, commencée ; elle sera complète dans un temps plus ou moins long, mais elle est inéluctable. Le jour où ils se sont couchés, dévêtus, dans des lits, les Romains ont été désignés comme la proie future des Barbares. En s'assimilant, comme ils l'ont fait, les premiers envahisseurs, ils ont résisté plus longtemps aux flots qui battaient les frontières de l'empire ; mais dès que ces auxiliaires eurent adopté les coutumes du vaincu ou de l'allié, ils subirent la loi fatale et devinrent la proie de nouveaux venus, qui, eux, dormaient encore vêtus.

Les Turcs, arrière-garde de la horde barbare, ne se sont pas encore amollis. Cristallisés dans le Coran, ils sont restés réfractaires aux usages des occidentaux ; le guerrier sommeille encore en eux, et le jour où il leur viendrait des chefs de la trempe d'Ertogrul, ils se lèveraient tous au premier signal. Alors, en moins de cinquante ans, l'Europe entière serait musulmane, les Anglais eux-mêmes porteraient le Fez, les frères Cook's, qui dorment volontiers dans leur landau, seraient vizirs, et le Beuyuk-Tchélébi attacherait, dans la cathédrale de Westminster ou dans Notre-Dame de Paris, à la ceinture du Padischah, le cimeterre de Mahomet II quelque dépit qu'en aurait pu concevoir, s'il était encore de cemonde, son Excellence Férid Pacha, Vali de Koniah.

Rassurons-nous, cependant. Si le paysan turc est resté fidèle à ses tapis, le citadin a adopté le lit, le sommier, les matelas, les draps de toile et la longue chemise de nuit du docteur Rasurel. Les bazars allemands de Stamboul inondent la Turquie de lits en fer à sommier métallique et de récentes publications nous montrent les Mahdis qui, en Afrique, entraînent ou poussent, du Sud au Nord, les bandes des Derviches noirs, couchant sur des lits de sangle, très bas, peut-être, mais complets. L'Islam conquérant est mort.

Mes réflexions sont interrompues — heureusement ! — par l'irruption subite, sur la terrasse, de Dec consterné. En rangeant sa valise, il n'a pas retrouvé ses souliers vernis. Le coup est dur. Que va-t-il devenir pendant notre voyage, sans ce complément indispensable d'une toilette de soirée ? Je le réconforte de mon mieux ; il les retrouvera sans doute à Mersine quand nous aurons devant nous du temps et une table où étaler nos affaires. Mais quelle anxiété et surtout quelle privation jusque là !

Il est dix heures et Moreau reste invisible. Nous regardons en vain sur la montagne, le sentier par lequel il doit arriver ; des femmes et d'autres mammifères (1) lourdement chargés y circulent, mais de Moreau point. Il est parti à minuit, il n'y a que deux heures de marche d'ici au yaïla, il devrait être rentré depuis longtemps. Dec enrage : Moreau, fasciné par l'éclat du vernis, aurait-il chaussé les escarpins et disparu sans espoir de retour ? Sans nous arrêter à cette fâcheuse hypothèse, nous commençons à être inquiets. Quand partirons-nous ? Dec déclare que nous allons prendre les devants

(1) Ne pas oublier que nous sommes en Turquie.

sur les chevaux de la mine et laisser ici nos bagages qui suivront quand ils pourront. J'apprécie la désinvolture de l'opération. Mais comme son effet certain et immédiat serait de nous faire passer trois jours au moins sans provisions et sans couchage, dans un pays désert, je refuse de m'y associer.

Dec reste sombre. Pour le calmer, Abdullah, le frère aîné de Moreau, son autre frère, le khodja, nous dépêchent Cathir et Tahir, qui exhibent devant lui leurs petits talents : tels David devant Saül. Ils récitent le Koran et, avec nos crayons en écrivent de longs versets. Pour de jeunes paysans de la montagne, c'est presqu'un prodige. Cet intermède, les remerciements et les compliments aux enfants, à leur oncle le curé qui les a instruits, nous mène jusquà 11 heures 1/2. Nous déjeunons.

Enfin, à midi, Moreau débouche au détour du sentier, précédant une vraie caravane. Quelques instants après, bêtes et gens arrivent à la maison, exténués ; les bêtes étaient dans la montagne, on a eu toutes les peines du monde à les rattraper. Enfin, elles sont là. Le temps de prendre vêtements et provisions et tout sera prêt.

Moreau et ses gens se hâtent, et à une heure, nous quittons cette maison hospitalière et les braves gens qui l'habitent. Tout le village nous suit. Nous passons sur le vieux pont, puis devant les fontaines, le café en ce moment désert. Quelques pas encore, un deuxième pont franchi, les adieux commencent, longs, affectueux, terminés par un baisemain général. A un détour du sentier, une coche masque nos amis de deux jours qui nous oublieront peut-être demain et que nous ne reverrons jamais.

J'ai beaucoup d'amis comme ceux-là disséminés de par le monde, et je garde d'eux tous un souvenir excellent, j'allais dire attendri. Ne les ayant connus que pendant quelques jours, ou quelques heures, assez longtemps pour profiter de leurs qualités, pas assez pour souffrir de leurs défauts, mon égoïsme les trouve parfaits. J'ai toujours fait ce que j'ai pu pour leur laisser de moi la même opinion.

CHAPITRE VII

DE PILAOUEN A LA VALLÉE DE KITAVAS

Nous quittons Pilaouen par un défilé où le sentier se glisse entre la montagne éboulée et le torrent qui tantôt bouillonne sur les roches, tantôt s'étale en des bassins profonds.

Des enfants nus s'y baignent auprès des femmes ; les pantalons retroussés jusqu'à mi-cuisse, elles foulent de leurs pieds nus des tapis qu'elles lavent. C'est probablement à ce moment de l'année que toute la literie du village est lavée, car sur tous les rochers sèchent des couvertures et des tapis, en général anciens. Quelques-uns sont superbes. Quel plaisir j'aurais eu à m'arrêter pour visiter dans son cadre naturel cette exposition improvisée. Mais mon camarade, qui a pris la tête de la colonne, n'entend pas que nous perdions du temps. Il faut se hâter, car la vie est courte.

Les lavandières sont déjà loin ; je regrette trop tard d'avoir oublié que nous sommes dans un coin perdu de la Caramanie, ignoré des acheteurs, et que l'on y trouverait encore quelques pièces rares. J'aurais pu, ce matin, au lieu d'écouter Cathir et Tahir réciter le Coran, faire apporter sur la place les plus beaux tapis du village : un mot à Abdullah aurait suffi et j'aurais trouvé là, en peu de temps, ce qu'on ne voit pas à la place Clichy ou à Constantinople, qui en est une succursale. J'aurais sans doute payé assez cher, car je connais le proverbe : « Si tu achètes, n'oublie pas que c'est à un marchand », proverbe qu'il faut traduire par : tous les Turcs sont marchands, mais j'aurais eu de l'inédit. On ne pense pas à tout !

Notre troupe a pris son ordre de marche : derrière Dec et moi, viennent Panaïr et son camarade avec un cheval pour eux deux. Puis trois mules de bât, portant les bagages.

Abderrhaman, à pied, très digne dans sa robe rayée, ferme la marche ; sur les flancs, quand la largeur du sentier le permet, ou à la tête des bêtes de charge, s'agitent trois muletiers, Emin, Moukharem et Abderrhaman II, enfourchant à tour de rôle un tout petit mulet. En tout, sept bêtes et huit hommes ; pour armes, les couteaux de ceinture et mon revolver.

C'est avec cette armée que nous allons traverser en deux jours le plateau supérieur du Taurus — entre 1.600 et 2.200 mètres d'altitude — solitude aride et désolée où nous ne rencontrerons que quelques rares bergers ; puis, en deux étapes, dans les gorges boisées du versant sud, arriver à la mer. En tout, quatre jours de marche et trois nuits, à la belle étoile, sans tente ni abris, dans un désert. Mais, nous avons des provisions de bouche, des lits, et il ne pleut jamais dans cette saison. Nous arriverons donc sans encombre, inch Allah !

Un pays nu, des montées et des descentes abruptes, le soleil éclatant dans un ciel d'un bleu presque noir, des bouffées d'air frais sur les crêtes, une température de fournaise au fond des gorges, telle est la partie du Taurus central que nous traversons ce soir. Les forêts de cèdres et de pins ne s'élèvent pas jusqu'ici. Partout le calcaire montre ses dalles grises dans les joints desquelles poussent avec peine quelques rares touffes d'une herbe rase et dure.

Les bancs cassés par des failles parallèles dirigées Est-Ouest, se présentent au voyageur qui comme nous vient du Nord, comme les marches ruinées d'un escalier de géants — quelques-unes ont près de cent mètres de haut — raccordées par des pentes douces inclinées au Sud.

Toute vie a disparu de ces hauteurs balayées l'hiver par un vent glacé que rien n'arrête et où, faute d'humus, la végétation est bannie. La pierre dure résonne sous les fers des chevaux. C'est le seul bruit qui trouble cette solitude où l'âme bouddhique du poète Jean Lahor pourrait

.... boire sans fin
Les silences d'or dont elle est avide...

Un orage se forme au Sud-Ouest, accroché aux sommets
dont les silhouettes bleues dominent le plateau. Les nuages
s'amoncèlent et leur masse noire, sillonnée d'éclairs, masque
bientôt les dentelures aigues de la crête. Chassés des hauteurs par la tempête, deux grands aigles, plus bruns que
ceux de nos Pyrénées, passent lentement au-dessus de nos
têtes, volant très bas. Et, présage heureux, un vol de cor-
beaux s'enfuit vers l'Est, à notre droite.

Une dernière marche de l'escalier de Titans, — et la plus
haute — gravie, une pente douce nous conduit, en quelques
minutes, sur le bord d'un large précipice ; c'est la haute
vallée du Calycadnus, le Gueuk-Sou des Turcs. Nous sommes
devant un monde nouveau. Sous nos pieds, des pacages descendent jusqu'aux forêts de pins et de thuyas. Celles-ci
dévalent jusqu'au fleuve dont on devine le cours au milieu
des prairies, dans l'ombre bleue tombant des sommets.

.....Nous marchons maintenant sous les grands arbres,
dans un sous-bois de houx et de chênes-verts. Les thuyas se
font rares puis disparaissent. Les pins s'éclaircissent à leur
tour. A notre gauche, au loin, suspendus aux parois d'une
gorge étroite, des maisons se montrent, inhabitées, sans
doute, car aucune fumée né s'élève des toits.

Guidés par Panaïr, nous contournons quelques maigres
cultures et nous nous arrêtons, à quelques pas du dernier
bouquet de pins, auprès d'une petite grange, basse, encombrée de fumier, et flanquée d'une sorte de maison, petit
cube de pierres sèches, sans fenêtres, semblable aux petits
cortijos de la sierra andalouse. Un toit de terre battue formant terrasse, couvre ce logis rudimentaire auprès duquel
coule une source claire.

C'est ici que nous passerons la nuit.

Le site est joli : au-dessous de nous, quelques grands pins,
sentinelles avancées de la forêt, dominant les petits champs
de maïs, viennent rejoindre, au fond de la vallée, les platanes
du fleuve qui s'enfuit au loin, bordé de prairies. La montagne
derrière laquelle le soleil se couche, se dresse en face de

nous comme un écran noir. Ses découpures se détachent en vigueur sur le ciel empourpré. Un grand silence nous enveloppe, troublé seulement par le chant de la source sur les rochers et le piétinement de nos bêtes.

La grange est trop sale pour les chevaux, la cabane trop enverminée pour les hommes. Bêtes et gens couchent dehors, les bêtes au piquet, les gens sur le toit-terrasse du cortijo.

Le thé prêt, et pendant que nous attaquons un poulet froid, — attention délicate de Mme Moukharem — poulet qui, avec des cerises, doit composer notre festin, survient, sortant des maïs, un vieux barba poussant devant lui un âne chargé de sacs et de literie. Sans mot dire, il attache l'âne auprès de nos mulets, installe son tapis sur un coin de notre toit, va à la source pour ses ablutions et revient au toit faire sa prière du soir, tantôt debout, tantôt prosterné sur son tapis, la face tournée vers la Mecque. Avant que la prière soit terminée, un nouvel arrivant sorti, lui, on ne sait d'où, monte à son tour sur la terrasse. C'est un vieillard bien plus barbu, bien plus maigre, bien plus pauvre que le premier. Il dépose dans un autre coin le kheybé, le vieux fusil et le petit tapis qui constituent son bagage.

Cependant la température s'est abaissée, des brouillards humides montent du Gueuk-Sou et c'est avec plaisir que nous nous rapprochons du feu sur lequel chante la bouillotte. Les deux étrangers nous imitent, mais avant de s'asseoir, ils nous font, avec dignité, le plus distingué des saluts turcs. Ces bons vieux sont-ils donc des Kalenders, fils de rois, comme ceux des Mille et une nuits ? Nous nous attendons à des récits merveilleux. Point. Quand les langues se sont déliées, nous apprenons que le premier arrivé se nomme Hassan et qu'il est le serviteur d'Ali-Effendi, propriétaire de la baraque dont nous risquons de brûler le toit. Ali-Effendi, riche habitant d'Alaya, arrivera ici après-demain, pour y passer l'été. Hassàn doit mettre le logis en état, besogne ingrate et difficile, à moins que le luxe oriental ne soit un vain mot, ce qui est probable. Le second Kalender, vêtu de guenilles est, lui aussi, non le serviteur d'un riche Alayote, mais le riche Alayote lui-même, et il va, de son pied léger, en tenue des champs, eu yaïla qu'il possède là-haut, sur la lisière de la forêt.

Je ne sais si je m'abuse, mais la rencontre de ces deux vieillards nous en apprend long sur la simplicité des mœurs rurales en Caramanie. Aucun épicier de la plus pauvre commune de France ne voudrait voyager en pareil équipage et passer l'été dans une maison de campagne aussi rudimentaire et aussi éloignée de toute ressource. Et ceux-ci sont riches ?

Nos Kalenders nous confirment que la côte de Caramanie est une des plus insalubres de la Méditerranée ; la fièvre y règne en maîtresse pendant l'été. Aussi, dès le mois de juillet, les récoltes rentrées, les villages sont abandonnés, les villes se dépeuplent, les bazars se ferment, les fonctionnaires eux-mêmes fuient la malaria. Il ne reste que les petits employés et les très pauvres gens. Tous ceux qui le peuvent émigrent dans le Haut-Taurus, au-dessus de 1.500 mètres d'altitude, et s'installent sommairement, jusqu'à la fin d'octobre, dans des résidences rudimentaires, les yaïla. En Savoie, on dirait dans leur Chalet, ou, dans leur grange.

Nous aurons bientôt le loisir de vérifier l'exactitude de ces renseignements.

Le feu s'est éteint, les Kalenders se sont étendus sur leurs tapis, nos hommes dorment déjà, couchés les uns contre les autres, pour se réchauffer. La nuit, sans lune, est presque lumineuse. Le brouillard du fleuve, qui s'étend en nappe au-dessous de nous, semble, à la lumière des étoiles, une mer blanche aux vagues figées. Des pins projettent, par places, leurs silhouettes bizarres sur cette nappe blanche. Partout ailleurs, la forêt se confond avec la montagne, et celle-ci avec le ciel. Il ferait bon rêvasser longtemps devant ce spectacle rare, mais il fait froid. Il est onze heures et demain à l'aube, nous devons être en route. Nous nous glissons dans nos lits, sous nos couvertures et le capuchon rabattu sur les yeux, nous nous endormons.

DIMANCHE 7. — Réveil à 3 heures, départ à 5. Dès les premières lueurs du jour, nos deux voisins de toit se sont levés et, très pieusement, prosternés sur leurs tapis, ils ont fait une longue prière. Le Turc, a dit je ne sais qui, est un moine, soumis à une foule de prescriptions minutieuses. Il les accomplit en conscience, parce qu'il a la foi. Pourquoi ne l'imitons-nous pas, nous autres chrétiens ? parce que nous n'avons plus la foi, la foi naïve, simple et vive du charbonnier, parce que les prescriptions de notre religion cèdent le pas, même chez ceux qui se disent et se croient pratiquants, aux préoccupations temporelles, parce que... Mais j'oublie que nos chevaux sont prêts et qu'il faut partir.

Le yaïla de Gueuyné où nous avons passé la nuit, est assez élevé sur le versant Nord de la vallée. Au fond, le Calycadnus roule ses eaux claires sur un lit de sable fin, entre des rives basses ombragées de platanes. Un gué facile, à la cote de 1370 mètres, nous mène sur sa rive droite, et la bande étroite des prés traversée, nous nous élevons vers une forêt de pins, par des croupes schisteuses couvertes de broussailles basses. Nos chevaux gavés du maïs vert d'Ail Effendi, que nos gens leur ont prodigué sans demander, je le crains, l'autorisation, au vieil Hassan, escaladent allègrement le sentier inondé de soleil.

Ces premiers rayons obliques, qui nous réchauffent, font briller d'un éclat incomparable, les fleurs entre lesquelles serpente la piste presqu'invisible. Je note une sauge à feuilles épineuses, la grande sauge déjà remarquée dans la plaine de Koniah et, sur les roches, un sempervivum à fleurs rouge sang. Plus haut, sous les pins, les labiées abondent ; une d'elles n'a qu'un verticille de fleurs, terminal, une autre très basse, à fleurs pourpres, porte des graines plumeuses comme celles de la clématite.

Quelle herborisation intéressante on ferait ici. Mais le devoir me retient sur ma selle ; je comprends la nécessité de gagner du chemin... Mais, au fait, pourquoi nous pressons-nous ? Nous avons de bons chevaux qui nous appartiennent,

des guides qui ne demandent pas mieux, étant turcs, que de
flaner en route, des provisions pour une éternité. Devons-nous
atteindre un port à jour fixe ? Nullement. Alors ? nous nous
hâtons sans doute, pour avoir plutôt fini ce voyage, car le
Coran l'a dit : Mieux vaut la fin des choses que le commencement. Je vais demander à Dec d'éclairer pour moi cette
cause restée obscure ; mais il commande brusquement la
halte.

A quelques pas de nous, auprès d'une source où boivent
les moutons qu'elle garde, une jeune fille debout, appuyée
contre une roche, nous regarde avec curiosité. Elle est en
costume de fête et se prépare, évidemment, à aller dans le
monde. Les haillons qui l'habillent sans la couvrir, sont propres, et ses cheveux noirs bien peignés, lissés et enduits d'un
corps gras, huile, graisse, beurre ou suif, forment sur sa
tête, contrairement aux habitudes turques, un énorme chignon tordu en corne d'abondance, la pointe en avant. Des
frisons, que j'aime à croire naturels, encadrent le front ; elle
serait jolie si le soleil n'avait trop hâlé le ton naturellement
ambré de son visage et de ses bras ; mais ses grands yeux,
sauvages sous sa coiffure étrange, le dessin classique de ses
formes que laissent admirer les deux longues fentes latérales
et la transparence d'une robe de cotonnade trop mince, la
simplicité et la hardiesse de sa pose, la font belle. C'est une
Salomé barbare.

Les moutons écartés, elle remplit un dénécké de l'eau limpide de la source et, d'un air de déesse, nous verse à boire,
en voilant, pour la forme, son menton de la manche flottante
de sa chemise. Si Dec, qui, descendu de cheval, boit à même
au dénécké avait une longue barbe, quel tableau d'Eliézer
abreuvé par Rébecca !

Une vieille sorcière qui nous rappelle non la Bible, mais
le sabbat, rompt le charme. Rébecca, ou Salomé, la suit, et
s'éloigne, nonchalante, avec ses moutons.

Dans un entonnoir herbeux, au-dessous d'un col que nous
devons franchir, d'autres troupeaux paissent autour d'abris

rudimentaires : c'est un campement d'Iourouks. Quelques
huttes de feuillage, insuffisantes pour préserver même des
morsures du soleil, des loques étendues sur l'herbe, autour
d'ustensiles de cuisine rouillés, un maigre feu autour duquel
circulent des femmes dévoilées et des enfants nus, constituent
le village · d'été. Où et comment, les habitants vivront-ils
pendant l'hiver ?

Les Iourouks, dit-on, sont les descendants de la Horde
venue en Asie Mineure avec Erthogrul. Depuis ces temps
reculés rien n'a pu les faire renoncer aux habitudes nomades
apportées de l'Asie Centrale par leurs ancêtres. On les
rencontre partout en Turquie. Ils circulent, toujours miséreux,
suivis de leurs maigres troupeaux, ne payent pas d'impôts
et, Musulmans peu zélés, laissent leurs femmes sans yachmak.
Aussi sont-ils mal vus de tous quoique, et peut-être parce
que, timides et inoffensifs, ils ne maraudent ni ne volent.

Le col qui domine le campement des Iourouks est à la
cote de 2.090 mètres. Nous suivons à l'Est la crête qu'il
échancre. A cette altitude la flore est différente de celle
rencontrée ce matin. Je raconnais dans les pacages plusieurs
campanules dont une à tiges velues molles et rampantes,
des hyeracium, des composées naines à fleurs jaunes, un
thlaspi nain à fleurs violettes formant tapis, des gnaphaliums
à fleurs jaune clair, un géranium à fleurs d'anagallis, un
ail très voisin du fallax, si ce n'est lui. Mais allez donc
faire de la botanique du haut d'un cheval, sans s'arrêter !

La marche est facile sur cette crête schisteuse, plate,
large ,couverte de prairies. Les chevaux y avancent sans
fatigue, dans l'air léger et encore frais. Un second col très
voisin du premier est marécageux et couvert de petits Orchis
nains à fleurs violettes, ravissants.

Une perdrix part dans nos jambes, mais elle ne va qu'à
quelques mètres. Presqu'aussitôt ses poussins, à peine éclos,
s'élancent pour la suivre de la touffe où ils se cachaient.
Nos hommes les poursuivent et en prennent trois. La mère
s'agite et furieuse, hérissée, revient contre les ravisseurs,

laissant traîner avec bruit, sur le sol, l'extrémité de ses ailes à demi ouvertes. Je fais rendre la liberté aux trois petits captifs : la perdrix rallie alors tout son monde et poussant, sans s'inquiéter de nous, son appel qui est aussi, je crois, un chant de victoire, elle s'éloigne sans hâte avec sa couvée et disparaît dans les hautes herbes. L'instinct est bien, vraiment, le sentiment qui porte l'individu à se sacrifier pour la conservation de l'espèce.

D'ici, — 2.050 mètres — la vue est admirable : derrière nous, au nord, les épaisses forêts de pins noirs, drapent de velours la profonde coupure du Calycadnus, au delà de laquelle on aperçoit, frangé de vert, le bord du plateau que nous traversames hier. Devant nous, vers le midi, une série de gorges parallèles, nues et désolées, s'élèvent en amphithéâtre, rouges, grises ou fauves, ravinées par les éboulements. Au dessus et au delà, la longue crête neigeuse du haut Taurus, rempart étincelant, masque l'horizon.

Dans cette immensité l'œil ne trouve aucun indice de vie animale. C'est la solitude dont parle Strabon aussi complète aujourd'hui que jadis. Cependant un nuage de fumée qui s'élève des gorges, bien loin dans l'Est, indique qu'une forêt brule. L'homme est passé par là.

Plus bas (1.800 mètres) nous retrouvons la forêt imprégnée, sous l'action du soleil, de l'odeur résineuse des pins et des cèdres centenaires. La hâche du bûcheron n'a jamais attaqué les gigantesques colonnes de ces verts portiques et si quelques unes gisent, couchées sur le sol, le temps seul les a touchées de sa faulx.

Nous nous arrêtons pour expédier sur le pouce une boite de conserves, boire quelques gobelets de thé et faire une courte sieste, sur une clairière tapissée de mousse. De grands rochers l'entourent, sur lesquels un cèdre multicentenaire, renversé par la tempête il y a bien des années et transformé par le temps en une espèce d'amadou brule lentement. Allumé par quelque berger Iourouk le feu a couvé et couve encore, à peine visible par places, sous l'épaisse couche des cendres. L'arbre brûlera encore pendant des mois.

Voici un grand troupeau de chèvres. Deux très jeunes filles les conduisent, laides sous leurs haillons, les cheveux embroussaillés. L'ainée aussi agile que ses bêtes, saute de roc en roc et debout, appuyée sur un mince bâton nous apparaît presque nue, comme une statue de jeune Diane. Elle ne nous a pas vu : mais au mouvement d'un de nos hommes, elle tourne la tête, nous aperçoit et en un instant chèvres et fillettes ont disparu dans l'ombre des cèdres. Nous remontons à cheval, étonnés et charmés de cette apparition.

— Quel dommage — ai-je dit à Dec — que cette Diane ait une aussi vilaine figure. Combien, décapitée, elle eut été plus mythologique et plus belle.

Dec a haussé les épaules :

— J'ai connu beaucoup de Dianes, a-t-il répondu, toutes avaient leur tête. Et d'ailleurs vous confondez probablement Diane avec la Victoire de Samothrace, laquelle comme certaines femmes, n'a pas de tête. Et puis, vous êtes trop exigeant.

La descente en forêt est dure. Les chevaux roulent sur les cailloux calcaires, trébuchent aux racines, glissent sur les aiguilles sèches. Mais quelle splendide végétation.

A la zone des pins noirs succède celle des cèdres remplacés plus bas par les thuyas. Plus bas encore c'est le pin d'alep qui domine, mèlant sa verdure claire au feuillage foncé des houx et des chênes cerris. Ceux-ci habitant le fond de la vallée mêlés ,dans les gorges humides aux saules et aux beaux platanes laciniès. Un chèvre-feuille à grandes feuilles géminées forme, dans ces bas fonds, un sous bois impénétrable.

Le Calycadnus s'est frayé un passage au travers de défilés sauvages. Ses eaux, basses en cette saison, courent rapides sur un lit encombré de bancs de sable — cote 1.207 mètres — à l'extrémité de l'un d'eux quelques hommes à demi-nus, Tritons barbus et ruisselants, rejettent au fil de l'eau les longues billes de bois flotté qui s'étaient échouées sur le sable. D'où viennent ces bois ? Qui les exploite ? Depuis Pilaouen nous n'avons rencontré que les deux Kalenders, Salomé, les Iourouks, la Diane aux chèvres et les tritons qui sont là. Ainsi que l'on nous l'avait annoncé, le pays est désert. Comme il est évident que les arbres ne se sont pas tronçonnés seuls en billes d'égales longueur, il en faut conclure d'abord que les bûcherons viennent d'ailleurs exploiter, plus ou moins régulièrement les forêts du haut Taurus, et ensuite que le Gueuk-Son sert encore aujourd'hui comme au temps de Cléopâtre alors qu'il se nommait Calycadnus, à conduire jusqu'à Selefkia et à la mer le bois des forêts qu'il traverse.

Le défilé se resserre, le fleuve devient torrent ; il court à l'Est et nous allons au Sud. Nous quittons le Gueuk-Son que nous retrouverons plus tard, bien loin d'ici, à Sélefkia, et nous nous trainons jusqu'au soir ,tantôt sur des rampes et des éboulis, tantôt sur des descentes à pic au grand dommage de nos chevaux qui roulent et glissent quand ils ne s'essouflent pas.

Kitavas est le nom de la vallée idyllique où nous nous arrêtons, à 7 heures 30 du soir pour y passer la nuit. Ce renseignement nous est donné par un berger sans troupeau qui suivi d'un chien hérissé s'appuie sur un interminable fusil. Le site est frais et riant. Un petit affluent du Gueuk-Son, aujourd'hui ruisseau chantant sur les cailloux, torrent à la fonte des neiges, serpente sur un lit trop large meublé de platanes en magnifiques cépées. Nous nous établissons sous l'une d'elles au centre d'une petite pelouse d'herbe rase et drue. Les basses branches forment à deux mètres du sol un toit impénétrable sous lequel toute la caravane trouve place.

La fin du jour est délicieuse sous le dôme dentelé des feuilles. Au travers de leurs découpures les clartés pâles du crépuscule nous laissent apercevoir les étranges escarpements qui nous entourent. A l'Ouest, les derniers feux du couchant soulignent d'un trait de pourpre le contour bleu des lointains sommets.

Autour d'un beau feu de bois mort ramassé dans le lit du torrent circule le feutre jaune de Panaïr empressé auprès des chevaux, tandis qu'assis sur ses talons, Abderrhaman-Moreau, hideux avec sa face de Kalmouk, mais toujours gigantesque et imposant, surveille la bouillote avec des airs d'ogre bon enfant.

A peine les lits dressés avons nous la force d'avaler un potage Liebig au paximat. — Je recommande ce réconfortant aux voyageurs ereintés et privés de pain. — Et nous nous endormons dans l'atmosphère tiède, aux cris discordants des chacals qui se battent dans la broussaille à quelques pas de nous.

CHAPITRE VIII

DE LA VALLÉE DE KITAVAS A AIN-TAB

LUNDI 8. — A 2 heures, ce matin nous réveillons les hommes. Il fait nuit noire. A 3 heures et demie nous sommes en route, encore raidis de la fatigue d'hier. Pourquoi ne pas dormir plus longtemps dans ce coin si tranquille, sous cette verdure qui nous défendrait si bien du soleil ?

Le civilisé a presque toujours au fond de l'être un reste des sauvages que furent ses très lointains ancêtres. La vie en plein air, quand il en essaye, redevient vite pour lui pleine de charmes. On se sent vivre quand, libre de ses mouvements, monté sur un cheval suffisant, on peut, sans préoccupations ,cheminer si on le veut, s'arrêter à l'ombre, fainéanter au soleil ou philosopher aux étoiles. C'était ce que je m'étais proposé de faire au cours de cette excursion en Cilicie où je comptais retrouver les douces flaneries de ma jeunesse alors que je parcourais, géologue amateur, les gorges sauvages de l'Aurès. Mais j'avais compté sans mon camarade qui poëte et artiste en France est atteint, en voyage, de la fièvre de vitesse qui le rend sourd, aveugle et quelques fois muet.

C'est cette même fièvre qui nous fait déjeuner sans thé d'un morceau de paximat sec ; maigre régal que nous impose la perte de notre provision de chocolat transformé par la chaleur en une sorte de nougat dans lequel des bouts de papier, de ficelle, des boutons et des débris divers remplacent les amandes.

Nos chevaux, moins fatigués que nous, suivent d'un pas léger le bord du torrent jusqu'aux défilés qui ferment la petite vallée de Kitavas. Les escalades recommencent alors, faciles sur les schistes, pénibles et dangereuses sur les calcaires.

Deux sortes de roches prédominent dans la partie du Taurus que nous traversons : les argiles marneuses ou schisteuses forment en général la partie basse des monts, et les calcaires durs qui les couronnent ou les recouvrent comme une carapace. Aux époques préhistoriques les eaux en creusant le sol de vallées profondes ont donné au pays son faciès actuel : en même temps qu'elles entrainaient les argiles et les schistes tendres dont elles arrondissaient les croupes et adoucissaient les pentes, elles provoquaient dans les calcaires supérieurs, en enlevant leur support argileux, de formidables éboulements. De là des aspects bien divers : des zones aux talus très allongés, uniformes, sans saillies, monotones et maussades, mais où la marche est facile sur un sol tendre et élastique ; et à côté, de monstrueux chaos de rochers surmontés d'à pics vertigineux, limitant des plateaux calcaires. Nos chevaux trouvent difficilement des passages praticables dans ces labyrinthes de ruines et quand ayant réussi, Dieu sait comment, à escalader la falaise ils sont arrivés au plateau, ils glissent sans cesse sur les cailloux arrondis. Ceux-ci sous leurs sabots, roulent sur la pierre polie comme des billes sur un billard.

Le pittoresque de ces sites calcaires compense, pour le voyageur la fatigue qu'ils lui causent. En est-il de même pour les chevaux ? Ils ne me l'ont pas dit.

Le soleil n'a pas encore paru, et c'est sans trop nous lasser que nous atteignons d'abord ,que nous suivons ensuite une longue arête rocheuse. Autour de nous, la rosée argente les herbes, et courbe encore vers le sol les tiges frêles des graminées ; quelques abeilles trop matinales, lourdes d'humidité volent lentement et tombent, plutôt qu'elles se posent, sur les fleurs encore fermées.

Un rayon de soleil se glisse par une échancrure, coupant d'une large bande d'or les deux flancs de la gorge. Sur ce ruban lumineux et déjà chaud la vie pullule : Les carabes courent, les bousiers s'envolent des argols qu'ils fouillaient, des merles se poursuivent et plongent, en criant, dans l'ombre qui couvre encore la forêt. La senteur des pins embaume l'atmosphère. Au delà de la bande ensoleillée nous retrouvons l'ombre et le frisson matinals mais, les sommets voisins restent illuminés encore, couronnés cependant de légères vapeurs rosées qui montent, se décolorent et se perdent dans le gris bleuté du ciel.

La crête ou plutôt la ligne de faîte du Taurus, dirigée grossièrement Est-Ouest est très rapprochée du rivage de la Méditerrannée. Le versant Sud de la chaîne tombe donc brusquement dans la mer tandis que le versant Nord, sur lequel nous sommes s'abaisse en longue pente douce jusqu'au plateau de Koniah. Les grands cours d'eau se forment presque tous sur ce versant et coulent parallèlement au faite jusqu'à ce qu'ils trouvent une cassure assez profonde, un défilé assez bas qui leur permette, en traversant l'obstacle, d'arriver à la mer.

Tel est le cas du Calycadnus dont les affluents strient le versant nord de profondes vallées séparées par de hauts contreforts. Depuis deux jours nous escaladons péniblement ces contreforts. Ce matin nous atteignons le haut plateau ondulé, piédestal de l'arête principale. Ce plateau traversé et l'arête escaladée ou franchie par un col nous déboucherons sur le versant Sud.

Ce plateau final, loin d'être plat et uni est singulièrement ondulé et disloqué. Nous voici dans un cirque à parois verticales ; une herbe épaisse en tapisse le fond plat et humide. Des pins ont accroché leurs racines aux fissures de la roche et, très japonais, suspendus à mi-hauteur de la paroi, avancent au-dessus du fond leurs têtes bizarrement contournées. D'autres pins droits et lisses couronnent le haut du cirque de leurs troncs fauves turbannés de noir.

Nous sommes entrés ici par une cassure, sorte de portail naturel. Nous en sortons par un sentier de chèvres, rainure creusée sur la paroi et tellement étroite que je me demande encore comment nous avons pu la suivre. Tout le plateau est semé de ces cuvettes naturelles, quelques fois   très rapprochées et presque tangentes ,quelques fois isolées. La formation de ces cirques est assez curieuse : les eaux, qui a chaque printemps abondent, ont pénétré par les fentes du calcaire jusqu'aux argiles sur lesquelles il repose, l'ont usé par dessous et d'énormes éboulements se sont produits, vallées sans issues le plus souvent circulaires, quelques fois longues et tortueuses, toujours à fond plat. Comblées de neige en hiver, ces cuves se transforment en lacs au printemps, en marécages en Juin, en pacages en Juillet, en déserts stériles et brulés en Septembre. Ce Kart Cilicien ne diffère de celui de l'Adriatique que par les dimensions plus petites des cuvettes, leur rapprochement excessif, la verticalité de leurs parois et l'absence de cours d'eau dans leurs thalwegs. Nous allons passer une partie de la journée à circuler entre ces marmites et ce sera un des plus mauvais souvenirs de mon voyage.

Pour descendre dans ces sortes de gouffres, pour en sortir ou pour les contourner nos chevaux font une véritable gymnastique agrémentée souvent d'exercices d'équilibre sur le haut des parois rocheuses trop éroites qui les séparent. Et nous devons, comme de simples colis nous abandonner à nos bêtes, non sans faire en regardant au dessous d'elles, de sérieuses réflexions sur les lois qui régissent la chute des corps.

Notre convoi s'arrête au fond d'une de ces Katavothra, (1) où le soleil nous brûle malgré l'heure matinale. Nous laissons souffler les chevaux auprès d'une source qui suinte d'un rocher. Une des mules, mise en gaîté par la vue de l'herbe verte qu'elle foule s'échappe, se roule dans un bourbier avec sa charge dont finalement elle se débarrasse avec force ruades : ma valise fait, comme il convient, les principaux frais de cette salade. Mais Abderrhaman s'est élancé, a repris la longe de la coupable, lui a administré une raclée

---

(1) C'est le nom grec de ces gouffres d'où l'eau ne peut s'écouler que souterrainement.

magistrale et l'a rebâtée et rechargée en un clin d'œil. Bien différents des citadins de Koniah, nos montagnards sont d'excellents muletiers. Dès le départ, sous la haute direction de Panaïr, nommé chef du convoi, fonctions qu'il conservera jusqu'à notre arrivée à Mersine, les colis ont été répartis sur chaque bête : on les placera chaque jour sur chaque bât dans la même position on les y fixera avec les mêmes cordes auxquelles on fera les mêmes nœuds. Grâce à cette méthode nous n'avons eu ni perte de temps ni accrocs.

Des tziganes sont arrêtés sur le plateau et couchés sur le dos ; ils se lèvent vivement à l'approche d'un long convoi de maigres chameaux conduits par des femmes plus laides que nature, et encore plus sales. Vont-ils fuir ? Non. Ces dames sont les épouses de ces messieurs qui se mettent en marche à leur suite. Sous le soleil la scène est pittoresque et les haillons bariolés se détachent bien sur le calcaire blanc. Je cherche ma photo jumelle, mais lorsqu'Abderrhaman qui la porte arrive auprès de moi les tziganes sont déjà loin. C'est surtout en matière d'instantané qu'il faut saisir l'occasion.

Le pays se peuple ! deux hommes dorment couchés, la tête à l'ombre étroite d'une grosse pierre, à côté de quelques ustensiles de ménage épars sur le sol, et de deux chiens jaunes allongés, le museau entre les pattes. Ce sont des Iourouks. Ils gardent quelques chameaux qui paissent aux environs.

Depuis notre départ nous n'avons cessé de nous élever et du fond d'un dernier entonnoir nous voyons un très large col qu'Abderrhaman nous dit être voisin de la ligne de partage des eaux, entre le bassin du Calycadnus et les petits bassins côtiers. Mais nous aurons encore pour atteindre la mer à franchir cette ligne par un dernier passage au col très étroit : du point où nous sommes, nous ne pouvons l'apercevoir.

Un sentier en pente douce semble conduire au premier col, une haute broussaille épineuse nous sépare de ce sentier.

Nous nous y engageons au hasard. Les ramures légères et presque sans feuilles forment au dessus de nos têtes une voûte basse ; les rayons du soleil la font aussi chaude que celle d'un four. Et c'est à demi suffoqués qu'il nous faut éviter les ronces et maintenir nos chevaux glissant sur les feuilles sèches ou buttant contre les pierres qu'elles cachent. Quel calvaire !

Nous voici enfin au sentier. Des traces récentes de bestiaux indiquent que nous approchons d'un campement. Nous le devinons dans un repli, à quelque distance. Une femme passe portant un vase plein d'eau. On la hèle. Elle hésite puis se décide à nous attendre. L'eau qu'elle nous verse est sale, fade et tiède, mais nos hommes en un clin d'œil vident le dénécké. Si nous voulons arriver au campement, dit la femme, il y a du lait dans les huttes. Nous avons soif, mais ce détour nous ferait perdre quelques minutes. Nous repartons.

Enfin nous sommes au premier col (1.770 mètres) sorte de large plateau herbeux. Nous le traversons et de son extrémité Sud nos regards plongent dans une longue vallée, elle fuit à l'Est, couverte de cèdres, mer de verdure dont rien ne trouble la monotonie.

Au delà de la vallée, s'élève la crête principale de la chaîne, muraille énorme dont le pied se perd dans la forêt. Sous le soleil dont il réfléchit les rayons ce rempart gigantesque nous paraît poli comme un miroir, à peine moucheté de taches noires par les arbres qui par places ont voulu l'escalader. Abderrhaman nous montre tout au haut de ce rempart bien au-dessus des taches, une large raie verticale se détachant en noir sur la surface éclatante de la roche. — C'est, nous dit-il, la brèche par laquelle nous allons passer. Nous verrons bien.

Nous ne pouvons atteindre le pied de la muraille qu'en traversant, dans sa partie la plus haute, la vallée boisée qui dévale sous nos pieds. Un sentier y conduit ; nous le suivons, heureux d'y retrouver l'ombre et un semblant de fraîcheur. Longtemps nous descendons, puis, le thalweg traversé, nous remontons sur l'autre flanc. Les pins s'espacent, et l'ombre devient plus rare sur un sentier de plus en plus rude. Nous voici au pied de l'escarpement. Creusé dans sa paroi une sorte d'escalier s'élève, aux marches incertaines, jusqu'à la brèche finale, suspendu sur un à pic vertigineux. Voilà une promenade à ne pas conseiller aux gens qui craignent le vertige. Nos bêtes attaquent résolument l'escalade de ces marches étroites, hautes quelques fois de 80 centimètres, et après un quart d'heure de gymnastique et de coups de reins désespérés elles atteignent le replat, suant et hors d'haleine, sans que nous ayons mis pied à terre.

Une centaine de pas dans une brèche à peine assez large pour nous donner passage, entre deux parois verticales qui nous dominent de près de 50 mètres, et le spectacle le plus féerique s'offre à nos regards. Nous sommes groupés sur une petite plateforme au bord d'un à pic semblable à celui que nous venons d'escalader. Devant nous, une gorge s'enfonce au sud, élargie en vallée festonnée sur les deux versants d'un lacis compliqué de gorges et de ravines. Une forêt, non plus maigre et raide comme presque toutes celles que nous rencontrons depuis Pilaouen, mais moussue et feuillue étend, à pérte de vue, sur les vallées les ravins et les gorges dont elle adoucit les contours, son manteau de velours vert clair sur lequel des clairières ou peut-être des pacages tracent d'irrégulières broderies plus claires encore.

Tout au Sud, là-bas, au delà de la forêt, entre les pentes qui s'éloignent et s'abaissent, l'œil suit, vaguement jalonnée par les arbres et tremblotante sous la buée chaude qui monte du sol, la trace d'un fleuve. Il fuit, dans la plaine jaune, vers une bande d'argent au-dessus de laquelle plane une brume moutonnée.

C'est la Méditerranée, la vieille mer de nos pères, que nous apercevons là-bas : Et nos cœurs latins tressaillent d'allégresse à la vue de ce berceau de notre civilisation, et peut-être des autres, — car nous n'en savons rien — du mal de mer, et des quarantaines ; de cette mer sacrée dont les rives bénies voient croître l'olivier, pulluler les consuls, prospérer la bouillabaisse, s'embarquer les épidémies sous l'œil bienveillant des services de santé, et sur lesquelles nous retrouverons, inch'Allah, dans quelques semaines, la poste, l'apéritif, le télégraphe, les beuglants et les journaux à un sou.

Mais il ne nous est pas plus permis de nous absorber dans d'aussi amolissantes pensées, que de nous attarder devant ce spectacle grandiose. Cinq minutes de contemplation suffisent. En route !

La descente est bien moins dure que la montée. Les lacets d'un sentier de chèvres tracés sur la paroi d'un amphithéâtre boisé, à peu près identique — aux cascades près — à celui qui ferme la classique vallée du Lys près de Luchon, nous amènent en un quart d'heure, de notre observatoire au pied de l'escarpement où nous continuons la descente sous bois.

Nous venons de quitter définitivement le haut plateau d'Asie Mineure ; depuis Eski-Cheïr, il reste sous la neige pendant l'hiver avec une température souvent inférieure à 10º, pour rentrer dans la zone où les neiges et gelées sont inconnues. Ici, les cèdres, les thuyas et les pins ont cédé la place aux chênes cerris, bientôt mélangés de charmes, de noisetiers, d'ormes et de platanes. Dès que la disparition des conifères l'a permis le sous bois est devenu vigoureux. Les arbousiers, les caroubiers, des houx, des jujubiers d'autres arbustes épineux de fréquentation fâcheuse, des fusains, des buis, des chèvrefeuilles, forment sous la futaie un fourré impénétrable. Les hauts lauriers couverts de fleurs roses encadrés de myrthes poudrés de fleurs blanches soulignent le thalweg. Jamais parc n'a montré de plus riches parures.

Nos chevaux — les mouches les harsèlent encore plus à l'ombre qu'au soleil — descendent presqu'au trot les marches du sentier qui s'enfonce dans ce puits de verdure.

Nous ignorerons toujours faute d'un berger pour nous l'apprendre, le nom, si elle en a un, de la clairière herbeuse et humide où nous déjeunons à l'ombre d'une cépée de platanes, arbres bienfaisants qui étendent au-dessus de nos têtes un dais assez élevé pour laisser circuler une brise un peu fraîche, venant du Sud. On a déchargé péniblement les bêtes dans la boue, auprès d'une source qui fait de la clairière un marécage. Et c'est debout sur des pierres glissantes que nous mangeons sur le pouce quelques vagues comestibles pendant que Panaïr, grec subtil, parvient grâce à des miracles d'ingéniosité à faire bouillir approximativement notre thé. En somme on n'est pas trop mal ici. Rien n'y manquerait — ou peu de chose — à notre confortable si, délivrés des nuées de mouches qui font de nous leur repas, nous pouvions assis dans de bons fauteuils, faire le nôtre, oh', bien simplement, d'une bonne omelette et de pain frais.

Cette observation n'est pas de moi, mais de Dec qui la trouve profonde. Il est très attaché, je m'en suis aperçu, il y a longtemps, aux biens de la terre, non pour euxmêmes, mais pour les jouissances matérielles qu'elles procurent, jouissances qui le conduiront, malgré sa vie de prospecteur, à un embonpoint prématuré.

— Mon ami, lui ai-je dit, on ne peut tout avoir : vous ne lisez donc pas vos classiques ? Vous y auriez vu dans Lokman que « le monde est un cadavre, et ceux qui s'y attachent sont des chiens ». Croyez-moi, continuez à réclamer des fauteuils pour rendre cette clairière habitable, mais renoncez à l'omelette, si vous voulez éviter la goutte.

— J'y renonce, a conclu Dec ; pour une fois vous venez de dire des choses sensées. Je renonce même aux fauteuils. Car il est temps de partir.

Nous continuons à descendre sous l'abri de la forêt de plus en plus dense. L'air est chargé d'humidité chaude et étouffante. Par quelques déchirures le soleil sème de taches d'or la piste qui nous conduit vers des vallées inconnues. Aucun bruit ne trouble le silence. Comme des ombres nous avançons dans cette solitude, oppressés et presque saisis de la sainte horreur du Bois sacré.

La descente rapide dure longtemps dans l'obscurité verte et silencieuse. Puis les plaques de lumière s'élargissent, nous entrevoyons des clairières au-delà des grands arbres plus clairsemés. Les lauriers roses se pressent plus épais, plus hauts, plus fleuris, dans les ravines plus larges. Les myrthes ont envahi la forêt qu'ils couvrent de leurs fleurs, flocons d'une neige parfumée.

Sur un piton aigu, très loin et très bas au-dessous de nous, au croisement de la vallée principale et d'une vallée secondaire s'élève une tour carrée massive et rébarbative. Tour de guet, de péage, forteresse peut-être, quels peuples la bâtirent ? les vieux Lélèges ? les Romains ? les Byzantins ? les Croisés ? les Musulmans ? l'appareil des pierres nous le dirait peut-être ; d'ici nous n'apercevons que la silhouette raide, se détachant en jaune d'or sur le fond vert des bois.

Mais nous sortons de la forêt ; voici des prés, des cultures, avant-garde, sans doute, d'un village. Dans un champ, près de nous, des gens scient les derniers épis d'un champ d'orge. Les longues robes, les larges turbans, les gestes lents, presque hiératiques des moissonneurs maniant l'antique faucille, prennent un aspect biblique dans ce paysage simple qu'encadrent la forêt prochaine et les lointains horizons.

Voici le village. Il est en partie désert et les derniers habitants l'abandonneront demain, dès qu'ils auront battu et ensaché l'orge qu'ils coupent aujourd'hui. Par un chemin creux entre des haies, sous une voûte de grenadiers en fleurs et d'abricotiers couverts de fruits, nous contournons les maisons et les jardins. Des orangers y protègent de leur ombre, à côté de ruches alignées, les énormes corpous (1), les oignons et les tomates. Les abeilles traversent comme des flèches, l'air qu'elles remplissent de leur bourdonnement. L'eau court partout, surtout dans le chemin devenu ruisseau. Nous sommes à n'en pas douter dans la terre promise.

Le soleil est bas sur l'horizon et nous marchons depuis

---

(1) Pastèques.

plus de 12 heures. Nous allons enfin, je l'espère, faire halte, entrer dans une des maisons désertes et nous installer sur la galerie couverte qui l'entoure ou, peut-être sur son toit. Là, paisiblement étendus, nous jouirons en prenant un repos bien gagné, de notre retour à la vie subcivilisée. Nous contemplerons les merveilleuses colorations que le soleil couchant ne peut manquer de répandre pour nous sur les sommets, nous surveillerons, si nos hommes ont pu trouver ou emprunter un vase idoine à nos projets, la confection d'une salade de tomates à l'oignon dont la pensée seule me remplit d'allégresse et après avoir pris sans hâte ce succulent repas, nous nous endormirons de bonne heure, à la fraicheur du soir, repus et pleins de bienveillance pour l'humanité.

Mais nous avons atteint, puis dépassé les dernières maisons. A travers champs, nous piquons droit au Sud-Est, vers la forêt, et nous laissons le village derrière nous. Que signifie tout cela ? Où allons-nous ? Après une conversation plutôt aigre avec Abderrhaman qui à bout, sans doute, d'arguments laisse tomber ses bras d'un air résigné, Dec m'explique que nous avons perdu la bonne voie, mais que comme nous ne sommes plus, probablement... très éloignés de la mine de plomb de Kara Lar, assez proche elle-même de la mer, nous allons l'atteindre en doublant l'étape. Adieu repos, flânerie, salade ! il nous faut marcher encore et marcher toujours.

Dans la forêt où nous rentrons, les pins d'Alep ont remplacé les feuillus. Plus de sous bois. Nos bêtes fouaillées accélèrent leur allure ; la nuit approche. Dec revient sur ses pas à la recherche du convoi resté en arrière, et me laisse seul, sans même le moindre khodja. Les ombres de plus en plus allongées des grands pins s'effacent peu à peu, dans l'obscurité croissante. Les modulations d'une flûte qui m'arrivent de bien loin, lentes et tristes dans l'air calme me rappellent une soirée d'il y a deux ans où je chevauchais en Portugal, dans une forêt de pins semblable à celle-ci. Les cris de quelques chacals en chasse ne remplacent pas avantageusement ce soir le grincement d'un char qui en Lusitanie accompagnait mélancoliquement la mélopée du Tityre invisible.

Dec revient, furieux. Il a trouvé le convoi en panne. Un des hommes s'est évanoui de fatigue et les autres n'en pouvant plus — ils ont fait plus de soixante kilomètres et Dieu sait par quels sentiers — refusent d'aller plus loin. ils se tireront de là comme ils pourront, mais nous, nous arriverons ce soir à Kara Lar.

Et sur le sentier heureusement assez praticable, nos chevaux reprennent, en tirant un peu la jambe, — un peu, seulement — leur amble monotone.

A partir de ce moment, vaincu par le sommeil j'aperçois comme dans un rêve des lacets raides sur une arête, en lisière de la forêt, et Panaïr hors d'haleine surgissant devant nous au moment où Dec qui a mis pied à terre brule nos dernières allumettes pour retrouver la piste perdue. Ce brave Panaïr n'a pas voulu nous laisser errer seuls dans la nuit. Comment, malgré sa fatigue, a-t-il pu, coupant au plus court dans la forêt, devancer nos chevaux ? Il n'y a pas que les bêtes qui aient de l'instinct et ce grec turquifié en a autant, et de dévouement aussi, que le plus médaillé des Terre-neuve.

...... Une lumière isolée : un colloque échangé de très loin avec les habitants invisibles de maisons probables, la descente dans un ravin boueux encombré de lauriers roses où mon chapeau resté accroché est retrouvé par le terre-neuve Panaïr.

...... La lune qui vient de se lever éclaire par transparence un dais de nuages gris, bas, moutonnés, chargés d'eau. On étouffe. Une buée grasse nous enveloppe et des vapeurs malsaines s'élèvent du sol ; tout, autour de nous, suinte le malaise.

...... Une vive clarté, tout à coup me réveille : Un gamin court devant nous. nu dans sa chemise trop courte, portant un éclat de pin enflammé. Nos chevaux trottent maintenant sur un sentier qu'ils semblent connaître. A côté d'eux Panaïr infatigable les excite.

...... Mon cheval glisse sur une pente humide, ses sabots font jaillir l'eau puante d'un ruisseau boueux : je me réveille tout à fait. Nous pataugeons, sous un dais de caroubiers et de lauriers roses et, au sortir de ce tunnel, dès que d'un coup de reins les chevaux ont pris pied sur la berge du ruisseau que nous venons de suivre, de grands feux s'allument à la fois sur la hauteur, devant nous. En même temps une fusillade éclate à nos côtés et des gens surgissant de l'ombre, sautent à la bride des chevaux qui se cabrent. Au milieu des pétards, ils les amènent vers un arc de triomphe subitement éclairé, et l'arc traversé non sans peine par les bêtes effrayées, vers un bâtiment qui, dans la nuit, à la lueur des lanternes, nous paraît immense.

Entre deux haies de gaillards dépenaillés qui hurlent des vivat bilingues, nous atteignons le perron — en bois — de ce konak où Giorgiou, le maître mineur, nous souhaite la bienvenue en excellent français. Dcc, radieux distribue des poignées de main.

Nous sommes à Kara Lar. Il est tout près de minuit.

MARDI 9 JUILLET. — Le soleil incendie notre chambre nue, blanchie à la chaux. Vis à vis nous la colline abrupte est déchirée de tranchées, tachée de blanches maçonneries, murs ou terrasses, et percée de galeries qui dans le ruissellement de la lumière s'ouvrent comme de grands yeux sombres. C'est la mine de Kara Lar. Notre Konak, l'immense bâtiment d'hier soir, modeste maisonnette de deux petites pièces, domine un ravin boisé qui le sépare des travaux. De nos lits — divans de bois sur lesquels on a jeté à la hâte un modeste tapis — le regard passant sous l'arc de triomphe aux verdures déjà fanées suit les dernières pentes de la montagne s'éloignant vers le Sud, et le ruisseau qui dégringole sous le taillis des arbousiers vers le potamos prochain.

Des voix d'hommes, le bruit des pics sur la roche, le roulement des wagonnets nous disent que nous sommes rentrés dans la vie industrielle. La courbature de nos côtes endolories au contact des planches sur lesquelles nous avons couché nous le rappellerait si nous l'oubliions.

Nous nous levons à 8 heures et accompagnés par Giorgiou et son frère Vassilaki nous visitons la mine qu'il dirige, sous la surveillance de Giorgiou qui est son ainé et habite à la mine d'Ain Tab où nous coucherons ce soir. Les mineurs abattent la roche riche et la concassent la galène, qui est ensuite transportée à dos de chameau jusqu'au port naturel de Halil Limani, distant de huit kilomètres. Quelques gourbis servant d'écuries, de magasin, de forge, de logis pour les ouvriers, disséminés autour de la mine, accrochés aux flancs de la gorge constituent, avec le konak de Vassilaki, le nouveau centre industriel créé depuis quelques mois dans la vallée déserte où, il y a un an, Dec conduit par Moukharem-Tchaouch arrivait pour la première fois. Quel avenir lui est réservé ? Dieu seul le sait.

Nous rentrons à midi sous une petite vérandah couverte de branches de pin. Appuyée au konak, elle domine le ravin et bénéficie de la brise, quand il y en a. C'est la salle-à-manger. Giorgiou, homme de tête, qui nous attend depuis dix jours et tous les soirs espace ses émissaires sur les pistes par lesquelles nous pouvons arriver, a amené son cuisinier, Baba Elephtéri. Mais il a oublié d'apporter des provisions. Nous sommes quand même flattés de manger, sur une nappe bien blanche, autour d'une vraie table, dans de vraies assiettes de faïence, avec des fourchettes et des couteaux de civilisés, une de nos conserves de Corned beaf accompagnée de pain frais et précédée d'une omelette à l'huile, chef-d'œuvre de Baba.

Après le déjeuner et malgré la fatigue, nous visitons les gourbis nous étudions les plans et, dissertons sur les filons. Ceux-là seuls qui sont du métier savent combien sont empoignantes ces énigmes que la mine, sphinx toujours rajeuni, pose à ceux qui l'interrogent. A cinq heures, nous sommes encore là et les points d'interrogation restent encore nombreux sur les pages de nos carnets.

A la débandade, comme l'arrière-garde d'une armée vaincue le convoi vient d'arriver. Hommes et bêtes se traînent sur la rampe qui précède le konak. Ils sont écrasés de fatigue et suffoqués par la chaleur humide du ravin. Le malade d'hier va mieux mais il a fallu le hisser sur la petite mule où ses camarades le soutiennent encore.

Les bêtes déchargées, tous s'étendent à l'ombre des paillottes, n'ayant pas la force de manger. Nous descendons pour les congédier et leur dire adieu. Ils devraient, au terme de notre marché nous conduire jusqu'à la mer. Mais nous avons ici des mules fraiches pour nos bagages. Pourquoi ne rendrions-nous pas la liberté à ces braves gens ?

. Notre décision les enchante : ils vont se reposer ici demain et, après-demain, au jour, ils repartiront à petites journées pour Pilaouen. Ils ne nous en veulent pas des marches forcées, de la course folle d'hier, des colères injustes de Dec. Très différents de nos paysans, ils ont oublié ces griefs pour ne retenir que les paroles bienveillantes, le paximat et les confitures dont nous les avons quelques fois régalés et le thé, boisson des riches, dont, grâce à nous ils ont avalé un grand verre matin et soir. Le bacchich que nous leur distribuons fait évanouir les derniers nuages qui auraient pu rester entre eux et nous, et c'est de bon cœur qu'après la kyrielle des souhaits réciproques et un dernier baisement de mains, ils nous disent au revoir.

Déjà six heures. Il n'est que temps de partir pour Ain Tab, la seconde et la plus importante des mines de Dec, à 18 kilomètres d'ici. Nous devons visiter en passant Halil Limani l'échelle d'Ain Tab. Voilà trop de choses à faire avant la nuit pour que nous puissions espérer les bien faire.

Les trieuses de minerai auprès desquelles nous passons en quittant Ain Tab n'interrompent pas leur besogne mais elles baissent les yeux en détournant la tête : leur mépris des chrétiens est-il bien réel ? Giorgiou affirme que non, et nous raconte plusieurs anecdotes qui tendraient à appuyer son dire. Les turcs de la côte ne seraient pas, d'après lui, des maris jaloux et, « kerata » (1) satisfaits, ne dédaigneraient pas les bénéfices supplémentaires tirés, par ces dames, de travaux spéciaux qui ne figurent pas sur les feuilles de paye de la mine. Je photographie en passant ces intéressantes personnes. Sauf une, elles sont magistralement laides. Mais quels yeux !

Après une descente rapide jusqu'au ravin et quelques centaines de mètres sous les caroubiers et les platanes, nous arrivons au Délidgé-Tchaï, dont les alluvions ont formé la plaine. Nous en suivons le lit, coupé de flaques d'une eau immobile, noircie par les racines des lauriers, et raviné par le courant. Bruyant, profond et rapide en hiver, aujourd'hui nappe mince et transparente, il glisse silencieux sur un lit de cailloux plats.

Des arbustes touffus, aux longues branches flexibles terminées par de hauts panaches de fleurs blanches et violettes, couvrent la plaine, inclinés en longues vagues, moirées par le vent du soir qui s'élève.

Nous quittons le petit fleuve qui s'enfuit à l'Est et au milieu d'herbes hérissées, nous atteignons bientôt le haut des collines côtières. Sous nos pieds, la mer, encore illuminée des derniers rayons du soleil s'étend, tapis mauve, frangé d'argent, jusqu'au promontoire de Cilenti où s'arrêtent aussi les vagues de fleurs violettes d'où nous sortons. A l'Ouest, les derniers contreforts du Taurus tombent presqu'à pic dans l'eau déjà noire, et l'ombre envahit le pied des falaises, estompant les dentelures imprécises du rivage. Au Nord, les hautes cimes où nous étions hier, couronnées de vapeurs légères et mobiles comme des fumées, se détachent sur le ciel, éclairées encore par places, et laissant deviner le velouté de leurs forêts sous la poussière lumineuse des dernières lueurs du jour.

Une haute enceinte carrée, ruine turque sur une ruine byzantine ou franque, défendait autrefois la plage où nous

---

(1) La traduction littérale de *Kerata*, d'usage courant au siècle de Molière, est remplacé aujourd'hui par la périphrase : *mari trompé*.

descendons. La mer l'entoure aujourd'hui, et le ressac bat ses vieilles murailles de coups lourds et monotones. La dune, en demi-cercle derrière nous, nous cache la plaine lointaine et la montagne proche. Nous ne voyons que la plage étroite, la ruine, le ciel et l'eau à peine distincts. C'est dans ce cadre d'une mélancolique uniformité, que nous reprenons contact avec la Méditerranée.

La première partie de notre programme est remplie : nous avons traversé l'Asie Mineure, mais quelle hâte nous a poussé à faire ce long trajet en six jours ? Quelles joies ou quels devoirs nous appelaient sur ce rivage ? Etait-ce pour contempler plus tôt ce poste-vigie abandonné ? Etait-ce pour méditer auprès de cette ruine sur l'ironie de la nature immuable et toujours jeune, à côté des choses mortes ? Assurément non. Nous nous sommes hâtés parce que la vie étant courte, il faut en profiter en faisant tenir le plus d'actions dans le minimum de temps, au risque de mal faire ; parce que la folie de la vitesse est celle de notre siècle, et que nous sommes fous.

La nuit est venue. A la plage a succédé la falaise boisée. C'est sous bois que, par une montée raide suivie d'une descente non moins rapide, nous arrivons à l'échelle d'Halil Limani. A la vague clarté d'étoiles que reflète le miroir d'une baie, je devine une petite plateforme, sorte de quai rudimentaire et un couloir de chargement. En réalité, je ne vois rien. Nous devons d'ailleurs passer par ici quand nous irons à Mersine.

Pourquoi irions-nous passer ce soir par Tersana Limani et allonger inutilement, puisque là non plus nous ne verrons rien, un trajet déjà trop long ? Nous irons directement à Ain Tab.

Pendant une heure, tantôt nous escaladons des escaliers au bas desquels nous entendons, sans la voir, la mer battre la roche, tantôt nous marchons sur des plages de sable fin où elle s'étale en mousse d'argent sous les pieds de nos chevaux, tantôt nous pataugeons dans des ravins humides où nous avançons à tatons, guidés par Giorgiou. Puis, pendant une heure encore, ce sont des descentes effrayantes, des heurts de genoux contre la roche ou contre les troncs noueux des caroubiers, des luttes avec les chevaux qui, voulant boire à des sources invisibles, nous entraînent dans le fourré. Enfin, au sortir de l'ombre, nous sommes accueillis, à Ain Tab, comme nous l'avons été hier à Kara-Lar, par des feux de joie, des arcs illuminés, la fusillade et les vivat.

Il est dix heures quand nous mettons pied à terre.

— Ces messieurs sont servis, — annonce Baba Elephteri qui nous a précédé de quelques heures — mais leur diner est brulé.

Ces deux phrases, mélange de bien et de mal, comme la plupart des événements de la vie, nous remplissent à la fois de joie et de regrets, et nous poussent vers la salle-à-manger qui est aussi un dortoir. Quoi qu'en dise le cuisinier, la chère est bonne et le thé préparé à la Russe, dont nous l'arrosons, exquis.

Il y a vraiment de bons moments dans l'existence, de très bons, même, où les jouissances intellectuelles ne sont pour rien. Quelle poésie, même dite par Sarah Bernard, la Sarah Bernard du Passanti, serait ce soir plus agréable à nos oreilles que le chant des pommes de terre grésillant dans la poële de Baba ? Quel spectacle esthétique, détournerait notre attention des côtelettes qui, brûlantes mais hélas brulées vont réchauffer si heureusement notre estomac affadi ?

Faute de bagages qui n'arriveront que demain, nous nous étendons tout vêtus, tels les turcs d'Erthogrul, sur des lits aussi rudimentaires que ceux de Kara Lar, mais beaucoup plus ornés, ce qui ne les rend pas moins durs, et nous nous endormons au bruit de la mer lointaine qui déferle sur les roches de Tersana.

CHAPITRE IX

D'AIN-TAB A ANAMOUR

La seconde partie de mon voyage sera plus monotone que la première : j'ai longé une côte déserte et
malsaine, sans sortir d'un enchevêtrement de collines pierreuses couvertes de forêts de pins. Pas d'incidents, peu de
pittoresque ; tout au plus pourrais-je décrire, si je savais le
faire, les colorations changeantes de la mer, les jeux de la
lumière sur les montagnes voisines ou sur les caps lointains
seuls spectacles intéressants que j'ai rencontrés.

En dehors de cela je ne trouve sur mes notes que la
durée des marches, le temps des repos, quelques cotes
d'altitude, les heures du départ et de l'arrivée aux étapes
et l'énumération de ce que nous aurions pu voir sans notre
trop grande hâte. Je doute que cela soit pour le lecteur
qui aura bien voulu me suivre, une compensation suffisante
de sa fatigue.

Le voilà prévenu.

Avant d'aller plus loin, deux mots de géographie historique me semblent, ici, nécessaires :

A une demi-journée de marche à l'Ouest d'Ain-Tab où
nous sommes, Coracesium, l'Alaya actuelle, — chef-lieu du
Caza de même nom, dans le Sandjac d'Adalia et le Vilàyet
de Koniah — étage ses maisons blanches et ses vieux murs
byzantins au-dessus d'un port désert. C'est à Corasésium
située à l'Est de la mer pamphilique — golfe d'Adalia —
que commençait au temps de Strabon, la Silicie Trachée,
la Cilicie étroite, bande de montagnes basses et boisées,
resserrée entre le Taurus et la mer.

La disposition des côtes sur lesquelles de nombreux petits
ports naturels se cachent derrière de hautes falaises, la
configuration du sol, d'un accès difficile, avaient fait de la

Cilicie, dès les temps les plus reculés, le centre de la piraterie méditerranéenne et du trafic des esclaves. Délos fut longtemps le marché principal où les Ciliciens écoulaient les produits de leur double industrie.

C'est au temps des premiers Séleucides qu'un chef Cilicien, Déodate, plus connu sous le nom de Triphon, — ancêtre peut-être du drogman pochard de l'hôtel de Koniah, — dont Coracesium était la résidence, organisa la piraterie et généralisa la traite qui, existait déjà mais vivotait, petit commerce de détail entre les mains de pauvres diables. Triphon eut le tort de se révolter contre le successeur de Démétruis, Antiochus, son fils. Ce monarque vexé de voir un simple négociant s'occuper de politique, prit mal la chose et supprima brutalement, sans lui donner le temps de mettre la dernière main à son œuvre, l'homme intelligent qui venait de doter son pays, pauvre jusque là, des deux seules industries susceptibles de l'enrichir.

Cependant le grain semé par Triphon sur un terrain bien préparé, germa, crût et multiplia : grâce à l'indifférence des rois Séleucides, un trust puissant réunit bientôt toute la piraterie Cilicienne et la réglementa. Ce fut sa belle époque. Elle dura jusqu'au jour où les Romains, ces éternels gêneurs, trouvant, sans doute, ailleurs des esclaves à meilleur compte pendirent, pour couper court à leurs réclamations, le plus grand nombre de leurs fournisseurs habituels, et mirent la main sur leur pays.

Dès lors la piraterie n'exista plus en tant qu'institution, et le commerce des esclaves mal alimenté déclina peu à peu jusqu'à l'époque assez récente où les traités internationaux, en interdisant la traite, le tuèrent. Mais le jour où la difficulté croissante de trouver des serviteurs, jointe à l'impossibilité — elle existe déjà — de s'en faire obéir feront à nouveau de l'esclavage une nécessité économique, les deux vieilles industries ciliciennes ressusciteront et pour peu qu'elles soient encouragées par quelques primes et par des garanties d'intérêt elles verront encore de beaux jours.

Il ne faut désespérer de rien.

La Trachélide s'arrêtait, non loin de Soli, au fleuve Lamas ; au delà s'étendait à l'Est, la Cilicie Pédiade qui, vers Issus, au fond du golfe d'Alexandrette, confinait à la Syrie.

C'est sous les Empereurs grecs que les deux Cilicies atteignirent leur plus haut point de prospérité. Les villes étaient alors tellement nombreuses que leurs ruines forment aujourd'hui sur la côte, un cordon presqu'ininterrompu. Nous allons le parcourir : notre itinéraire doit nous conduire d'abord à Coracesium. De là, revenant vers l'Est nous visiterons Arsinoé, Hamaxia, Sélinus, Néphéli, Charadrus, dans le golfe d'Alaya. Puis, entre le cap Anamour et la limite de la Cilicie Trachée, Anemurium, Nagidus, une seconde Arsinoë, Célendéris, Aphrodisias, Séleucie, Corasion, Corycos et Eléüssa. La Cilicie Pédiade était moins peuplée, mais ses villes étaient plus belles ; trois seulement se trouvent sur notre chemin : Soli ou Pompëiopolis, Angiala, la moderne Mersine où se terminera notre voyage, et Tarse, sur le Cydnus que, de Mersine nous irons visiter en une heure de chemin de fer. Entre temps nous prospecterons les mines de fer d'Alaya, de Melech, de Tchaï-Glaïk et de Selefkia, les mines de plomb et de zing d'Hamaxia, de Silenti, de Nepheli et la mine de cuivre du Calycadnus. La mise en valeur de ces richesses rendra — peut-être — plus tard à cette région, son ancienne prospérité.

Jamais programme plus alléchant ne fut offert à la curiosité d'un géologue désireux de ne pas séparer l'étude du Sol de l'histoire des peuples qui l'habitèrent. Le lecteur jugera jusqu'à quel point ce programme a été suivi.

MERCREDI 10. — Nous sommes à cheval à 5 heures après une nuit étouffante.

A peine en route, Dec m'annonce qu'après réflexion le voyage d'Alaya est supprimé. Il nous prendrait deux jours. C'est beaucoup plus que ce que le destin jaloux nous en a octroyé. Nous visiterons donc aujourd'hui le filon d'Ain-Tab, et demain nous mettrons le cap sur l'Est... Ainsi soit-il.

Mon cheval ne se ressent, pas plus que moi d'ailleurs, des kilomètres déjà dévidés par ses ajmbes. Réconforté par le repos relatif d'hier, et l'orge libéralement distribuée, il escalade d'un pas léger les vieux monts de la Trachélide. Une végétation dense, forêt ou broussaille, en couvre les croupes et les ravins. Sous les pins qui, plus ou moins serrés, forment une forêt continue, poussent enchevêtrées et drues, toutes les espèces du sous bois, de préférence, les plus épineuses. Et nos vêtements perdent, à les fréquenter, le peu de présentabilité qui leur restait. Je suis en guenilles.

Si j'en crois les explications de Giorgiou qui nous guide, tantôt nous suivons des sentiers, tantôt nous coupons à travers bois : je n'ai aucun motif de suspecter sa bonne foi, mais, malgré toute mon attention il m'a été impossible de différencier ces deux périodes également exécrables : partout nos chevaux continuant les exercices d'équilibre commencés dans le Karst cilicien, grimpent des escaliers, descendent sur des éboulements, roulent sur des galets trop mobiles : partout les épines nous happent au passage.

Pendant des heures nous continuons cette gymnastique sur les nombreux filons qui zèbrent la forêt d'arêtes de quartz blanc dressées comme des murs entre lesquels la température serait insoutenable sans la brise de mer. A la hauteur où nous sommes elle se glisse par bouffées sous les pins et nous permet de respirer.

Nous redescendons dans la fournaise par un sentier en espalier sous des pins chauves : voici des gourbis, des maisonnettes désertes, des rails, des wagonnets, des entrées de galeries et, à midi, cuits dans notre jus, nous mettons pied à terre devant le konac hospitalier de Giorgiou.

« Mieux vaut la fin d'une chose que le commencement » dit un proverbe arabe. Je constate combien ce proverbe est juste.

A l'ombre du toit en auvent qui couvre le balcon sans balustrade nous nous affalons sur des roking-chairs rudimentaires, et pendant que Baba Elephteri met la dernière main

au festin qu'il nous prépare, je fainéante, je regarde et
j'admire ce paysage que les rudiments de la future cité
minière d'Ain-Tab n'ont pas encore eu le temps d'enlaidir.

La gorge étroite dans laquelle nous venons de rôtir et
que nous dominons se resserre à gauche et se perd sous
les pins. A droite elle s'élargit en façon de vallée et s'enfuit
vers la mer que l'on voit à deux kilomètres briser avec force
contre une grande roche perruquée de broussailles et couronnée de ruines, Tersana, l'ancienne Hamaxia.

Caché sous les lauriers roses, un ruisseau descend la
vallée au milieu de petits champs où sous l'ombre épaisse
des caroubiers et de figuiers énormes on cultive un peu
d'orge et de maïs. Le soleil cru, fouillant ces verdures, fait
vibrer en clair les feuilles des figuiers tandis que les cigales
aplaties sur les branches déchirent l'air de leur assourdissante
stridulation. La mer poussée contre le rocher d'Hamaxia
par l'Imbat qui se lève, ajoute sa basse grave et continue
à ce concert des couleurs et des sons.

Malgré la chaleur on est bien sur ce balcon. Allongé, je
m'imbibe, les yeux mi-clos, de ce calme et de cette vibration
si caractéristiques de l'Orient : calme des êtres, vibration
de la nature sous l'intensité de vie que développent, en cette
saison, l'action du soleil et la fécondante humidité de la nuit.

Baba Elephteri interrompant mes réflexions m'avertit qu'on
n'attend plus que moi pour déjeuner. Je rejoins au plus vite
Dec, Giorgiou et Vassilaki déjà attablés autour d'un ragoût
de mouton.

Nul moment ne saurait être plus propice pour vous présenter quelques nouveaux personnages.

Voici d'abord Giorgiou, maître temporaire de céans : ce
Grec de Laurium, dont l'allure est basque et la tête marseillaise s'est formé seul, s'est francisé seul ; seul il a appris
à parler et à écrire correctement notre langue. Calme et
posé il diplomatise avec les fonctionnaires turcs, traite avec
les affréteurs allemands, surveille son bacalis avec lequel il
est peut-être associé, s'empoigne avec les chameliers et va, au

besoin à cinquante kilomètres d'ici, lever un plan ou recruter des travailleurs. Pour le moment, avec une satisfaction non dissimulée, il absorbe avant d'attaquer le rata, d'énormes morceaux d'un carpous qu'il apporta à notre intention d'Alaya où sont, paraît-il, les meilleurs de l'Asie Mineure.

Vassilaki, jeune frère de Giorgiou, grand mince et timide comprend le français qu'il ne parle pas encore, géométrise comme un ancien et considère Dec comme un Dieu dont Giorgiou est le prophète.

Baba Elephteri, dont nous savourons les ragoûts mitonnés, les courgettes au gratin, les pommes de terre frites et les pruneaux cuits au sucre, précieux lubrifiants de nos intestins surchauffés, remplit à Ain-Tab les rôles multiples de magasinier, de maréchal, de cuisinier et de maître d'hôtel. Une véste sans manches, jadis brodée, une culotte turque, et une large ceinture bariolée que barre un long poignard — peut-être un couteau de cuisine — couvrent sans en diminuer le volume les formes opulentes de ce bon géant. Un fez minuscule maintenu par un miracle d'équilibre ou par une colle invisible derrière une grosse tête, des bottes franques armées de clous aussi nombreux que solides, un tablier bleu à bavette et une serviette sur les bras, complètent l'équipement de notre maître d'hôtel.

Ce grec de la vieille Grèce parle toutes les langues. Ancien drogman, il guida, transporta et nourrit, au plus juste prix, dans l'Orient byzantin les touristes de toutes les nationalités ; sur la liste très longue de ses clients, je relève le nom de L. de Launay, le géologue si connu dont il me raconte les aventures à Chio, peut-être à Rhodes ? Les tournées Cook's ayant tué son industrie il tient maintenant à Ain-Tab son triple rôle avec la dignité triste convenant à l'homme qui guida les élèves de l'Ecole d'Athènes, et estampa sur les côtes de l'antique Carie des inscriptions de la belle époque.

A trois heures, bravant l'insolation, nous descendons visiter au-dessous du konak les derniers travaux devant lesquels nous sommes passés ce matin. L'effort principal des mineurs s'est porté sur un énorme filon, puissant de plus de trente mètres qui coupe la vallée d'une large balafre laiteuse. La masse entière du filon est exploitable, mais il faudra la broyer et la laver pour séparer le métal de la roche stérile. Le ruisseau des lauriers roses fournira, pendant huit mois de l'année l'eau nécessaire à ce lavage ; c'est tant. qu'il en faut car pendant les quatre autres mois la mine sera arrêtée, la malaria rendant le pays inhabitable. Il n'y a plus, aujourd'hui à Ain-Tab que cinq ou six ouvriers ; demain, nous partis, les travaux s'arrêteront jusqu'à la mi-octobre. Il en sera de même à Kara-Lar.

Les grecs du Continent et des iles forment le noyau stable du personnel. Robustes, relativement sobres, bons mineurs, ils sont occupés à l'abattage du minerai et aux travaux de recherches. Les manœuvres qui transportent la roche, la trient, rejettent les déblais, sont Turcs : leur départ en Juin-Juillet arrête forcément le travail des Grecs qui ne demanderaient qu'à le continuer. S'en trouveraient-ils bien ? Giorgiou et Vassilaki l'affirment. Mais l'aspect de leur neveu jeune gars de quinze ans, aide géomètre, aide comptable, aide cuisinier, aide général et encyclopédique qui, jaune comme un citron se traine avec peine terrassé par la fièvre, semble contredire leur affirmation.

Baba Elephteri s'est surpassé ce soir ; il nous abreuve d'un thé digne des Dieux et nous nourrit d'un poulet aux tomates qui me rendra cher, jusqu'à mon dernier jour, le souvenir de ce compatriote de Télioudis. Le café bu, nous restons quelques instants sur la galerie. Mais une nuée grise masquant les étoiles s'est élevée de la mer, l'humidité ruisselle, il faut rentrer.

Revue du matériel, remise au point des bagages, fabrication par Elephteri de la provision de paximat, notes mises à jour puis au lit. Dec et Giorgiou se sont retirés dans la pièce voisine et pendant longtemps, dans la nuit, j'entends Dec qui, sans y parvenir, s'efforce de débrouiller une comptabilité exacte au fond, mais si cocasse dans la forme !

JEUDI 11. — Une fusillade, le vacarme de courses folles, d'aboiements, de cris de volailles apeurées, nous réveillent vers 5 heures. C'est Elephteri qui, avec une carabine Martini trouvée — on ne dit jamais volée, dans le Levant — je ne sais où, tue un poulet pour la soupe de Giorgiou.

Le temps est radieux. La brume de la nuit a disparu et le soleil fait briller en les irisant, les gouttes d'eau suspendues aux brins d'herbe. Les feuilles des caroubiers paraissent vernies. Au loin, sur le rocher de Tersana, dont nous sépare la mer ondulante des frondaisons, l'autre mer, très calme, fait à peine entendre son chant monotone. Sa nappe bleu foncé, bordée sur la côte d'une frange blanche, s'éclaircit vers le large et finit par se confondre avec le gris doré du ciel.

Après un dernier regard au Konak de Giorgiou, aux gourbis, aux entrées de galeries, trous noirs dans le quartz blanc, après un dernier salut de la main au gras Elephteri qui fut si secourable à nos estomacs, nous descendons dans la gorge d'Ain-Tab ; sous les caroubiers, nos chevaux boivent longuement à la source fraiche. Puis, par les cultures, sans avoir quitté l'ombre protectrice des figuiers, nous arrivons près de la mer, au-dessus de l'isthme étroit qui relie à la terre ferme le rocher de Tersana. Un raidillon nous en sépare sur lequel d'énormes couleuvres noires étendues au soleil semblent les gardiennes des trésors cachés jadis dans les ruines de la cité détruite. Elles ne se dérangent pas et nous passons, indifférents au précepte arabe qui dit : Celui qui épargne un serpent se rend coupable d'injustice envers le genre humain.

L'ancienne Hamaxia domine une baie étroite assez bien abritée des vents du Nord et de l'Ouest. Des murs écroulés, des tas de moëllons sans une pierre de taille, sont tout ce qui reste de l'acropole ; le rocher de Tersana lui-même, qui lui servait de base, est ruiné ; la mer en a déjà enlevé près de la moitié, dont les débris forment sur la petite plage où débouche le ruisseau d'Ain-Tab, une sorte de moraine au pied de la falaise. Des éboulements ,nouveaux continuent chaque hiver l'œuvre du temps et l'on pourrait presque calculer dans combien de siècles l'Acropole .d'Hamaxia aura disparu.

« La ville, dit Strabon, est bâtie sur un monticule avec une anse au-dessous d'elle qui lui sert de port ».

Depuis l'époque où le géographe grec la visita, elle s'était développée, et, à la fin du Bas-Empire, elle occupait surtout la rive opposée de l'Acropole. Des ruines dont l'appareil grossier indique l'époque, basilique, magasins voutés, maisons banales et sans intérêt, apparaissent encore éparses dans la forêt, empruntant leur pittoresque au site qui leur sert de cadre.

Un four pour griller le minerai, occupe l'isthme d'Hamaxia. Tout à côté, sur les débris d'un mur, enceinte sans doute, de l'Acropole, six grandes plaques de calcaire gris sont fixées, portant chacune une longue inscription en beaux caractères grecs de l'époque impériale, merveilleusement conservée. Dec m'a déjà décrit ce site et nous avons apporté une brosse et quelques feuilles de papier pour estamper ces inscriptions. Ce m'est une joie de trouver, dès le début de la partie semi-archéologique de notre voyage, au milieu de ces ruines mortes, des paroles qui, autrefois, furent vivantes. De même que les fossiles indiquent souvent les conditions de dépôt des strates qui les renferment, de même, peut-être, ces inscriptions, reliant le passé au présent, feront qonnaître quelque chose ,de la cité où vivaient ceux qui les inspirèrent. Donc, vite à l'œuvre.

Je me prépare à mettre pied à terre ; mais un regard sévère de Dec me cloue sur ma selle. Ai-je donc oublié que nous ne sommes ,pas plus ici pour muser que pour nous amuser, mais pour kilométrer ? Et longeant sans nous y arrêter, les ,affiches byzantines, nous descendons jusqu'au pied du rocher sur le dépôt de minerai où nous faisons halte.

Pendant que je regarde la mer bleue miroiter dans la baie, les ,petites vagues frangées d'écume venant se perdre sous les frondaisons, le squelette de la basilique qui, vu d'en bas, se dégage de la verdure et prend un certain air de ruine sérieuse, les restes des entrepôts, taches d'ocre sur la forêt, Dec entame avec Giorgiou une interminable discussion sur les travaux de mine visités hier. Il est vrai qu'hier, à midi, quand nous étions sur ces travaux, les mêmes interlocuteurs en avaient institué une semblable sur le four de Tersana où nous sommes aujourd'hui : transplantant ainsi sur le sol de l'Asie, les habitudes françaises des sociétés d'archéologie dont les membres, lorsqu'ils visitent ensemble des vestiges récemment découverts, se communiquent mutuellement leurs propres découvertes — elles n'ont aucun rapport avec ce qu'ils sont venus voir — et partent sans avoir regardé autour d'eux ou écouté les explications qu'aurait bien voulu leur donner le promoteur de la réunion. Bien heureux, ce dernier, s'il parvient à trouver parmi les curieux qui se sont joints aux archéologues, quelques vieilles demoiselles qui, sans le comprendre, le regardent avec étonnement et l'écoutent avec bienveillance.

Le soleil fait rage au fond de cet entonnoir exposé au midi et l'apoplexie de l'un de nous au moins, va terminer prématurément notre voyage, quand Dec et Giorgiou, ayant épuisé leurs arguments, et peut-être aussi leur salive, nous raprenons notre marche.

Nous refaisons en sens inverse et au soleil, notre route d'avant-hier soir, et je me rends compte que la parcourir, comme nous l'avons fait, par une nuit sans lune, était une pure folie. C'est un miracle que nos chevaux aient pu suivre, je peux dire à tatons, sans accident, cet étroit sentier en corniche, suspendu au-dessus de la mer que l'on entendait briser sous nos pieds, contre la falaise. J'en ai encore, quand j'y pense, la chair de poule.

Nous voici revenus à Halil-Limani : une petite plateforme d'entassement, un wharf minuscule, deux solides mahonnes qui se balancent sur une mer agitée par l'imbat, constituent « l'Echelle ». Dans la forêt, — comme à Tersana, elle domine

« l'Echelle ». Dans la forêt — comme à Tarsana, elle domine la baie — des ruines apparaissent, amorphes : nous n'en approchons pas. Sont-elles les vestiges du fort Laertes dont parle est bâti sur une colline de forme mamelonnée, juste au-dessus d'une anse où les vaisseaux trouvent un mouillage sûr. » Le mouillage n'est pas si sûr que cela, mais les caboteurs grecs n'ont jamais été bien gros, autrefois comme aujourd'hui, et s'abritaient, sans doute, aisément.

Je ne pense pas que l'aspect du pays ait beaucoup changé depuis le siècle de Strabon. Aussi peut-on admettre que c'était probablement vers Hamaxia ou vers le fort Laertes qu'au temps d'Antoine on dirigeait une partie des bois destinés aux constructions navales. « C'était surtout le cèdre qu'on expédiait ainsi, car les cantons circonvoisins sont particulièrement riches en bois de cette essence. » Si on prenait la phrase au pied de la lettre, le climat de la côte se serait bien modifié, car aujourd'hui il faut remonter très haut dans le Taurus pour rencontrer le cèdre remplacé, plus bas, par le pin. Mais le mot « cèdre » ici, ne doit-il pas être compris, comme « bois résineux » ? Quoiqu'il en soit, alors comme aujourd'hui la forêt s'étendait de la mer à la crête de la chaine, et fournissait à Cléopâtre à qui Antoine l'avait donnée à cause de cela, « de précieuses ressources pour l'entretien de sa flotte. »

— Dec, où allons-nous maintenant ?

— Visiter des filons de l'autre côté de la plaine du Silenus.

— Dec où coucherons-nous ?

— Soyez calme, cher ami. Nous coucherons dans un village que je connais pour y avoir déjà passé la nuit. Il y a là, prise dans un mur une belle inscription, et derrière ce mur un excellent logis, vide auojurd'hui probablement, où nous serons comme des princes.

— All right !

Nous remontons le cours du Délidjé-Tchaï après l'avoir guéé et nous traversons une plaine où les marécages alternent avec les cultures. Des paysans vêtus de haillons, tremblant de fièvre enlèvent les dernières récoltes. Les abris de joncs sous lesquels ils campent sont tellement rudimentaires qu'on n'y trouve même pas d'ombre. Quelle misère.

Notre troupe se déroule en file indienne. En tête toujours, Dec sur un nouveau cheval fort et vigoureux. Je viens après sur la monture qui m'a porté depuis Pilaouen et qui me portera jusqu'à Mersine, sans une faute, sans un faux pas. Vassilaki vient ensuite et Giorgiou cavalcade sur les flancs, va de la tête à la queue de la colonne, n'ayant pas, car il rentre ce soir à Ain-Tab, à ménager son cheval.

Un tout petit âne et trois mules de charge constituent le convoi conduit par Panaïr, Xenophon et Phocas.

Xenophon, grec d'Anamour est le seul qui parle le grec. Dans le cas épineux il nous servira d'interprète. J'ai déjà présenté Panaïr : il porte toujours son feutre blanc jaunâtre et la culotte trop large qui lui vaut son air de singe habillé. Xenophon adroit, soigneux, actif et prévenant est vêtu à la turque et répond de préférence au nom d'Ixiphon qu'il trouve plus euphonique.

Phocas, grec d'Alaya est un beau gars et fuit les justes lamentations d'une Ariadne abandonnée. Ouvrier mineur à Ain-Tab, il s'est laissé surprendre, il y a quelques mois, au moment où il prenait d'une des tireuses de mineraï une très sensationnelle interwiew. La corporation des maris, outrée non de l'interwiew elle-même, mais parce que, ruineux exemple, la dame l'avait accordée sans exiger la juste rémunération de sa complaisance sinon de sa peine, a jeté de tels cris que Giorgiou a dû renvoyer le coupable. Il erre, depuis ce jour, inoccupé, autour d'Ain-Tab. Et le bruit ayant couru, ces jours derniers, que la dame trieuse rendue libre par un divorce était prête à donner à son séducteur le moyen de réparer ses torts, Phocas a demandé à nous suivre le plus loin possible : il a besoin avant de se lier par de justes noces, de décider si c'est lui qui deviendra mahométan ou la dame qui se fera chrétienne. A moins que ne sachant lequel choisir de ces deux partis extrêmes il ne se décide à rester garçon... Les hommes sont partout les mêmes. Les femmes aussi d'ailleurs.

Trois kilomètres d'amble nous amènent au Bichardjs-Tchaï, le Sélinus des anciens que nous traversons à gué sous l'arche unique d'un vieux pont. L'endroit est charmant. De hautes cépées de platanes ombragent les lauriers du fleuve, tandis qu'entre les bancs de sable, l'eau s'enfuit, claire et limpide, tantôt miroitant au soleil, tantôt cachée sous l'ombre des rives. Non loin de deux cigognes qui, sérieuses, guettent leur déjeuner, un ménage d'Iourouks fait boire un chameau maigre. Au-delà de la grande arche en plein cintre qui trace en brun sur le ciel sa ligne mince et hardie, les hautes cimes du Taurus, tachées de neige, se profilent au-dessus des nuages comme une ile montagneuse sur une mer gris de plomb. Des croupes boisées s'étagent en amphithéâtre jusqu'à l'horizon lointain, donnant la sensation d'un recul infini. Au zenith, deux aigles à ventre blanc décrivent des cercles concentriques. Un charme infini se dégage de ce paysage frais et calme, dont le silence n'est troublé que par le bruit menu des petites tortues sautant à l'eau.

La plaine s'élève rapidement au-delà du fleuve. Nous contournons à la cote 150 m. un gros village désert où une vieille femme, sa seule habitante, nous gratifie de belles tomates et nous indique une source qu'elle dit excellente.

Entre deux murs de pierres sèches, le sentier descend dans une gorge aride. Là, une fontaine antique, abritée sous de beaux platanes, verse dans un petit bassin de pierre ses dernières gouttes d'une eau pure et fraîche. Avant de nous y désaltérer, nous faisons une libation à la nymphe protectrice de ces beaux ombrages qui, cachée sous les haillons d'une vieille femme, dirigea nos pas vers ces eaux bienfaisantes. Et nous repartons sous les rayons verticaux du soleil de midi.

De nouveau dans la plaine, nous traversons un troisième cours d'eau qui, d'après la carte, serait un bras du Silenus. Il n'y a ni eau, ni ombre.

Où déjeunerons nous ?

Le moment le plus agréable de cette chaude matinée, est celui où, au sortir d'un dédale de ruelles étroites, nous débouchons, à la suite de Phocas, sur la place d'Indjan-Keuy, devant un bel oda bien ombragé.

Avant d'y arriver, nous avons palabré avec un beau turc. Assis, très digne, à l'ombre d'un caroubier, il regardait travailler au soleil, telles des bêtes de somme, de grandes femmes maigres, que j'aime à croire siennes. Ce personnage bien vêtu, est à la fois un des principaux transporteurs du minerai d'Ain-Tab et de Kara-Lar, et le seigneur et maître de plusieurs dames trieuses. Scène touchante entre lui et Giorgiou qui, après force salamalecs, lui demande des nouvelles de ses chameaux. Malgré l'indigence de mon vocabulaire turc, je comprend la phrase et je vais faire à Giorgiou de justes observations sur son impertinence envers ces dames. Mais je réfléchis aussitôt qu'il n'y a pas d'équivoque possible, l'étiquette musulmane interdisant de parler à un mari de ses femmes. Les chameaux sont depuis huit jours au yaïla où leur maître les rejoindra bientôt. Entre temps, ledit maître nous a indiqué une brèche par laquelle, traversant des jardins, nous avons évité une partie du labyrinthe de ruelles qui entoure la place d'Indjan-Keuy.

Sur la galerie de l'oda, un avant-corps surélevé de deux pieds, est entouré d'un large divan de bois. Quelques notables, couchés sur des matelas, y dorment ou y narghilettent. Très courtoisement, ils nous font place, des tapis arrivent je ne sais d'où et nous voilà installés à l'ombre, caressés par l'imbat, en face de la plaine étincelante qui miroite sous la couche d'air surchauffé et s'arrête, tout là-bas, à la mer calme, grise et terne comme du plomb fondu.

Nos chevaux, dûment promenés au soleil, puis dessellés ou déchargés et attachés à l'ombre, Panaïr s'occupe du thé. Entre temps arrivent d'abord le Mouktar, bel homme à barbe grisonnante, très soigné, très patriarcal, digne avec bonhomie, puis le gratin de l'endroit, jeunes androgynes aux regards sournois, soigneusement rasés, élégants et maigres. Les nouveaux venus s'accroupissent sans mot dire, égrènent leur chapelet en fermant les yeux et semblent sommeiller. Puis lentement, ils font à chacun des assistants le long salut turc, et, de nouveau immobiles, nous regardent dévorer notre corned beaf, une salade de tomates et d'oignons et des confitures. Leur curiosité satisfaite avant notre appétit, ils se lèvent et ,toujours silencieux, disparaissent.

Ici, j'ouvre une parenthèse : Grâce aux expositions universelles qui jalonnèrent la seconde moitié du dix-neuvième siècle, comme les poteaux indicateurs jalonnent les routes de montagnes pendant les neiges d'hiver, j'ai assisté aux repas et même aux danses nationales des peuples divers dans des villages nègres, arabes, sioux, lapons, cambodgiens ; si ma curiosité n'en a retiré aucune satisfaction, je n'en ai éprouvé aucune gêne. Mais il en a été tout autrement en Asie mineure où dès mon premier voyage, de spectateur je suis devenu bête curieuse : j'ai souffert, je l'avoue, de ce nouveau rôle. Cependant je commence à m'y faire et je prévois le moment où non seulement sans ennui mais au contraire avec un certain orgueil je montrerai au public turc l'aisance avec laquelle un français de classe moyenne, vacciné, électeur, père de famille, ouvre une boite de conserves et mange avec ses doigts, sans souiller sa barbe et maculer ses effets, des sardines à l'huile ou du thon mariné.

Ici je ferme la parenthèse.

Les notables partis, le bon Mouktar — je dis bon parcequ'avant et après le repas il nous a fait servir de l'excellent café, — se rapproche de nous. On cause. Il nous explique que, grâce à sa position sur un contrefort calcaire, au-dessus de partie rocheuse et sèche de la plaine, Indjan-Keuy balayé le jour par l'imbat et la nuit par le melten, est moins fièvreux que le reste de la côte. L'exode vers le Yaïla n'y commence que la fin de juillet pour se terminer aux premières pluies d'octobre. Certains habitants, même, ne quittent pas le village.

Un détail : sur le balcon de l'oda, une aiguière et une cruche en cuivre brillant sont installées au dessus d'un égouttoir très ingénieux qui, lorsqu'on se lave les mains reçoit l'eau sale et la concentre dans le cou de ceux qui, au même moment, circulent sur l'escalier. Qu'en pensez-vous, Giorgiou ?

Nous partons à 2 heures 1/2. D'abord la plaine, puis une petite vallée où lièvres et perdrix abondent. Un lièvre effrayé par le chien Rousso, compagnon de Vassilaki, tourne épurdûment pendant près d'une minute dans une clairière de quelques mètres carrés avant de prendre le parti de s'enfuir en passant entre les jambes des chevaux.

Un col pelé suivi d'une forêt chauve nous conduisent à la plaine de Guneï. Adieux à Giorgiou qui rentre à Ain-Tab où il arrivera, inch'Allah, demain matin.

Le soleil baisse : par un sentier qui se faufile entre les massifs de caroubiers nous montons vers le petit Keuy de Guneï, dont les maisons s'étagent à mi-côte.

—Dec arriverons-nous assez tôt à Silenti pour visiter les ruines de Sélinus ou les verrons-nous seulement demain ?

— A quoi pensez-vous, cher ami. Silenti était à 1 kilomètre de nous ce matin quand vous bayez aux... cigognes sous le pont du Silenus. Vous ne voudriez pas que nous revenions d'une quinzaine — au moins — de kilomètres sur nos pas pour voir de vieilles pierres sans intérêt ? Nous visiterons ce soir Nephéli, si nous y arrivons assez tôt.

Voilà Sélinus brulée par nous après l'avoir été — mais d'une autre façon — par tous ceux qui guerroyèrent jadis dans ces régions. A quoi m'aura servi d'avoir compulsé les bouquins qui parlent de cette ville, d'avoir copié une carte anglaise où la cité de Trajan, Trajanopolis est figurée sur son rocher, entourée de murs flanqués de tours, avec l'aqueduc qui pour y amener l'eau, franchissait le Silénus, le théâtre, les tombeaux, et le mausolée de Trajan « vaste édifice entouré de colonnes. »

Ma déception est presque douloureuse. Pourquoi ai-je

oublié le proverbe qui dit : « Ne cherche pas à t'instruire : qui accroît sa science, accroît sa douleur » ?

Quel changement sur cette colline aujourd'hui déserte depuis l'année 117 où Trajan mourut à Sélinus emporté à soixante-cinq ans par une courte maladie. L'armée campait autour de la ville, sans doute dans la partie haute et saine de la plaine, vers l'emplacement actuel Indjan-Keuy, et sur la chaine de hauteurs qui la domine. Que d'ambitions, de regrets, de haines et de craintes, flottèrent ce jour là autour des tentes, allant du maître mourant à l'Empereur futur, de Sélinus à Antioche ! par où passa, inaperçu le messager secret envoyé par Plotine à Hadrien, pour lui annoncer, deux jours avant le courrier officiel, la mort de Trajan et l'adoption in extremis, qui lui livrait l'Empire ? Les restes de Trajan reposent-ils encore sous les dalles du mausolée de Silenti, ou furent-ils dispersés par les Barbares, Turcs, Mongols, Arabes ou Francs qui, ignorants de l'histoire et en quête de trésors violèrent les sépultures de l'Asie ? Quelles soient encore dans son tombeau ou qu'elles en aient été arrachées, les cendres du premier des Antonins n'ont pas quitté la côte fièvreuse. Elles y dorment dans le grand silence qui enveloppe la ville morte et que troublent seuls la voix d'un berger Iourouk ou le pas d'un voyageur.

Le soleil va disparaître au moment ou nous atteignons les premières maisons de Guneï ; pendant qu'un gamin descend vers la plaine à la recherche du convoi, sans doute égaré, nous irons visiter Néphéli. En quelques minutes nous atteignons la crête derrière le Keuy. Sous nos pieds, de l'Est à l'Ouest, les ruines d'une grande ville déchirent la broussaille et, avec elle, descendent jusqu'à la mer. Une poche, le Cragus de Strabon sans doute, énorme parallélipipède à parois verticales, couronné de murailles, forme un cap, île autrefois, à l'extrémité Ouest de la ville.

Les ruines de Néphéli sont des ruines de ruines : le grand mur du théâtre, quelques voûtes d'une basilique au pied desquelles gisent deux ou trois chapiteaux sculptés, voilà avec les murs du Cragus, tout ce qui reste d'à peu près distinct.

Pendant que Dec suivi de Vassilaki s'éloigne vers l'Est pour voir des affleurements qui lui ont été signalés je parcours Néphéli. Bien des rues sont encore reconnaissables par la disposition des murs démolis. Si on en avait le temps on reconstituerait, peut-être, le plan de la ville. Voici un emplacement rectangulaire, vide de débris. C'était une place publique. A côté, des petits réduits voûtés juxtaposés en une longue ligne représentent un bazar, ou un entrepôt ou une auberge où logeaient voyageurs et marchandises. Près de la Basilique une grande dalle porte un bas relief dont je ne peux distinguer le sujet. Elle appartenait à une frise disparue.

La nuit vient. Les dernières lueurs du jour étendent sur la mer un glacis rouge sanglant. Les ruines basses se confondent avec la broussaille et seule la forteresse du Cragus se dessine, noire, sur l'or bleuâtre du couchant. Guidé par la voix de Dec qui me rappelle, je me dégage avec peine du fouillis des plantes et des pierres, et je rejoins mes compagnons sur le sentier qui nous ramène au village. (1)

A neuf heures, nous mettons pied à terre sous un beau murier à l'entrée de Keuy. Le convoi retrouvé y est déjà arrivé, et pour la première fois depuis Koniah nous trouvons le thé prêt, le sac aux provisions ouvert et nos lits dressés. Une bougie posée sur une basse branche du murier éclaire notre repas qu'aucun souffle d'air ne vient rafraichir, mais que ne trouble aucun moustique.

Quelques notables se manifestent : l'un d'eux, borgne et chafouin, ancien soldat rentré depuis peu au village, nous énumère avec complaisance ses diverses garnisons. Où n'a-t-il pas traîné ses demi-bottes ? La guerre de Grèce dont il fut un des plus modestes héros, lui a laissé des souvenirs pleins de sous-entendus.

---

(1) Les affleurements que nous allions prospecter à Néphéli sont à peine visibles et n'indiquent que des traces d'un minerai pauvre.

Un horrible garçon d'une quinzaine d'années, sordide, chassieux et grêlé, vêtu, comme un esclave antique, d'une chemise courte serrée à la taille et d'un court caleçon, la tête couverte d'une cucule grise va nous chercher de l'eau : le soldat l'admire. Il le trouve délicieux, — Kalos, ajoute-t-il, pour faire parade de son grec — et dressé à tous les usages. Il nous le vendrait cinq livres. C'est pour rien, dit-il. Mais nous ne nous laissons pas tenter par l'occasion.

Entre temps, j'ai chaussé, à la grande admiration des assistants, de mirifiques pantoufles tunisiennes en filali jaune serin. Jouissant de mon succès je me suis étendu sur mon lit. Vassilaki et nos hommes, couchés sur le sol dorment déjà : la bougie soufflée nos hôtes se retirent silencieusement.

VENDREDI 12. — Sous le couvert de notre murier la nuit a été exquise et c'est à regret qu'à 3 heures, ce matin nous avons quitté nos couchettes.

En route à 5 heures après une copieuse libation de thé etayé de paximat. Nos chevaux gorgés de paille sont frais et dispos. Panaïr a acheté hier une charge d'orge. Tout va bien.

Les premières heures de la journée, tant à l'étape qu'en route sont toujours délicieuses. Ce matin, le lever du soleil est féerique : Les sommets du Taurus, — un contrefort très rapproché de nous en masque la base — se couronnent d'abord de feux roses ; des nuages légers, roses aussi, flottent autour des cimes. Les hautes vallées encore remplies d'ombre s'éclairent graduellement, pendant que des lourdes vapeurs grises s'élevant de la mer et du rivage où nous sommes, viennent, radeaux immenses s'échouer contre la montagne. Le soleil fouille de plus en plus les vallées : les taches noires de leurs forêts se détachent sur le fond fauve des hauteurs. Peu à peu les nuages roses ont disparu laissant la ligne des crêtes profiler sur le ciel bleu ses découpures d'or, et la nuée fiévreuse condensée maintenant en une lourde bande cotonneuse, souligne d'un large trait horizontal l'amphithéâtre des monts.

Près de nous l'eau ruisselle sur les feuilles, sur les herbes, sur les roches. Puis, rapidement dès que les premiers rayons du soleil nous arrivent, chauds déjà, l'humidité disparait, tandis que sur le Taurus les vallées se comblent, les forêts s'effacent, les crêtes tremblottent dans l'aveuglante lumière et le miroitement de l'air.

Des sentiers d'abord doux puis raboteux, pour devenir impossibles ; des cultures maigres ; puis la broussaille de la côte d'Afrique, grise, monotone, triste. Après, ce sont des forêts de pins au feuillage clair, égayées au long des thalwegs humides par la coulée rose des lauriers.

Les collines s'élèvent de plus en plus. A onze heures nous sommes, après des descentes trop rapides et des montées trop dures, sur un col, — 750 mètres d'altitude — dominé lui-même au Nord par une crête boisée dont la hauteur ne doit pas être inférieure à 1.500 mètres. Nous tournons brusquement au Sud Est. Quelle dégringolade pour atteindre, à son embouchure, le Charadrus !

Dans une petite plaine elliptique, le fleuve coule entre des rives boisées ; des hommes demi-nus tirent un filet sur une langue de sable qui barre le cours paresseux de ses eaux limpides et les sépare de la mer. En amont, au pied des collines, les restes d'une basilique émergeant de la brousse, marquent l'emplacement d'une ancienne cité, autrefois baignée par la mer. Vis à vis de nous sur l'autre rive, près de la barre, une futaie de saules isolée, régulière, compacte, bordée de très hauts lauriers roses s'élève, grand carré vert, sur le sable jaune.

Trois maisons très basses s'écrasent sur la plage, près de nous. A côté trois grands caïques pontés, à deux mats, sont à l'ancre.

L'imbat souffle avec violence, assez frais pour nous chasser d'une façon de hangard rudimentaire où nous nous étions installés à l'ombre.

Dans la maison où nous nous réfugions, ancienne mosquée aujourd'hui bacal, grenier, douane ou entrepôt, les gens de tout à l'heure arrivent chargés de poissons. Ce sont des Grecs pêcheurs d'éponges. Aujourd'hui, fête des saints Pierre et Paul, apôtres, ils ne travaillent pas. Leurs caïques n'appareilleront que demain. Ils nous vendent quelques poissons, en salent d'autres très gros, pour leur provision de la semaine, tuent un mouton, sorti on ne sait d'où et qu'ils ont peut-être acheté, l'écorchent, le vident et l'étendent au soleil pour l'attendrir. Ils le mangeront cette nuit.

Charadran, ou Kladiran, ou Charadrus — selon que l'on est Turc, Grec ou archéologue — est un port classé, et le gouvernement de Sa Hautesse le Sultan n'y est représenté que par un douanier, fonctionnaire sans morgue, vêtu d'un gilet de coton blanc et d'un caleçon très court que retient heureusement, un unique bouton d'uniforme. Ce gabelou, peu vêtu, a d'abord cherché, sous divers prétextes, à s'approprier nos poissons. Mais à la vue d'un vieux teskéré que Dec a agité sous ses yeux en ajoutant qu'il émanait du ministre lui-même, il s'est amadoué, est allé chercher derrière la maison, le seul habitant de ce port classé, une façon de bacalis, pour lui faire frire l'objet du litige. Il a surveillé cette importante opération avec bonhomie et a même accepté avec reconnaissance un des poissons dont, généreusement, nous l'avons gratifié.

...L'imbat appuie sur la vague le caïque où nous sommes assis, Dec, Vassilaki et moi. Les pêcheurs d'éponges ont consenti, pour une somme des plus modiques, à conduire à Meletch nous et nos bagages. Nos chevaux haut le pied et le convoi nous y rejoindront ce soir vers cinq heures. L'embarquement ne s'est pas fait sans difficultés d'abord en sautant sur des roches glissantes, puis dans un bachot plat qui a l'aspect et l'instabilité d'un baquet.

Les grecs ont pris leurs deux embarcations ; la plus rapide conduit les effendis, l'autre, plus lourde, suit avec les bagages. Une seule eut suffit largement, mais cette petite régate, en ce jour de fête, amuse nos marins. Les voiles assurées, ils sortent d'un petit coffre arrimé sous le pont, une sorte de gros missel, et assis à l'arrière, ils psalmodient l'office des Saints Apôtres.

La houle nous secoue ferme. Dec est affadi, Vassilaki étonné, son chien Rousso malade. Après quelques minutes d'anxiété, mon estomac est resté stable et, contrairement à mes habitudes, je suis seul passager valide sur le pont de sapin blanc.

Combien différente cette courte traversée, d'une autre que je fis sur la mer Noire, l'an dernier à pareille époque. Je revois encore les rues en pente du port d'Inéboli, le vapeur du Lloyd qui vient de m'y débarquer, la mer qui déferle sur les débris d'une digue antique. Puis, le départ précipité dans un tout petit caïque à deux rameurs, étroit et recourbé comme un croissant de lune, à demi plongé dans l'eau, qu'une voile pas plus grande qu'une chemise tenait trop penché sur la lame. Un impitoyable mal de mer m'avait couché sous les bancs des rameurs, à côté de Dec aussi malade que moi, de Kostis inerte, et des rames inutiles. Comme aujourd'hui, il ventait fort, beaucoup trop fort même. La mer mauvaise nous couvrait tantôt de paquets d'eau salée que l'équipage — un capitaine et un matelot — épuisait avec deux petits seaux de bois, tantôt d'embruns, au milieu desquels, le même équipage, assis l'un à la proue, l'autre au gouvernail, se lançait par-dessus nos corps, d'énormes miches de pain qu'ils dévoraient à belles dents.

Quand, entre deux nausées je me soulevais, cramponné au bordage pour regarder autour de nous, je ne voyais que d'énormes vagues, collines mouvantes, entre ou sur lesquelles notre caïque volait comme une flèche, toujours en danger, me semblait-il, d'être englouti. Puis la nuit était venue avec un redoublement de vent, de vitesse et de tumulte, au milieu de quoi je m'étais endormi, les nerfs brisés.

Je ressens encore le soulagement physique et moral que me causa, vers minuit, l'atterrissage forcé, et tout de même un peu brusque, au milieu de ténèbres opaques, sur la toute petite plage de Betsi, au pied de falaises que nous

ne voyions pas, contre lesquelles la mer se brisait avec un
fracas épouvantable et je croyais que nous allions être
écrasés. Je me vois halant avec les autres le caïque
sur le sable. Puis le feu de broussailles humides, sur lequel
Kostis, lamentable dans sa redingote noire mouillée, fait
bouillir le thé et cuire les pommes de terre sous une cendre
absente, le creux de la falaise où assis autour du feu notre
équipage terrifie Kostis en lui contant je ne sais quelles
histoires de Klephtes farouches.

Tout cela est bien loin déjà et mes souvenirs deviennent
confus. La vie marche trop vite : c'est merveille que les
récits des temps anciens soient arrivés jusqu'à nous. Ils
étaient, heureusement, gravés dans la mémoire des aèdes,
écrits sur le marbre, sur de l'argile durcie ensuite au feu. Mais
que restera-t-il dans deux mille ans de notre littérature,
qui n'a fait que glisser sur notre mémoire et qui n'est
gravée ou imprimée que sur de la pâte de bois ?

Ces réflexions m'ont conduit à Meletch, la seule baie
qui, du Charadrus au cap Anamour, coupe la haute falaise
du Platanistès. Débarqués sur des rochers à fleur d'eau
nous avons, en pataugeant gagné la plage où nous attendons
le convoi, à l'ombre (?) de quelques tamaris et d'un pin
élevé, le seul arbre de ce rivage.

Pendant que Dec ronfle je traverse, à pied sec ou peu s'en
faut, le potamos inconnu qui se jette dans la baie et je
parcours les ruines de sa rive gauche. Plus encore que ceux
de Néphéli ces débris sont des ruines de ruines. Disséminés
au hasard, des moëllons bruts disparaissent sous les jujubiers,
les myrthes, les tamaris, et bossellent le sable de la plage.
Pas une inscription, pas une pierre taillée.

Quelles gens vécurent là ? Quels intérêts les y retenaient ?
Nous croyons connaître l'histoire parce que nous avons pu
reconstituer celle de quelques conducteurs d'hommes, mais
nous ignorons tout des masses qu'ils dirigeaient, des vies
obscures qui, de près ou de loin, gravitaient autour d'eux.
Heureux ou malheureux, riches ou pauvres, les hommes

eurent de tous temps des vertus et des vices. Entre les murailles de ce triste village, les passions s'agitèrent aussi violentes, aussi impérieuses que dans le palais de Trajano-polis.

Qui nous révèlera jamais la psychologie, simple ou compliquée des âmes qui vécurent ici ? Le nom même de leur cité est oublié ! Le voilà, le néant des choses humaines ! Mieux qu'à la Trappe on en est frappé sur cette côte d'Asie Mineure où ce sont les pierres qui nous crient : « Frère, il faut mourir ». Et elles ajoutent :« A quoi bon la renommée ? Si tu en acquiers elle te survivra peu : ceux dont les noms traversent quelques siècles sont plus rares que les naufragés de l'Enéïde. Ne regarde donc pas ceux là, mais la troupe innombrable des oubliés, dont tu seras, et règle ta vie en conséquence.

Les cigales surexcitées par la chaleur nous assourdissent de leurs stridulations aigues. Dec réveillé proteste. Le chien Rousso hurle. Vassilaki lance inutilement, pour les faire taire, des pierres au chien et aux insectes. Les cigales sont si exaspérantes que nous songeons à incendier leurs abris. Mais les chevaux arrivent délassés par leur promenade haut le pied. Chargés ou sellés en un tourne main, ils nous emmènent d'un pas rapide au Nord vers la mine de Melecht où nous coucherons ce soir.

Nous nous égarons d'abord au fond de la vallée dans un lacis de sentiers à peine tracés qui s'élèvent dans la montagne et se perdent bientôt dans la brousse. Nous finissons cependant par rejoindre le bon, je veux dire celui qui un peu mieux tracé nous conduira, sans doute, à Melecht.

Des sangliers dont nous troublons la retraite passent en grognant sous le nez de nos chevaux qui se cabrent.

Un hameau, bien petit, désert. Puis une gorge étroite. Il fait maintenant nuit. La lune ne se lèvera que plus tard. A tâtons nous avançons sur une sorte de corniche entre, à gauche, une paroi verticale que frolent nos genoux et à droite une profondeur boisée dans laquelle plongent en

criant les merles que nous réveillons : de l'eau bruit au
fond. Mon cheval fait de la gymnastique, tantôt montant,
tantôt descendant sur des escaliers de pierre tellement raides
que je ne reste en selle qu'en me maintenant d'une main à la
crinière, de l'autre à la croupière.

Vassilaki nous précède : nous entendons dans la nuit
sa voix qui interpelle des gens invisibles : ils répondent.
Nous évoluons, toujours en forêt, sur une plateforme plus
large. Mon cheval s'arrête brusquement saisi au mors par
Panaïr. En même temps un éclat de pin flambe dans la nuit :
nous sommes contre un tchardack — sorte de plancher
élevé sur lequel les naturels passent la journée à l'ombre
et la nuit au frais. — Quelques centimètres de plus et je me
déchirais la figure contre l'extrémité raboteuse des planches.

Ce tchardack sur lequel nous allons coucher semble devoir
être le plus idéal des campements, j'allais dire des hôtels.
Le murier qui l'abrite de son feuillage épais nous servira
de toit, de chandelier et de porte-manteau. Toutefois l'accès
du tchardack est périlleux. On n'arrive à ses planches mal
jointes que par une échelle formée d'un tronc d'arbre trop
incliné entaillé de petites coches. Les néozélandais — je
crois — les Melechites qui leur empruntèrent cette échelle
primitive y montent pieds nus ; avec nos souliers ferrés
l'exercice est plus malaisé.

Les trois derniers habitants d'un keuy voisin sont couchés
sur le tchardack. Ils en descendent en hâte avec leur literie.
Mais voilà qu'ils reconnaissent Vassilaki : il a vécu quelques
jours chez eux l'an passé. Mal réveillés, graves, lents et bons
ces braves gens nous offrent tout ce qu'ils ont : des œufs
frais que nous faisons cuire à la coque dans notre thé et
des éclats de pin pour nous éclairer. L'un des villageois,
longue figure d'ascète à barbe pointue, reste auprès de nous
et nous rend, sans qu'on les lui demande, tous les petits
services qu'il peut, lentement et tristement, sans nous regarder. Les chrétiens, sans nul doute sont pour lui des objets
d'aversion. Il ne les hait peut-être pas, mais il les abomine.

Toutefois le Coran lui a appris ce que l'on doit aux Mouzafirs, musulmans ou non... Il obéit pieusement à l'esprit
et à la lettre de la loi, quelque dure que lui soit cette
obéissance ; nous en profitons sans en être plus fiers. Il est
plus de minuit quand nous nous couchons.

SAMEDI 13. — La nuit a été agitée. D'abord des chats
trop domestiques se sont introduits sournoisement dans nos
lits. Projetés dans l'espace par des bras courroucés ils nous
ont laissé leurs puces. Puis ce sont nos chevaux attachés
sous le tchardack qui ont livré bataille à une vache et à
deux mulets dont ils ont, semble-t-il, usurpé le logis. Enfin,
certains moustiques nous ont obligés à nous envelopper la
tête de foulards au risque d'étouffer.

Après la chaleur d'hier rien n'est plus agréable que la
promenade à pied de ce matin. Sous l'abri des pins nous
nous élevons vers une crête qui, détachée du chainon principal s'avance dans la vallée, apophyre de l'ossature calcaire
du Taurus.

A la cote de 540 mètres la couche de fer que nous venons
visiter affleure, formant une saillie déchiquetée. Le regard
la suit à l'Est et à l'Ouest sous la double paroi du cirque
où nous sommes. Des alternances de schistes satinés jaunes
et de calcaires durs constituent la masse de la montagne.
Le fer a formé au contact des schistes, une couche épaisse de
plusieurs mètres et continue, autant que l'on en peut juger
à première vue. Mais cette continuité est-elle réelle ? Et
l'épaisseur ? Quelques travaux méthodiques d'investigation,
d'ailleurs faciles, pourront seuls l'indiquer.

Partis ce matin à cinq heures, nous rentrons au campement à huit heures. Toilette complète, tub dans le ruisseau,
réparation des vêtements, revue des bagages, déjeuner, et à
dix heures en route pour Anamour guidés par l'ascète d'hier
soir, de plus en plus triste, jusqu'au sentier qui, sur le
flanc gauche de la gorge représente un futur Arabaïol. •

Les turcs ont un service des Ponts et chaussées à peu
près calqué sur le notre, donc excellent. Malheureusement

leurs ingénieurs doivent tracer et construire leurs routes, non là où elles seraient utiles mais seulement là où l'indique la fantaisie d'un vali. Or, chaque nouveau vali s'empresse, dès qu'il prend possession d'un vilayet d'abandonner les travaux commencés par son prédécesseur et de faire commencer une nouvelle route qui sera « son œuvre ». Et c'est pour cela que de Koniah à Mersine nous avons déjà rencontré et que nous rencontrerons encore des tronçons d'arabaïol partant d'un point quelconque de la brousse pour s'arrêter à un autre aussi quelconque que le premier. Chacun représentant l'amorce de la première section d'une route différente. Dans la pratique cette incohérence est un avantage : les fonds d'entretien des routes n'existant pas les arabaïols deviennent, avant même d'être terminés d'abominables fondrières, entrecoupées de tas, ou plutôt de collines de pierres qui devraient être, mais ne sont pas encore et ne seront jamais, concassées. Dans les plaines où on peut les éviter ces tronçons d'arabaïol se bornent à être ou inutiles ou gênants. Mais dans les montagnes où ils ont été superposés aux sentiers et où, souvent, la déclivité du terrain ne permet pas aux animaux de bât de passer à côté, ils deviennent des obstacles insurmontables qui obligent à de grands détours et rendent les communications plus longues et plus coûteuses.

De ce qui précède on peut conclure que le jour où le réseau des arabaïols serait complet, sur le versant méridional du Taurus, la circulation sera définitivement interrompue dans cette partie de l'Islam.

Heureusement pour les habitants, ce jour est encore bien éloigné.

Le cap Anamour, pointe la plus méridionale de l'Asie Mineure, est resté à notre droite. Une petite hauteur, à quelques cent mètres de nous, en masque l'extrémité que l'on devine proche. Devant nous, la plaine d'Anémurium s'étale, mi partie cultures, mi partie marais. Au milieu des herbages l'Arymagdus qui se cache sous le nom turc de

Derek Ondessi, se promène paresseusement, se contourne en méandres, s'éparpille en canaux, avont de se perdre dans les sables des plages.

Une lumière éblouissante tombe sur ce paysage immobile et silencieux dont elle efface les reliefs, supprime les ombres, fait disparaître les plans, unifie les teintes et donne à la plaine l'aspect plat et mort d'une vieille carte dont le temps a mangé les couleurs. De cet excès d'éclairage se dégage une tristesse infinie qui ne ressemble en rien aux tristesses spleenitiques des pays de brumes et de brouillards, mais qui est poignante parce qu'inattendue et qu'on ne se l'explique pas.

Mais ce n'est pas ici que nous pouvons analyser nos sensations : le temps nous manque. Il faut marcher. A mesure que nous nous approchons du bord oriental du plateau dominant la plaine, des détails d'abord invisibles se précisent et se détachent successivement sur le fond uniforme du tableau. Un gros village, Ortakeuy, apparaît d'abord, et paraît sortir du sol derrière un repli qui nous le cachait. Quelques palmiers lui donnent un air saharien en harmonie avec les montagnes ocreuses que nous foulons. A l'Est, quelques points blancs jalonnent la ligne indécise où la plaine se confond avec la mer qui la borde : c'est la civilisation qui se manifeste par la douane, la Marine, la Santé, accessoires indispensables du port d'Anamour, port qui n'existe plus d'ailleurs, les bateaux autres que les petits caïques évitant cette rade foraine où le moindre vent les jetterait à la côte. La Santé ! ce mot hurle, accolé à celui d'Anamour, le coin le plus malsain de cette malsaine province.

Au loin, tout au bout de la plaine, la ville turque, l'Anamour officiel, séjour des gendarmes, du Caïmacan, des perdepteurs d'impôts, de la gabelle, etc., lorsque ces fonctionnaires ne sont pas au yaïla, forme au pied des montagnes une large tache verte. Mais nous n'y sommes pas encore.

Les couches calcaires du cap plongent à l'Ouest. Elles présentent donc au voyageur qui descend vers l'Est, leur

tranche ruinée et couverte de pierres roulées et roulantes.
Je ne suis pas près d'oublier la dégringolade trop inclinée
— 500 mètres de hauteur sur 1 kilomètre de longueur —
qui nous lance, c'est le mot, sur Orta Keuy. Quand, arrivés
au bas, nous nous arrêtons, les chevaux tremblent sur leurs
jambes, les hommes sont hors d'haleine. Dec, rouge comme
un disque de chemin de fer, est tellement trempé de sueur
qu'il à l'air de sortir de l'eau. Il a fait la descente à pied,
préférant l'apoplexie possible à la culbute qu'il juge assurée.
Une divinité bienveillante a éloigné de lui l'une et l'autre.

Avec ses palmiers, cependant un peu chauves, dans des
jardins entourés de murs, ses maisons basses blanchies à
la chaux, Orta Keuy est une oasis à laquelle la maison de
l'Agha, sorte de Tchiflic à deux étages et à larges fenêtres,
ses vastes dépendances, le va-et-vient des serviteurs dans les
grandes cours, donnent un cachet spécial et bien turc.

Trois femmes lavent du linge dans une fontaine antique,
sous une voute étroite qui en protège la vasque ; deux sont
voilées, la troisième, très jeune encore, sans yachmak, est
tout à fait jolie, avec son fez rouge garni de sequins. Panaïr
et Xénophon engagent avec ces lavandières une conversation animée dans le but apparent de leur demander le chemin
d'Anamour, mais. en réalité pour leur débiter des plaisanteries salées dont elles s'esclaffent.

L'eau du ruisseau d'Orta-Keuy, claire et bruyante, donne
à nos bêtes, cheminant sur son lit de calcaire blanc, de
furieuses envies de baignade que nous ne pouvons satisfaire.
Des figuiers et de beaux orangers ombragent, sans y donner
de la fraîcheur, ce sentier trop arrosé. Nous le quittons
cependant à regret, pour retrouver le soleil dans la plaine
nue.

Mentionnerai-je la déconvenue de Dec qui, après nous
avoir entraîné loin des ponts que nous voyons au Nord et
sur lesquels nous devons traverser les deux bras boueux de
l'Arymagdus, nous enlise dans des marais, nous fait patau-
ger dans des cultures, et finalement nous ramène aux ponts

.et à l'arabaïol à peu près viable en cet endroit, — l'exception confirme la règle — après un steeple en règle dont les charges et les bêtes qui les portent se seraient fort bien passées. Coût : trois quarts d'heure de retard, et la perspectivu d'un accès de fièvre que nous n'aurions pas volé.

CHAPITRE X

D'ANAMOUR A TACH-UDJU

Le faubourg d'Anamour commence assez près des ponts. Une acequia y arrose des jardins où croissent en abondance les tomates, les carpous,. les pommes de terre et nos grands caladiums que l'on cultive ici comme légumes, m'a dit Vassilaki.

En cette saison malsaine, tout le monde est au yaïla : les fers de nos chevaux résonnent sur le pavé disjoint de la ville déserte. Fermé le Konac devant lequel nous passons, fermées ou vides les boutiques du bazar dont nous suivons la rue principale : de loin en loin un loqueteux rase les murs à l'ombre.

Sur une place ombragée de beaux platanes, les cigognes ont élu domicile. Elles ont fixé leurs nids, énormes verrues, aux grosses branches. Sur la plus haute, un vieux mâle, le bec dans son jabot, surveille d'un air rogue, la bande des jeunes, dont les uns piaillent dans les nids où ils font avec leurs becs un bruit de castagnettes ;les autres, gauches encore et l'air niais, s'essayent à sauter de branche en branche. Les femelles, revenant des marais, portant au bec le produit de leur pêche, décrivent en descendant de longues spirales.

La présence des mouzafirs ne trouble pas ce petit monde emplumé qui, toujours protégé par l'homme, fait presqu'automatiquement aujourd'hui, ce qu'il fera demain, ce qu'il faisait hier, ce que ses ancêtres faisaient avant lui. Pourquoi l'homme n'a-t-il pas imité la cigogne et vit-il aujourd'hui tout autrement que jadis ? Puisque son âme ou, si vous le préférez, ses passions sont restées les mêmes, ou peu s'en faut, pourquoi sa manière de vivre est-elle si différente ? C'est le progrès dit-on ? En est-on bien certain ? et l'homme est-il vraiment plus heureux ? je suis trop occupé à guider dans les ruelles étroites mon cheval qu'attirent toutes les portes ouvertes, pour réfléchir, avec toute l'attention qu'elles méritent, à ces anxieuses questions.

C'est notre Xénophon qui nous hospitalisera aujourd'hui. Il possède ici une grande maison en réparation et une petite fiancée qui, j'aime à le croire, n'en a pas encore besoin. La maison nous recevra, mais la fiancée, qui cependant l'habite avec sa famille, ne paraîtra pas ; les noces étant prochaines, les bienséances s'opposent à ce qu'elle parle à son promis, encore plus à ce qu'elle se montre à d'autres hommes. Mais nous verrons la future belle-mère, la vieille Marika, et la future belle-sœur, la petite Katalina.

Marika, authentiquement veuve, vieille pas trop, et suffisamment propre dans ses vêtements blancs, a conservé de beaux traits et une démarche de déesse. Katalina ou, peut-être Katarina — je n'ai pu consulter les textes — horrible petit pruneau de douze ans, se drape dans une robe violette et, sous une calotte rouge à sequins, secoue ses gros crins noirs séparés en nombreuses tresses qui tombent sur ses épaules avec la grâce de mèches de fouet.

Il est quatre heures au moment où, dans la cour, derrière sa maison, Xénophon nous tenant l'étrier, nous mettons pied à terre et recevons ensuite avec dignité, le salut de Marika et les grimaces de sa plus jeune fille. Des gamins, sortis on ne sait d'où, s'emparent de nos montures et les promènent sous les platanes, tandis que Xénophon qui se multiplie, fait chercher des branches feuillues et réquisitionne des gamins supplémentaires pour chasser les mouches qui harcèlent nos bêtes, fait remplir les musettes de paille hachée et d'orge et expédie des affidés au bacal pour réunir les éléments du festin qu'il fera préparer.

Une échelle trop branlante conduit au premier étage — que nous allons habiter — auquel il ne manque, pour être terminé, que les divisions intérieures, les portes, les fenêtres et le plafond. Tel qu'il est, cependant, avec ses dimensions de salle du Trône, c'est, pour nous, un palais.

Au fond, entre deux fenêtres, une fausse, gaine de cheminée, en minces planches de pin, peinte en gris et décorée de baguettes d'un joli dessin Louis XV, les volets intérieurs de même couleur et de même style qui, à défaut de croisées, bouchent à peu près quelques fenêtres, donnent à cette partie de la salle, l'air d'un appartement français du XVIIIe siècle. Les menuisiers locaux ont sans doute trouvé ces modèles d'ornementation à Constantinople, car, si mes souvenirs sont exacts, certaines fontaines de Stamboul et, au vieux sérail, des kiosques dans les jardins, des galeries et des salons dans les palais, sont décorés dans un joli style Louis XV à peine modifié dans le goût oriental.

Les bagages empilés, séparent nos lits — épais tapis allongés de chaque côté de la cheminée — de la partie de la salle réservée à nos hommes et, comble de confortable, un échafaudage extérieur garni d'un dénecké plein d'eau et d'un grand bassin de laiton, sert de cabinet de toilette. Nous en usons aussitôt.

Une demi-heure après, rasé de frais, propre relativement, le voile correctement enroulé sur le chapeau :

— Et maintenant, si nous allions voir les ruines d'Anemurium, dis-je à Dec...

— Vous n'y pensez pas, mon ami... — Voir la suite à la page...

A mi chemin de la dégringolade de tantôt, il nous aurait suffi de tourner au sud, à niveau, sur un kilomètre, pour contourner le mamelon qui nous la cachait et arriver aux ruines de l'antique Anemurium. Dec la visita, il y a deux ans ; il y a vu les débris de grands faubourgs, de longs aqueducs, quelques sarcophages, les restes d'un théâtre, d'un temple et d'un autre bâtiment ; puis, sur l'extrémité même du cap, un fort entouré de murailles assez hautes, flanquées de tours. C'est entre cette acropole et un second mur encore visible au Nord du théâtre, que s'élevait la ville proprement dite, dont il ne reste que des moellons.

Heureux des renseignements que me donne Dec, je regrette

moins d'être passé, sans les voir, à deux pas des débris de
la ville la plus importante de la Trachélide ; et même, après
réflexion, je remercie mon camarade qui m'a évité la fatigue
de cette halte archéologique ; il a visité ces ruines, il me les
décrit ; pourquoi perdrais-je notre temps à aller les voir ?

Le café de la ville haute où nous allons flaner, est plutôt
une halle ouverte à tous les vents, et perchée sur une terrasse
qui domine la ville basse, la plaine, et plus loin, la mer. Au
milieu des marécages aux joncs verts, sous lesquels miroite
par places, une eau épaisse et puante, se détachent, taches
jaunâtres, des cultures, des chaumes de plus en plus rares,
à mesure que l'on se rapproche de la mer. Est-ce bien la
mer, cette immensité grisâtre, plate, immobile, sans reflets,
qui se perd à l'horizon et qui commence au-delà d'une bande
brillante, plage de sable, sans doute, où s'arrête la nappe
verte des marais et sur laquelle sont posées, — petits bibelots sur une étagère — quelques maisons blanches, rendues
petites par l'éloignement.

Tout, autour de nous, est immobile et mort ; personne
dans le marais, sur les cultures, sur la plage lointaine. Sur
la mer, pas une voile, pas un caïque. La ville haute, où nous
sommes, la ville basse, sous nos pieds, sont, elles aussi,
ou paraissent inhabitées ? Tout, ici comme là-bas, semble-
rait mort, sans les cris des gamins qui promènent encore
nos chevaux, et ceux des cigognes tournoyant au-dessus de
la place.

Anamour est le coin le plus chaud et le plus insalubre de
la Caramanie. Ce soir, quoiqu'il n'y ait pas encore le plus
petit nuage au ciel, l'air est lourd comme avant un orage
et tellement saturé d'humidité, que l'imbat ne peut vaporiser
la sueur qui nous inonde. De la plaine monte l'odeur fétide
des marais, ajoutant les dangers du paludisme à l'insalubrité
d'une température de serre chaude. Il n'y a ici que des
fonctionnaires disgraciés, quelques natifs vaccinés ou à peu
près, par l'accoutumance, et d'ailleurs fatalistes comme tous
les vrais croyants, quelques grecs et les pauvres hères qui,

en Asie comme ailleurs, traînent leur misère où ils peuvent, sans s'inquiéter du climat. A ce noyau s'est ajoutée depuis quelques temps, la tribu des soi-disant réfugiés Crétois, et ces derniers suffiraient amplement à rendre la ville inhabitable. Je n'insiste pas, ne voulant pas répéter ici ce que j'ai dit des Circassiens dont les Crétois sont la monnaie.

Pendant que nous prenons le mastic classique en compagnie d'un bacalis en chapeau melon qui, nous ne saurons jamais pourquoi, s'est accolé à nous, deux notables, et un capitaine en uniforme rapé, fument silencieusement, assis devant une table voisine. Le capitaine vient nous saluer en un français suffisant ; il a connu Vassilaki à Alaya où il est souvent appelé par son service. Il s'installe, on cause, et voici que se soulève devant moi un coin du voile qui cache l'infinie misère de la vieille turquie. Le brave homme, — Algérien d'origine, car son père appartenait à une tribu de la province d'Oran, est venu très jeune à Stamboul. Capitaine après de longues années de service, marié, chargé de marmaille, il s'est fatigué de traîner sa smalah de garnison en garnison et a cru bien faire en demandant à entrer dans la réserve. On l'a envoyé ici, en qualité de major d'un régiment de Rédifs, avec une solde mensuelle de quatre livres turques, soit 96 francs, sans aucune prestation en nature, pas même le droit à un soldat d'ordonnance. Bien mieux, il doit acheter et nourrir son cheval s'il ne veut pas aller à pied, et son service l'appelle d'Alaya à Selefkia, soit 100 kilomètres à vol d'oiseau et près de 300 par la côte qui, seule est praticable. Si encore, on le payait régulièrement ! On lui doit plus de deux mois de solde.

Il nous dit cela, le pauvre major, tout heureux de conter ses misères et de les conter en français à des Français de France, sans amertume d'ailleurs et comme choses désagréables, mais naturelles et même nécessaires. Il se console de sa misère en fainéantant tous les jours et en se pochardant toutes les fois qu'il en trouve l'occasion. Notre arrivée lui en fournit une qu'il ne veut pas laisser échapper.

N'ayant aucune raison de l'imiter, nous nous sauvons après force poignées de main, sans attendre l'arrivée d'une bouteille de cognac de Rhodes que le bacalis est allé acheter à nos frais, et nous laissons le major pleurant d'un œil un départ qui interrompt ses exercices de langue française et riant de l'autre à l'idée de se souler à son aise, gratis, loin de nos regards peut-être moqueurs. Nous entendrons très tard, de notre chambre Louis XV, ses chants bachiques retentir dans la nuit, et de la terrasse du café, tomber sur la ville basse comme la prière d'un muezzin.

Chez Xénophon, la Marika est affairée dans un petit hanger qui sert de cuisine : des odeurs onctueuses s'en échappent, Le repas, servi sur le plateau de cuivre, est moins recherché ; moins compliqué, mais combien plus soigné, plus fin que celui de Pilaouen. — Il n'y a que les femmes pour faire de la bonne cuisine, et Mme Moukharem a des moustaches. — Un seul plat le compose, le pilaf, surmonté d'une poule bouillie ; mais quel pilaf ! mais quelle poule ! Et aussi quelle émotion poignante, lorsque, par la fenêtre, nous voyons Marika, chargée de la précieuse provende, s'aventurer sur l'échelle branlante, dont ses deux mains, qui portent le plateau, ne peuvent saisir les montants !

Nos tapis bien saupoudrés de poudre de pyrèthre et, la lampe éteinte, nous nous étendons en vrais pachas éreintés. Nos hommes en font autant à l'autre extrémité de la longue salle. Entr'eux et nous, Marika et Katalina s'enroulent dans des toiles, tandis que Xénophon, couché près d'elles, leur parle longtemps à voix basse.

DIMANCHE 14. — Le carillon bruyant des cloches orthodoxes nous a réveillés avant le jour. C'est aujourd'hui dimanche et les grecs sont nombreux ici. Les grecques, encore plus je crois. Nous les avons vues hier, criardes et sales, la tête couverte d'un foulard d'où s'échappent leurs longues tresses crasseuses, aller à la fontaine ou, groupées au seuil des portes, bavarder au soleil.

Nous avons mal dormi dans notre hall, tant la chaleur y

était étouffante malgré les deux portes et les huit fenêtres
ouvertes. Aussi sommes nous debout avant la Marika. La
brave femme à peine levée nous a fait chauffer du lait
exquis. Une vache familière — hier, arrêtée au pied de
l'échelle, tantôt elle nous menaçait de ses cornes, tantôt
elle quémandait un morceau de paximat — nous vaut ce
régal.

A quatre heures, les chevaux bien gavés d'orge et un
souvenir sonnant de notre. passage laissé aux mains de
Catalina, nous prenons congé des deux femmes après les
souhaits et les baise mains ; et nous voici de nouveau
en route.

A l'Est, mais très loin des maussades bâtisses modernes
qui constituent l'Echelle d'Anamour, une vieille forteresse
élève la masse imposante de ses murailles blanches sur une
roche basse, baignée par la mer. Un fleuve nous en sépare'
que nous traversons à gué non loin de son embouchure.
Il coule à pleins bords, large, clair, rapide et profond sur
un lit de sable fin, entre des buissons de saules.

Il faut suivre la grève et contourner quelques petits champs
d'orge pour atteindre le château d'Anamour. Une inscription en beaux caractères arabes taillés en demi-relief sur
une plaque de marbre blanc, surmonte la porte ogivale qui
s'ouvre au-delà d'un fossé en partie comblé. Ce n'est pas
sans danger qu'en passant, la porte une fois franchie, sous
une voûte en train de s'écrouler nous arrivons à ce qui fut
jadis une immense cour intérieure, broussaille aujourd'hui,
presque forêt.

Le bruit assourdi de la vague, frappant la roche derrière
les murailles trouble seul le silence de ce château ou dort,
peut-être une princesse enchantée, comme celle du bon
Perrault, et sûrement un passé si lointain qu'on n'en peut
même réveiller le souvenir.

Nous nous avançons impressionnés par le contraste entre
ce silence de nécropole et ces ruines toujours blanches et
nettes, blessées par place mais nulle part décrépites. Le

soleil qui règne ici en maître a-t-il garanti ce colosse de pierre des morsures du temps, ou se borne-t-il à masquer sous la force et la magie de ses rayons les rides et les tares de la vieillesse ? Un fouillis d'arbustes cache le bas de la muraille restée toute intacte avec ses chemins de ronde, ses créneaux, ses tours, ses casemates à l'aspect de cloîtres. Vers l'angle Sud-Est une double muraille défend un donjon, sorte de tour d'ivoire, à laquelle la mer sert de fossé.

Quels peuples construisirent cette forteresse ? Les Turcs n'ont jamais, je crois, élevé en Asie mineure de constructions militaires aussi solides. Les Croisés, peut-être, ou plus tard les Vénitiens ? Les chevaliers de Rhodes ? Ni les uns, ni les autres, mais les Génies : Eux seuls, comme nous l'expliquera tout à l'heure un berger que nous trouverons dans la plaine, eux seuls, ont pu entasser d'aussi puissants blocs de pierre, les assembler aussi exactement, et conserver à ces murs leur éclatante blancheur.

Derrière un bouquet de hauts platanes poussés au bord de grandes citernes, une mosquée, blanche comme les murs, montre son dôme crevé et son minaret décapité. De construction relativement récente, elle est abandonnée comme tout le reste. Les Turcs ont campé là pendant des siècles. Ils n'ont rien détruit, ni rien conservé et, avec leur fatalisme ordinaire, ils ont laissé le temps faire son œuvre. Mais le temps a respecté les ruines, comme il a respecté le long sommeil, dans lequel ils se sont endormis, qui les achemine lentement vers la mort. Mektoub ! C'était écrit !

Si nous en avions le loisir, peut-être en parcourant ce cadavre de pierre, trouverions nous la caractéristique de ceux qui, génies ou simples mortels, construisirent jadis le château d'Anamour. Mais depuis plus d'un quart d'heure notre présence importune les pigeons bleus dont la troupe tourne à grand bruit d'ailes au-dessus de nos têtes, attendant notre départ pour regagner ses nids. Ne les troublons pas plus longtemps : d'ailleurs le temps fuit, irréparable.

Au pied des montagnes qui limitent la plaine, le Tchiflic

de Fénam-Pacha montre son enceinte blanche. A côté, mais masquée par une pointe rocheuse, se trouvent, sur la mer, l'Echelle de Bodgiazé-Keuy et les ruines d'Arsinoë.

Un torrent encaissé et rapide passe à quelque distance du Tchiflic sous un pont ancien à deux arches inégales : cette côte cilicienne aride, déserte, inculte faute d'humus sur son ossature calcaire est merveilleusement arrosée. Les eaux y jaillissent de tous les côtés amenées souterrainement des hauteurs où tombe la neige, par les fissures de la roche et y forment des fleuves qui se jettent dans la mer après un cours de quelques lieues.

Sur la rive gauche ombragée de figuiers, la fraicheur d'une sorte de jardin d'orangers nous attire. Un jeune turc élégamment vêtu mange des figues perché sur les arbres au-dessus du cours d'eau. Il ne nous répond pas quand nous lui en demandons le nom. Même silence quand nous le prions de nous donner ou de nous vendre des figues. Le tenant pour muet nous faisons, à sa grande stupéfaction, cueillir par Phocas les fruits que nous désirons et, désaltérés par l'eau opaline mais très fraiche du Tchaï, nous continuons notre route.

En file indienne, sous le soleil, conduits par Panaïr vers une source qu'il connait, nous avançons dans de maigres cultures. Des brins de chaume clairsemés, tels des poils sur le dos d'un chien galeux indiquent qu'on vient de moissonner l'orge. Une fillette demi-nue sort d'un buisson. Est-ce la nymphe de la source ? peut-être. Dans ce cas, il suffit de la regarder pour être assuré que, gardienne fidèle de ce trésor, elle n'en distrait pas la moindre goutte pour ses ablutions.

Un jeune paysan défiguré par la variole, diaboliquement sale, couché près de la source, sous les saules, propose de nous vendre des figues et, sur notre réponse affirmative disparait dans un enclos voisin. Des arbres et les toits d'un konac dépassent les murs de terre battue. Nous entrons, cherchant un peu d'ombre dans une première cour que termine un couloir en labyrinthe, entre deux murs. Curieux nous nous y engageons et nous voici, un dernier coude dépassé, dans un verger encombré de fumier et de détritus sous une forêt d'herbes folles, mais ombragé d'orangers et de figuiers superbes. Une troupe de femmes y prennent leurs ébats, les unes assises ou couchées sur le sol, les autres groupées au pied d'un figuier, les unes et les autres occupées à manger les fruits que, perché sur les hautes branches, leur jette notre paysan de tout à l'heure.

Toutes ces femmes couvertes de loques autrefois élégantes sont trop haves, trop hirsutes et trop sales pour qu'on puisse deviner si, avant la variole ancienne et les chancres en plein travail qui les défigurent, elles ont été belles.

Une d'elle nous a aperçus : aussitôt avec des cris de pintades effrayées ces dames se sauvent, pendant que, du haut de son arbre le paysan vocifère à notre adresse des injonctions que son geste complète.

Nous nous replions jusqu'à la première cour. Un grand vieillard nous y accueille avec force saluts, aussi sale que les autres habitants du lieu, mais très distingué sous ses haillons malgré les paupières rongées et la plaie vive qui remplace le nez.

Il est, nous dit-il, l'agha du pays. Depuis des années miné par la... fièvre il n'a pas quitté ce tchiflic où il habite avec ses trois fils — notre paysan en est le plus jeune — qui ont chacun cinq femmes ou concubines. Avec les siennes, cela forme un total de vingt femmes dont nous venons de voir, dans le verger, le troupeau avarié. Un nombre indéterminé et d'ailleurs variable d'enfants est né de ces unions multiples : très peu d'entr'eux ont pu dépasser l'état larvaire.

Après ces premières confidences l'agha, encouragé par notre silence compatissant, nous avoue non sans mélancolie que fils, femmes et petits enfants sont atteints de la même... fièvre que lui. Nous nous en étions aperçus.

Au moment où, nos figues payées, nous prenons congé, l'imbat nous apporte, avec les gloussements des femmes l'odeur infecte qui s'élève du verger. Et jetant nos figues avec dégoût, nous nous éloignons en hâte de cette oasis singulière où protégée à la fois par l'insouciance, le fatalisme musulman, la paresse et la saleté, la syphilis évolue en liberté sur trois générations d'Osmanlis. Ce n'est pas une exception. La cruelle maladie ravage l'Asie mineure. Le gouvernement s'en préoccupe : l'année dernière, à Inébali, sur la mer Noire, j'ai rencontré un médecin d'origine Bulgare, envoyé spécialement pour la combattre et l'enrayer. Il faudrait connaître bien peu la médecine officielle turque pour croire à l'efficacité de la mesure. Je dois cependant ajouter que ce médecin ayant fait ses études médicales quelque part en Europe, joue au poker comme un grec et au bridge comme un général en retraite.

Sur la mer, que nous entrevoyons en quittant le Tchiflic, le petit vapeur de la Compagnie Pantaléon, en route pour Alaya et Rhodes, allonge son long panache de fumée. Derrière lui, au Sud-Est, les hautes montagnes de Chypre se dessinent en silhouette bleu foncé entre le bleu vert de l'eau et le bleu du ciel. Que ne va-t-il vers l'Est ? Avec des signaux nous aurions pu l'arrêter — ces caboteurs grecs, omnibus de la mer Ionienne et de l'Archipel, stoppent partout au gré du voyageur qui les appelle — et en vingt quatre heures nous aurions atteint Mersine. Mais, me direz-vous, et les mines que vous devez visiter ? C'est vrai, je les avais oubliées.

Je renonce à peindre la désolation du paysage que nous parcourons. Croupes pierreuses, vallées arides, forêts de pins d'Alep clairsemés où la chaleur est telle que les cigales elles-mêmes n'y peuvent vivre. Vers une heure nous déjeunons auprès d'une petite source, à mi-côte, ombragée par une unique cépée de platanes. Sa verdure claire nous l'avait indiquée à un moment où, dans la vallée brûlante le souvenir d'Agar et du petit Ismaël, commençait à se présenter, fâcheux à notre esprit.

Comme si la nature ne suffisait pas pour jeter sur cette inhospitalière région, un voile de tristesse infinie, l'homme dont rien autre chose n'indique la présence, l'a couvert d'une multitude de petits mézarlics. Rien de lugubre comme ces cimetières abandonnés : quelques stèles de pierre brute, penchées ou étendues sur le sol, des tertres de terre, des tas de cailloux jetés au hasard, différencient seuls ces champs de repos du reste de la forêt. Pourquoi sont-ils aussi nombreux alors qu'il n'y a pas de villages dans ce désert ? La fièvre sans doute a dépeuplé ceux-ci au profit de ceux-là, les derniers survivants ont émigré et le temps, maintenant, se charge seul de faire disparaître jusqu'aux derniers vestiges de la présence des uns et des autres.

Nous cheminons toujours sous un soleil de plomb : mes idées deviennent un peu confuses. Dans un demi sommeil je revois la mer, une goëlette qui se balance assez près du rivage. Puis les marais de Coché et deux bras d'un potamos qu'il faut traverser, une file de chameaux apportant des charges de bois que l'on empile sur la plage, les cris des trop nombreux chameliers aux allures de brigands qui nous incitent à camper là pour passer la nuit sous leur sauvegarde, les refus de nos gens qui mettent leurs bêtes aux allures vives pour nous éloigner au plus tôt de ces personnages bibliques et ne pas les induire en tentation.

Vers le soir, après de vivifiantes ablutions dans une belle source au pied de la montagne qui forme le cap Kizliman, nous nous réveillons tout à fait et nous prenons les devants, Dec et moi, pour reconnaître, aux dernières clartés du jour, la source où nous devons camper. Le sentier, bien tracé, s'élève tantôt sur des roches nues, tantôt sous le couvert de grands pins s'élançant d'un épais sous bois.

Nous nous arrêtons pour laisser souffler nos chevaux sur une arête nue, probablement celle qui se prolonge à notre droite jusqu'à l'extrémité du cap. Le panorama que nous découvrons est merveilleux. La mer, sous nos pieds, miroite, violette et moirée ; au-delà, tout au fond de l'horizon, les montagnes de Chypre paraissent rapprochées. Dans l'air calme et pur on distingue les plans successifs de leur masse

noire, estompée par des buées, et tout à fait à l'Ouest, se
confondant avec le gris du ciel. A gauche, contre nous le
Taurus s'élève, presque subitement, caché jusque là par
les basses collines de sa base. Ses chainons s'étagent, gigantesque amphithéâtre couvert de forêts, dont aucun brouillard,
aucune vapeur ne troublent la netteté. De légers nuages
dorés venant de l'Ouest, passent très haut sur nos têtes,
chassés par la brise, se violacent, puis s'éteignent et disparaissent dans l'ombre obscure des montagnes.

Il est huit heures et demie quand après une interminable
descente à tâtons, sous bois, par un bon sentier nous arrivons
au lieu où nous voulons camper.

La source qui nous attire et qui a donné son nom au site,
Séouk-Sou, source fraîche, jaillit, abondante, de la roche,
à quelques mètres de la mer, dans une petite vallée qu'entoure une falaise. Des chênes verts et des caroubiers, au
pied de la falaise, nous fourniront une alcove, abritée du
melten par des ruines que nous entrevoyons, cachées sous
des figuiers.

Un grand feu bien clair, pétille depuis longtemps, quand,
à près de dix heures, le convoi arrive. Le souper, ce soir, est
presqu'un festin, grâce au carpous, précieux présent de
Marika. Nous dressons nos lits contre la roche, sous les
chênes verts. Dec, très ingénieux, improvise au-dessus de
nos têtes, une tente avec nos draps inutiles. Les chevaux
attachés aux figuiers et nos hommes étendus à côté, nous
nous endormons à minuit.

LUNDI 15. — Nous avons fait la grasse matinée. Levés
à 5 heures, nous ne sommes partis qu'à sept. Deux heures
sont nécessaires chaque matin pour étriller les chevaux,
leur donner la provende, préparer et boire le thé, replier
les lits et les ustensiles, seller les chevaux, bâter et charger
les mules. Nos hommes exécutent automatiquement ces diverses opérations pendant, qu'ablutions faites, je flane en
complétant les notes de la veille.

Ce petit coin de Séouk-Sou est riant et gai le matin. Les

ruines frustes des entrepôts ou des boutiques alvéolées qui furent autrefois le lieu dit Melania, de Strabon, s'élèvent, dorées par le soleil, au-dessus du taillis des chênes verts. Sous un gourbi de branches sèches, une famille de paysans, d'lourouks probablement, vaque aux soins du ménage. Hier soir, un gamin, nu comme un ver, s'est approché de nous, a d'abord promené nos chevaux, est ensuite allé chercher de l'eau, et ayant reçu quelques paras, s'est enfui, sans doute pour les déposer en lieu sûr, faute de poche où les mettre.

Des deux côtés, la falaise meublée de pins, encaisse la petite vallée, triangle aigu que la mer limite à la base, et dont le sommet marque l'entrée d'un défilé sauvage qui s'élève en escalier vers les hautes cimes.

Hier, pendant la dernière heure de notre course trop rapide, nous sommes passés, sans les voir, nous dit Vassilaki, tout proche de nombreux sarcophages disséminés sous les pins et reliés à d'autres ruines plus importantes près de la mer. Elles nous ont échappé, comme tant d'autres nous échapperont encore d'ici à Mersine. Je m'en réjouis presque. Les eussions nous aperçues, nous ne nous serions pas arrêtés. Le résultat eut été le même, avec le regret en plus.

Un grand pont d'une seule arche, hardi, élevé et étroit, franchit, à l'orée de la gorge, le torrent qui s'en échappe à grand bruit, et met en mouvement une roue à aubes, aux armatures légères, accotée d'une novia. Au delà du pont, le sentier s'élève, taillé en corniche sur le flanc vertical de la falaise, encore abrité du soleil et rafraichi par le courant d'air de la gorge. Nous nous imbibons de cette fraîcheur qu'au premier détour le soleil volatilisera.

Un employé supérieur de la Régie ou de la Douane, vêtu de blanc et très galonné, venant sans doute d'Anamour, nous dépasse au sortir de la vallée. Un amble rapide le secoue sur la haute selle bardée de coussins dans lesquels il s'enfonce. Ses pieds chaussés de bas blancs dans des savates, reposent sur des étriers de fer blanc, grandes boîtes en forme de croissant. Long, maigre, sec, débonnaire par son parapluie, le foulard qui protège sa nuque et la barbe courte qui couvre ses joues, martial par ses longues moustaches, ses galons et le long tuyau de pipe passé dans sa ceinture comme un poignard, ce dernier venu, mi-partie tabellion, mi-partie bachi-bouzouk, met sa bête au pas dès qu'il a pris un peu d'avance. Après quoi, il assujettit sur son nez des bésicles géantes, ouvre son parapluie qui se trouve être une ombrelle doublée de vert, et sort de sa ceinture un cahier ou un livre qu'il lit attentivement. Un sovari le suit, hissé sur une montagne de tapis et de matelas, ficelés sur le dos d'une petite mule, montagne au haut de laquelle il se tient en équilibre, les pieds nus, son long fusil posé en travers, lui servant de balancier.

Ces deux silhouettes falottes représentent bien la Turquie actuelle, militaire au besoin, mais plutôt et surtout pape-rassière, chicanière et plus confiante dans la plume de ses diplomates que dans le sabre ébréché de Mahomet II.

Kilindria, la Celenderis des anciens, étale coquettement ses maisons blanches au fond d'une baie profonde que termine un double port. Un promontoire élevé, couronné des ruines d'un vieux fort et d'une tour hexagonale, sémaphore, peut-être, domine la baie. Au large, une flotille de barques de pêche attend le vent pour rentrer au mouillage.

Il est huit heures quand, après avoir longé les ruines d'un aqueduc, suivi des rues étroites, effrayé des chameaux, fait fuir des femmes réunies autour d'une fontaine, nous mettons pied à terre au fond du port, sur une petite place, à égale distance du Khan où nos bêtes vont se reposer, du Café Smyrne, où nous trouverons la nourriture du corps, et du bureau des Douanes, dans l'ombre duquel la conversation des notables assis autour de petites tables, nous donnera la nourriture de l'esprit.

Je pense encore avec sensualité à la jouissance calme et subtile que je goutai là, pendant que, très affairé, Panaïr, dans ses culottes trop larges, avec une démarche d'oie grasse, faisait ferrer les chevaux, achetait de la corde, des clous, du sucre, de l'orge, du paximat, du pain d'emballage (1), et, par surcroît, quelques vieilles monnaies qu'il nous apportait, ravi.

Tout contre nous, la mer, par petites vagues régulières, couvrait d'écume blanche, irisée par le soleil, les restes d'une digue affaissée. Des enfants nus, couraient dans l'eau peu profonde, se poussaient ou nageaient avec de grands cris. Deux vieux, enturbannés, accroupis sur une roche à l'abri de la vague, immobiles, les mains aux genoux, les yeux fixés sur le large, ne pensant à rien, vivaient, satisfaits de l'heure présente. Sur la porte d'une maison, un gros turc, richement vêtu, une énorme clef à la main, donnait des instructions à deux jeunes commis, avant de disparaître dans l'ombre d'un entrepôt. Les larges galeries, couvertes des cafés où, passé midi, les hommes se réuniront pour faire leur kief, s'avançaient en encorbellement au-dessus du flot.

Le Turc a le génie et, qui sait ? le besoin de ce repos dans le rêve né de sa nature contemplative autant que de la température amolissante du pays ; il sait trouver partout, dans les coins les plus perdus de la montagne, sur la côte la plus aride l'endroit propice au kief et l'aménager à cet usace. Nous l'avons vu à Pilaouen, à Indjan Keuy, sous le murier de Guneï. Nous le verrons encore partout.

Le soleil déjà haut jetait sur ce décor des flots de lumière. Le regard ne pouvant s'arrêter sur les détails trop éclairés, errait sur l'ensemble du paysage dont il ne percevait que les lignes générales simples et pures, et la teinte chaude d'or fauve flottant dans l'atmosphère et sur le bleu glauque de la mer.

---

(1) Sorte de crêpe très grossière faite avec de la farine de sarrazin délayée dans de l'eau et très incomplètement cuite sur une tôle mince. Ce pain grossier, qui a l'aspect et la consistance du carton avec lequel on fait les emballages et les paquets, est le plus indigeste des aliments. Les pauvres n'en ont cependant pas d'autre.

Les notables, fonctionnaires et bourgeois assis à l'ombre de la Douane, sont polis, causeurs et bienveillants : quelques uns parlent grec. Pendant que je me régale de lait aussi parfumé que chaud, apporté du café « Smyrne » ces braves gens nous documentent : un des deux ports de Célenderis, celui de l'Ouest est ensablé. L'autre s'ensable. Les pêcheurs d'éponges qui s'y ravitaillent et les goëlettes qui viennent y charger l'orge, le sésame et la vallonée, ne pouvant, faute de fond ,arriver au quai, mouillent dans la baie qui, bien protégée est assez sûre pour les bateaux d'un faible tirant d'eau. Le gouvernement a promis de faire draguer le port. C'est nécessaire car Kilindria se développe. Sans être redevenue l'emporium où s'approvisionnaient les trirèmes de Cléopâtre, elle allonge, entre la mer et la montagne ses maisons qui bientôt — inch'Allah — entoureront la baie. Le commis de la Régie le croit, le receveur de la Douane l'affirme et nous approuvons.

A la sortie de la ville, un tombeau qu'on pourrait prendre, sans ses dimensions exigues pour un arc de triomphe ou une porte de ville : c'est le premier monument à peu près en bon état que nous voyons.

Dans une longue plaine rocailleuse et inculte, sous les caroubiers, de grands gaillards dorment allongés sur le sol, dans leurs robes de chambre claires. Si j'en crois Vassilaki ces gens seraient si paresseux qu'ils resteraient couchés là, jusqu'à ce que les caroubes dont ils se nourrissent, muries au-dessus de leurs têtes, leur tombent dans la bouche. Ce grec exagère. Ils n'en demandent pas tant et attendent seulement qu'elles tombent.

Nous voici de nouveau au pied des montagnes ; elles sont ici de plus en plus arides et nues. Les forêts s'il y en a restent cachées au fond des vallées et des gorges. La prédominance des roches dures et la rareté des marnes ou des argiles tendres ont, au grand préjudice des jambes des chevaux et des souliers des voyageurs préservé l'ensemble de la chaine Taurique de l'usure fâcheuse qui transforme amoindrit et tend à faire disparaître les monts moins favorisés. Le Taurus est encore aujourd'hui tel qu'il était jadis et Xénophon — je parle de celui d'Anamour — monté sur l'âne de sa fiancée guide notre moderne caravane dans les vallées et sur les mêmes pentes, présentant le même relief qu'à l'époque où Alexandre-le-Grand les parcourait jadis à la tête de sa phalange.

Justement enorgueillis par cette assurance, nous nous engageons dans une gorge étroite. Très haut sur son versant droit, dominant la forêt qui s'arrête à ses pieds un vieux château étale au soleil le fouillis de ses murs crénelés, de ses tours, de ses donjons. Nul autre qu'un architecte militaire Franc n'a pu percher là-haut ce logis de féerie que l'on croirait sorti de l'imagination d'un Gustave Doré.

Où allons-nous? Où camperons-nous ce soir? Depuis plusieurs jours j'ai cessé de poser à Dec ces questions auxquelles il ne faisait que des réponses vagues. Ce sont des mystères que les heures en s'écoulant éclaircissent l'un après l'autre. La philosophie que j'ai acquise à mes dépens, au cours d'une existence déjà longue et qui remplace celle dont les fées, à ma naissance, avaient oublié de me doter, la philosophie, dis-je, m'a montré les avantages de l'ignorance du « tout à l'heure » qui, me délivrant des soucis et des préoccupations, me laisse jouir du présent. Dec, en m'imposant cette ignorance a imité la prudence des Dieux. Je regrette qu'il n'imite pas leur sagesse en augmentant le nombre de nos étapes pour en diminuer la longueur. Ulysse mit dix ans pour revenir de Troie à Ithaque. Il est vrai que son voyage remonte à une époque assez reculée et qu'il l'agrémenta de haltes prolongées, sur la nécessité et la nature desquelles il vaut mieux ne pas insister. Mais bien plus près de nous, à la fin du XVIIIᵉ siècle, Minerve qui était une Déesse et même une Déesse sage, ayant pris pour voyager incognito les traits de Mentor mit si j'en crois Fénelon, je ne sais combien d'années pour conduire le jeune fils du même Ulysse, de l'ile de Calypso située, comme chacun sait, non loin des

côtes de la Calabre, à la même île d'Ithaque. Ce sont là des
exemples, je pense. Que ne les imitons-nous pas ?

Par une gorge encaissée nous atteignons vers midi — à
la cote de 320 mètres — un col pelé sur lequel s'accrochent
des pins contournés. Devant nous le Papadoulas étale ses
eaux lentes dans un lit semé de bouquets de lauriers roses.
Une barre assez large ferme son embouchure. Mais ses
eaux chargées d'argile traversent cet obstacle sans s'y clari-
fier complètement et prolongeant leur cours dans la mer
calme y laissant une trace laiteuse plus large et moins
distincte en s'éloignant de la rive. Une ile, rocher blanc,
s'élève à l'Est de l'embouchure.

Notre halte sous les lauriers chauves du Papadoulas fut
une des plus maussades du voyage. L'eau du fleuve était
boueuse et chaude ; le thé, bouilli sur un feu de racines
vertes, sentait la fumée et l'ombre des lauriers, trop courte,
n'abritait pas nos têtes : l'insolation nous guettait, ou tout
au moins la fièvre.

Le sentier tracé dans la falaise au-delà de la plage du
Papadoulas domine, à pic, la mer, de plus de cent mètres.
Je ne conseille pas aux gens sujets au vertige de s'y aventurer.
Heureusement mon cheval est sûr. Mais, nous voici arrêtés :
un éboulis tout récent a emporté le sentier. Il faut descendre
sur un chaos de blocs multicolores jusqu'à une grève si
étroite que, par places la mer baigne les jambes de nos
montures. Par un gros temps nous ne passerions pas.

L'éboulement tourné nous remontons, grâce à des miracles
de gymnastique, sur la falaise, où nous arrivons, bêtes et gens,
exténués. Nous sommes sur un cap ruiné dominant la baie
d'ouvadjic. Là s'élevait l'ancienne Holmi. Elle disparut, abandonnée par ses habitants qui, non loin d'ici, sur le Calycadnus
construisirent et peuplèrent Séleucie. En parcourant les tas
de moëllons qui représentent la côte disparue, nous pouvons
voir dans son ensemble le passage que nous venons de
franchir : la falaise, en arrière de nous se dresse, rouge en
haut, polychrome au pied, horrible partout sous des teintes

sanglantes ou morbides, et les éboulis qui nous ont arrêtés semblent de gigantesques amas de chairs putréfiés. A l'Est, c'est-à-dire devant nous, les pentes s'adoucissent et le calcaire blanc étend jusqu'à la rive ses croupes arrondies. La mer, soulevant au gré des courants les vases fines déposées sur son fond par les nombreux tchaï de la côte prend, de la hauteur d'où nous la dominons, l'aspect d'une moire où se croisent des zônes frangées, aux fines nuances allant du bleu au gris opalescent. Les couleurs jouent, chatoient, se mèlent, disparaissent, se séparent, illuminées sous l'action du soleil d'éclairs colorés qui semblent venir des fonds : une robe de Loïe Fuller aux couleurs très tendres et très atténuées.

L'imbat ne rafraichit jamais la vallée, parallèle à là plàine d'Ouvadjic, que nous remontons en tournant le dos à la mer. Mais, malgré la chaleur extrême la végétation y est restée verte, et pour la première fois depuis Kara Lar, je découvre, sous bois, de nombreuses fleurettes : une petite centaurée rose, aux pétales étroits, semblable à une immortelle épanouie ; un souci nain à fleurs d'un jaune éclatant ; un héliotrope très odorant ; une grande sauge, abondante en Andalousie, bien reconnaissable à ses feuilles récroquevillées, de grandes roses-trémières mauve clair. Au fond du ravin les lauriers-roses sont mélangés de longs roseaux aux étroites feuilles claires.

C'est à l'ombre des pins qui tamisent les rayons du soleil, c'est surtout à l'eau qui sourd de mille fissures, qui court dans le sentier, qui chante dans le ravin, que cette flore délicate doit la vie. C'est l'eau qui fait pousser si dense et si vigoureux le taillis de troënes et de houx, abri d'un peuple de perdrix. Les vallées semblables à celle-ci ne sont pas rares dit-on. Ne serait-il pas possible d'utiliser ces eaux et ces ombreges ?

Depuis Aïn Tab, nous avons chaque soir, sauf hier à Seouk Sou couché sur le tchardack d'un village ; chaque soir nous avons trouvé des braves gens qui nous auraient donné, si nous en avions eu besoin, un abri, des tapis, une part de leur pain grossier ; depuis le Tchiflick de la famille avariée, nous avons rencontré successivement, hier des chameliers et un ménage Iourouk, ce matin un fonctionnaire en tournée. Le pays n'est donc pas désert ; malgré l'aridité de ces montagnes où la roche se montre partout sous le manteau troué des pins, l'humidité de l'air et l'eau des sources y distribuent la vie dans les nombreuses vallées sur lesquelles quelques villages s'élèvent, au pied des monts où sur le rivage ; pauvres et bien loin de ressembler aux villes antiques qu'ils remplacent, ils témoignent cependant de la présence et de l'activité, faible sans doute, mais réelle de l'homme. Et celui qui comme nous, parcourt le pays s'y sent bien moins perdu que dans le haut Taurus où, pendant trois longs jours de Pilaouen à Kara Lar, nous avons traversé des pacages ou des forêts sans rencontrer un champ ou un village.

Il est déjà six heures du soir, quand laissant le convoi préparer le campement nous montons Dec, Vassilaki et moi sur le flanc gauche de la vallée de Tchaï-Glaïk pour y visiter des gisements de fer.

A 260 mètres d'altitude nous avons mis pied à terre sur une plateforme assez étroite entourée de scories anciennes et dominée par un haut escarpement ferrugineux : creusée dans une masse d'hématite noire, une grotte grande et haute mais peu profonde, travail d'anciens mineurs en a attaqué la base. Quels furent ces mineurs ? A quelle époque vécurent les forgerons qui travaillèrent ce minerai et le transformèrent jadis en fer ? Il y a si longtemps qu'à Tach-Udju et à Selefkia, villes, l'une voisine, l'autre peu éloignée, on n'a gardé aucun souvenir, aucune tradition de leur existence.

Ici, comme dans presque toutes les formations calcaires le fer s'est formé aux dépens de la roche et au contact des schistes. La séparation de ces derniers et du fer se voit très bien au loin sur le flanc des hautes collines ; On y a, m'a-t-on dit, reconnu le minerai sur deux points très distants ;

mais cela suffit-il pour que l'on soit assuré de la continuité de la couche de minerai ? Ici, ce que nous en voyons me semble un amas irrégulier ; cependant, comme son épaisseur est d'au moins 15 mètres, on comprend que le gîte vaille la peine d'être étudié. Le minerai, s'il y en a, arriverait assez aisément à la mer en descendant la vallée, soit par un chemin de fer, soit par un porteur aérien. La baie d'Ouvadjick où se ferait l'embarquement est-elle saine, j'entends à peu près habitable ? La mer y est elle maniable, avec un fond suffisant ? Autant de points à vérifier.

D'un plateau supérieur dont nous ne voyons que le bord, une belle cascade tombe sur notre plateforme. Elle fournissait sans doute autrefois la force, et l'eau nécessaires aux anciennes forges dont les scories couvrent le sol. Avancé comme un balcon au-dessus de la vallée de Tchaï-Glaick, dominé par la falaise, avec, à l'horizon les croupes boisées du Taurus, le site est merveilleux, et les ouvriers qui l'animaient du bruit de leurs marteaux étaient autrement favorisés que ceux de nos usines actuelles. Mais nous, passants essoufflés, ne pouvons en jouir et nous y attarder. La nuit va venir, nous descendons à regret de notre observatoire. Déjà l'ombre s'épaissit autour de nous ; seules, quelques hautes cimes, à l'Est, paraissent encore, illuminées par le couchant. Nous passons près de pauvres cabanes inhabitées, entourées de jardins misérables, nous traversons des hameaux déserts cachés sous de beaux platanes, nous suivons des ravins ombreux où l'eau coule abondante. Dans le sentier une vieille femme, sa petite-fille toute jeune, une chamelle et son petit se rangent pour nous laisser passer. Ce sont les seuls habitants de la vallée.

Nous arrivons au campement à 9 heures.

MARDI 16. — Nous avons passé la nuit sous un caroubier. Une de ses branches qui porte sur le sol par son extrémité, formait au-dessus de nos lits un dais aux draperies bizarres. Ce matin dès l'aube, ablutions réconfortantes dans le ruisseau qui bruit à côté de nous ; lutte avec un énorme lucane qui s'est introduit dans mon brodequin et s'obstine à y rester ; contemplation d'un syndicat d'Atteuchus affairés à transporter, je ne sais où, le fumier déposé cette nuit par notre cavalerie.

Le début de l'étape a été monotone : des descentes et des montées sur des schistes ou des calcaires, des cols, des vallées étroites, des forêts pelées avec, sur des rochers, de grands pins droits comme des mats. Des ruines amorphes disséminées partout dans la brousse ; des keuys vides reliés par des fermes, des cultures, des mezarlicks. Nous approchons de la Cilicie-Pédiade. Les villages sont plus nombreux. Voici le gros keuy d'Ouvadjick que nous traversons, riche, populeux, mais aujourd'hui tout à fait vide d'habitants.

Vers midi nous avons perdu une heure à la recherche d'une fontaine que Vassilaki croyait pouvoir retrouver. Après des circuits inutiles dans la plaine où seuls quelques poteaux télégraphiques donnent de l'ombre nous piquons sur Ack-Deré Keuy dont nous apercevons les maisons basses.

Un gamin, puis un bon vieux, seuls habitants du village, nous guident vers le Tchardack. Il est charmant, sous des platanes, près d'une source, dans le courant d'air d'une ravine étroite. Le vieux nous vend des tomates, des piments doux et de l'orge. Les hommes sur le tchardack, les bêtes dessous jouissent tout en déjeunant d'une heure d'ombre, sinon de fraicheur.

Près d'une fontaine antique d'où s'échappe un mince filet d'eau tiède, le convoi nous attend, les bêtes en plein soleil les gens sur un tchardack supporté par trois saules. L'ombre y est rare, le soleil y abonde et les mouches y disputent férocement aux hommes leur maigre repas. Cette fontaine est celle que Vassilaki a inutilement cherchée ce matin. Nous faisons une libation au Dieu qui couvrant les yeux de Vassilaki, comme jadis Neptune couvrit ceux du pilote Adamas, d'un voile épais, nous fit passer sans la voir, à côté de la fontaine et bienfaisant jusqu'au bout, nous guida vers les platanes d'Ack-Déré.

Un zaptié passe, allant à l'Est, au pas relevé d'un beau cheval gris pommelé. Il s'élève d'abord à flanc de côteau, escalade par des zig-zag la paroi de l'entonnoir calcaire qui limite la plaine, se détache un instant en silhouette, petite ombre chinoise sur l'écran du ciel, et disparaît. Il vient de nous indiquer le trajet que nous allons suivre.

A demi suffoqués par la chaleur parvenue à son maximum dans cette vallée abritée, nous avons, à notre tour, abordé les lacets : température de fournaise, réverbération du soleil sur les roches polies, qui nous brule les yeux, pierres roulantes amenées par la pluie, tout est réuni pour rendre impraticable ce tronçon d'arabaïol. Mais, au haut de l'entonnoir, — altitude 190 mètres — avec la mer que nous n'avions pas aperçue depuis la falaise du Papadoulas et dont le cap Cavalière nous avait séparés, nous retrouvons l'imbat bienfaisant.

Devant nous deux baies jumelles dorment au soleil, séparées par un cap sur lequel s'élève, blanche sur le calcaire blanc, la masse crénelée du fort d'Agha-Limani. Au-delà des baies, sur la rive, les maisons de Tach-Udju se détachent, taches claires au pied de collines foncées. Et plus loin encore, se confondant presque avec l'horizon, le delta du Calycadnus, terre basse, unie, sur laquelle ne se dessine aucune saillie, projette vers le sud la ligne indécise de sa rive.

Encore une descente terrible. Les bêtes roulent sur les pierres détachées et patinent sur les dalles calcaires. Mon cheval, aux passages dangereux, étudie le terrain, le cou allongé vers le sol ; puis, réunissant ses quatre pieds, il se laisse glisser, inerte, jusqu'à la saillie, choisie d'avance, qui l'arrêtera. C'est miracle que nous soyons, lui et moi, arrivés en bas les membres intacts.

Au pied de la descente où s'arrête le fâcheux arabaïol cause de nos fatigues et de nos dangers, nous avons le loisir de regarder autour de nous : la mer, d'un bleu foncé, vient mourir doucement sur une grève de marbre blanc poli, vasque immense dont une ile blanche aussi, surmontée de ruines, ferme le cercle du côté du large. Des collines hautes, au profil simple, entourent ce bassin. La masse du fort d'Agha-Limani le domine à l'Est ; à l'Ouest, le cap d'où nous venons, moucheté de broussailles et couronné de pins.

A l'endroit où la baie s'enfonce le plus dans les terres, un ruisseau, qui se perd aussitôt dans la mer, s'échappe, clair et silencieux sur son blanc lit de marbre, d'un petit bois de lauriers et de myrthes. A côté, de belles ruines, thermes ou temple, montrent, sous les feuillages, l'ordonnance régulière de leurs assises.

Où est le faune ou le berger dont la flûte animera ce coin d'Arcadie ? Où sont les nymphes qui, tout à l'heure danseront sur la rive ? Sans doute sous les arbres où, cachés, ils attendent notre départ. Nous ne voulons pas les y retenir, et tantôt sur le marbre, tantôt dans la mer, nous suivons le rivage, sans nous arrêter à une source salée qui jaillit un peu au-delà du ruisseau.

Deux sentiers se présentent : l'un, le plus court, traverse le promontoire d'Agha-Limani, en passant au Nord du vieux fort que des rochers dérobent aux yeux de ceux qui le suivent. L'autre conduit aux ruines que nous voyons à moins de trois cent mètres de nous. Inutile de dire que nous prenons le premier. Pourquoi gâcher notre temps ? Tous ces vieux forts moyennageux ne sont-ils pas les mêmes.

Une seconde descente un peu moins dure mais plus longue que la précédente, nous amène au bord de la seconde baie. Nous la contournons d'abord sur du sable fin, puis sur du calcaire dur et déchiqueté qui disparaît aux premières maisons de Tach-Udju.

CHAPITRE XI

DE TACH-UDJU A MERSINE

Dec a un hôte à Tach-Udju, Georges Capioldach, grec très francisé qui cumule les multiples, — mais malheureusement peu lucratives — fonctions d'agent de la Santé, de surveillant du phare, de commissionnaire en marchandises et de consignataire des bateaux de la compagnie turque Hadji-Davoud.

Dec, précédant notre troupe dans la grande rue, qui est d'ailleurs la seule, a reconnu son hôte assis devant une table de café, au milieu de la foule bariolée des consommateurs. Le visage du Grec, qui, cependant, à l'appel de Dec est venu vers lui les mains tendues, loin d'exprimer l'allégresse que nous nous réjouissions d'y trouver, s'est obscurci à notre vue. Avec l'air d'un homme déjà accablé sur lequel vient de fondre un nouveau malheur, Capioldach nous précède dans un labyrinthe de flaques d'eau croupie, de masures comme on n'en trouve que dans les petites escales d'Orient, de barques échouées, jusqu'à sa maison, sorte de volière, bâtie à quelques pas du flot, de boue, de perches ,de platras, de débris de mats, de dénéckés, branlante, trouée, impossible.

— Vous êtes chez vous, messieurs, — nous dit alors, en tenant l'étrier de Dec, cet homme attristé. — Donnez-vous la peine d'entrer.

Quoique d'un usage plutôt dangereux, le balcon sur lequel nous échouons, en face de la mer, caressés par l'imbat, est pour nous plein de charmes.

Notre hôte, qui nous sert le mastic, est un garçon de 30 à 35 ans, desséché comme le paximat dont il a la couleur marron foncé. Triste et long comme la nuit polaire, ses moustaches pendent, lamentables et sirupeuses, sous un nez arménien qui sépare deux petits yeux mobiles, enfoncés sous des sourcils broussailleux. Une chemise turque, un veston et un pantalon peut-être blancs, où l'abondance des taches compense la rareté des boutons, couvrent la maigreur de ce brave homme. Un fez, jadis rouge, protège son crâne lithoïde, entouré d'une couronne de longs cheveux noirs pommadés.

Du bureau de la Santé, petite boîte de quelques mètres carrés où, toujours triste, Capioldach nous a conduits, nous dominons le port, petit, bordé d'un quai très ancien, et mal protégé par une jetée insuffisante. Trois ou quatre grands caïques à deux mats, se balancent à une certaine distance du quai sur lequel des chameaux, en longues files, apportent l'orge et le froment de la plaine, la vallonée de la montagne. Ce sont, avec quelques arachides, de la laine et du bois, les seuls produits qu'exporte Tach-Udju.

L'animation est grande sur ce quai, sorte de place ornée d'une fontaine, ainsi que dans la rue Franque qui y aboutit et qui constitue toute la bourgade. La « Société », commerçants et fonctionnaires, d'origine grecque pour la plupart, est réunie dans deux ou trois cafés, causant, jouant, et surtout admirant deux tombereaux barbouillés de vert perruche, « les seuls de Vilayet » attelés de buffles et employés à des travaux d'édilité ; ils concentrent en un unique tumulus les pavés qui, isolés ou en petits tas, encombrent la rue depuis les temps préhistoriques.

— C'est comme à Paris, nous fait observer fort judicieusement un voisin, homme de progrès, à qui je dois tout ce que je sais de Tach-Udju. Port et emporium de Séléfkia, auquel un bon arabaïol la relie, la ville, malgré les efforts de ses habitants, ne se développe pas assez vite ; les affaires y sont cependant assez prospères. La santé privée qui est, comme on sait, un des facteurs de la santé publique, n'y samble pas trop éprouvée par la fièvre. Le marécage, dont l'odeur vient jusqu'à nous, n'est pas aussi malsain qu'on pourrait le croire, car l'eau s'y renouvelle, en partie, à chaque grande pluie, etc... Je sais encore bien d'autres particularités sur Tach-Udju ; mais je ne veux pas alourdir ces notes par

une monographie quelqu'intérressante qu'elle paraisse, et
j'en ai assez dit, je crois, pour satisfaire, provisoirement,
la curiosité du lecteur.

Nous avons regagné notre balcon. La mer voisine, pousse
ses franges d'écume jusqu'à l'avant d'un gros caïque de
pêche échoué sur le sable devant la maison. Les bruits ont
cessé peu à peu dans la ville où, les unes après les autres,
quelques lumières s'allument. Au-dessus, bien loin, les montagnes sombres se détachent encore sur le ciel bleu turquoise
très pâle. Le soir est déjà venu.

Affranchi des soins du campement, reposé par ces quelques
heures de paisible flânerie, je savoure cette soirée calme
qui me fait regretter de n'avoir pu, plus souvent, comme à
Aïn-Tab et à Anamour, goûter cette saine et si complète
jouissance.

Une table a été dressée sur la plage entre la maison de
notre hôte et le caïque échoué. Nous y dinons en compagnie
de Capioldach, de sa jeune femme, pâle, timide, maigre,
déjà émaciée par la fièvre ; de sa sœur qui dut être belle
quand elle avait seize ans — il y a un certain nombre
d'années de cela — et qui est restée brune et haute en
couleur ; un solide corset, sous une miroitante robe de soie,
retient ses charmes agressifs.

Un médecin de Tarsous, parent et ami de notre hôte,
— ou peut-être de sa sœur — complète momentanément la
famille. Cet homme bien élevé, posé, réfléchi, correctement
vêtu à la Franque, comprend le Français, mais ne parle
que le Grec. Il nous entretient en fort bons termes de la
maladie de Diamantidis qu'il a soignée, il y a quelques mois,
à Mersine. Je préfère ne pas être malade ici, mais si je
l'étais, ce me serait un grand réconfort d'être soigné par notre
voisin de table.

Capioldach et sa femme, très inquiets de la santé d'un
bébé qu'un Crétois promène dans une salle basse, et qui
pousse des cris aigus, nous quittent fréquemment pour le
calmer. Entre temps, la tante du bébé nous dépeint en un

excellent français, les souffrances d'une personne distinguée et sensible comme elle l'est, qui, élevée à Péra, se trouve, par le malheur des temps, obligée d'habiter un trou — c'est le terme dont elle se sert — comme Tach-Udju.

Emus par les cris de l'enfant, troublés par les malheurs immérités de la dame brune, intéressés par les récits de Capioldach, congestionnés par l'absorption de ragoûts dont un agneau trop nubile a fourni la matière première, mais que nous trouvons exquis en les comparant à nos conserves habituelles, nous nous sentons incapables de doser à ces bonnes choses et à ces braves gens, la quantité de sympathies qu'impartialement nous devons aux unes et aux autres, et nous les enveloppons tous dans un même sentiment de charité, dû, sans doute, à notre bon cœur, mais décuplé par le bien-être consécutif à la digestion d'un bon repas. Le sommeil fermant nos yeux, malgré nous, ne nous permet pas d'exposer tout au long à nos hôtes ces sentiments complexes. Nous les synthétisons en d'énergiques poignées de main. Et nous gagnons notre chambre ornée de bibelots cosmopolites, épaves sauvées par Capioldach de ses naufrages successifs ; nous nous étendons entre des draps brodés, propres mais trop courts, dépliés sur des divans en bois aussi durs que ceux du Konak de Giorgiou.

MERCREDI 17. — Pendant qu'on prépare nos chevaux, notre hôte qui s'est levé pour nous saluer au départ, nous confie la cause de sa tristesse d'hier. On lui a retiré, pour des raisons confuses, la surveillance du phare, et, chose plus triste, le traitement qu'elle comporte. Cent quarante-quatre livres turques par an ne se rencontrent pas tous les jours. Comment les remplacera-t-il, le bon Georges Caploldach ? Allah bilir !

Nous quittons à 4 heures cet homme dont les malheurs me touchent. Dec m'affirme que notre hôte n'est pas malheureux. L'Orient méditerranéen, prétend-il, pullule de déracinés Grecs, Arméniens, Juifs, Italiens, Autrichiens, Polonais même, qui, sous le nom générique de Levantins, n'ont d'autre ambition que de porter des chapeaux melons, des vestons, des faux-cols en celluloïd, et d'autre occupation que de tirer le diable par la queue. Si les uns sont gais, les autres tristes, c'est affaire de tempérament, et les circonstances au milieu desquelles s'écoule ou se débat leur précaire existence n'y sont pour rien. Kostis et Capioldach, de la série triste, Télioudis, de la série gaie, très différents en apparence, sont identiques au fond.

L'arabaïol que nous suivons, en quittant Tach-Udju, est excellent, et c'est sur une belle route plate que nous cheminons dans la fraîcheur relative du matin sans avoir, félicité rare, à soutenir nos montures et à garantir nos genoux ou notre tête des heurts contre les roches et les branches.

Dès les premiers pas, nous avons croisé, suivant leurs conducteurs endormis sur les sacs des bêtes de tête, des files de chameaux camus. Les uns, haut, gras et forts, viennent des plaines de la Syrie ; les autres, petits, maigres, faibles, descendent du Taurus. Ici, comme en Europe, la montagne est dure à ceux qui l'habitent.

Nous avons longé un Mezarlic, hideux dans son mur d'enceinte banal, percé d'une porte en serrurerie allemande, peinte en vert perruche. Les stèles habituelles y sont remplacées par des mausolés riches et criards ; plantés dans la nudité d'un terrain inculte et sans verdure, ils montrent jusqu'à quel point peut s'atrophier, chez le Turc de marque, surtout lorsqu'il a été européanisé par des Allemands, le sens du beau dans la nature, que nous avons vu si vivant chez les paysans et les villageois.

Nous quittons l'arabaïol près d'un pont métallique jeté sur un fleuve sans eau. Ici, comme en Andalousie, le lit sablonneux de fleuves taris, est un chemin praticable et même facile. Nous remontons celui-ci et entrons en forêt. L'eau apparaît alors dans le sable du thalweg, avec son cortège habituel de verdures ; son débit augmente à mesure qu'en remontant, nous nous éloignons de la mer, anomalie commune à certains fleuves d'Asie centrale et de Tunisie, dont l'eau, abondante vers la source, diminue dès qu'elle atteint le sable où bientôt elle se perd.

Plus loin, près d'un chemin creux, entre deux haies touffues, une jeune femme nous a donné de l'eau fraîche et du lait. Elle porte un enfant sur le bras. Le mari, qui sarclait des légumes dans un enclos voisin, a posé son outil pour venir nous parler. Une seconde femme est intervenue, cachée jusque là derrière la haie. Ces gens habitent une maison plate, bien pauvre, enfouie dans les caroubiers, à la lisière de la forêt ; ils vendent à Sélefkia et à Tach-Udju les produits de leur jardin. Le travail n'est pas trop rude, l'eau ne manque jamais, et les chameliers qui s'en retournent à vide, gens charitables, transportent souvent gratis, jusqu'à la ville, la charge des femmes.

Le jardinier qui nous parle fait aujourd'hui le travail que son père fit avant lui, que ce bambin qui crie sur le bras de sa mère fera plus tard. Et, sans ambition, des générations se sont succédées et se succéderont encore, heureuses, sur ce coin de terre... tant que les exigences toujours croissantes du fisc ne le leur prendront pas.

Est-ce l'abrutissement, comme certains le disent, ou le fatalisme qui enferme le paysan turc, sans qu'il cherche à en sortir dans ce cercle où, avant lui, des générations et des générations ont tourné ? N'est-ce pas plutôt une philosophie inconsciente mais saine, qui lui fait limiter ses besoins aux moyens qu'il a de les satisfaire ? Le Turc de la bourgeoisie est aussi fataliste que le paysan, et cependant il cherche à devenir employé, fonctionnaire, à quitter sa position pour une autre où, sans travailler, s'il le peut, il augmentera ses revenus en touchant d'une main l'argent de l'Etat, et en prenant de l'autre celui d'autrui. Pourquoi fait-il cela ? Parce que n'ayant pas la sage philosophie du paysan, il s'est créé des besoins, ou des désirs nouveaux, que l'équilibre entre ses recettes et ses dépenses est rompu, et qu'il veut le rétablir. C'est aussi, me dira-t-on, parce qu'il est moins abruti, plus éclairé. Qu'en savez-vous ? Moi, je ne le pense pas.

Vers dix heures, après nous être égarés à la suite de Dec dans une belle forêt de pins, nous arrivons, grâce à Vassilaki qui nous a remis dans la bonne voie, sur des filons de fer assez importants (1). Il nous faut mettre pied à terre pour les atteindre : les aiguilles de pins couvrant la pente raide qui les précède d'un tapis glissant, sur lequel nos chevaux ne peuvent avancer.

Un aqueduc ancien, construit à niveau sur le sol, resté en parfait état, nous conduit, toujours sous le couvert protecteur de la forêt, à l'arabaïol en construction de Sélefkia à Koniah, par Ermeneck, que nous atteignons à la cote 660 m. sur un col dominant la vallée du Calycadnus.

Le fleuve ne coule plus ici, mince et limpide, au milieu des prairies. comme dans la vallée du haut Taurus où, près de sa source, nous l'avons traversé. Ses eaux rapides et limoneuses remplissent le large lit qu'il s'est creusé entre les versants boisés d'une gorge profonde. Vers le Nord, sur sa rive gauche, les restes d'un vieux château se montrent, à peine visibles, dans l'éloignement. Vis-à-vis nous, la forêt descend, ininterrompue, jusqu'à la plaine. Créé par les apports du Gueuk-Sou, conquis par lui sur la mer, partie terre, partie sables, partie marécages, le Delta s'étend à l'Est, jusqu'au phare du cap Zéphyrium, jaune, nu et désert, sans cesse remanié par les crues du fleuve qui y promène lentement ses eaux devenues inutiles (2).

La descente d'hier, sur Tach-Udju, n'était rien, comme fatigue, à côté de celle qui, par l'arabaïol, nous a conduits à Sélefkia. Il faut l'avoir suivie sous les rayons verticaux du

---

(1) Les travaux anciens (altitude 470 mètres) ont bouleversé le sol entre quelques beaux blocs d'oligiste ; on suit le gîte aux pointements de quartzite qui le jalonnent. Est-ce un filon ? La quartzite s'y est fait jour au contact du calcaire et des schistes et l'oligiste a injecté le calcaire. Y a-t-il là matière à exploitation ? Il faudrait faire quelques grattages, lever un plan sommaire ; mais cela exigerait du temps et nous ne faisons que passer.

(2) Il y a bien une mine de cuivre que nous devrions visiter, à 15 kilomètres d'ici, entre le fleuve et le vieux château. Mais c'est bien loin pour des bêtes éreintées et des hommes à jeûn. Nous les verrons, inch' Allah, une autre fois.

soleil de juillet, monté sur un cheval dont les fers sont usés
et lisses comme des patins, pour avoir une idée des supplices
de l'enfer, et aussi de la vigueur, de l'adresse, de la solidité
des chevaux du Taurus. Vassilaki a dû, comme Dec, mettre
pied à terre, mais, mal chaussé, il n'a pu nous suivre. Nous
l'attendons à l'entrée de la ville, non loin de la forteresse
byzantine que nous avons aperçue de là-haut, mais que,
conformément à nos habitudes, nous avons contournée sans
la visiter. A côté de nous, un effendi, correct dans sa stambouline, abrité sous une ombrelle blanche, contemple d'un
regard vague le fleuve qui roule à ses pieds. Un peu plus
loin, une noria accolée à une roue à aubes, agite dans
l'espace ses minces bras blancs, telle une immense araignée
qui tisserait une toile invisible.

Vassilaki nous ayant rejoint, nous quittons la berge et nous
entrons dans la ville. Après quelques rues mal pavées, nous
traversons le bazar grouillant de monde, malgré la chaleur.
Un peu plus loin, voici une place ombragée de muriers
sous lesquels attendent, dételés, deux landaus magnifiques,
dorés sur tranches et garnis de velours pourpre : nous sommes au cœur de l'antique Séleucie.

Pendant que des messagers bénévoles cherchent par la
ville notre convoi qui doit être arrivé depuis longtemps, nous
suivons vers un hôtel grec qu'il dirige et même qu'il fait
agrandir, un personnage obséquieux, vêtu d'une chemise et
d'une longue robe. L'hôtel est là, sur la place, vis-à-vis les
landaus et sa façade à jour, éclaire une grande cuisine assez
propre où cinq marmitons perpètrent des hachis variés. Cette
vue nous décide : entrons.

Il y a dans l'hôtel trois sortes de chambres : celles qui
sont terminées, celles que l'on construit et celles que l'on
construira. Ces dernières ne nous suffisent pas, les premières
sont occupées par des fonctionnaires arrivés ce matin dans
les landaus rouges ; nous nous accomoderons donc des secondes, de la seconde plutôt, car il n'y en a qu'une, encombrée de platras, de planches, d'établis, mais vide de meubles.

Nous y ferons notre toilette et nous viendrons ensuite nous asseoir sur le balcon au-dessus du fleuve.

C'est là, qu'autour de petites tables, déjeunent les pensionnaires, car il y en a. Sélefkia, en effet, ne manque pas d'importance. Chef-lieu du sandjac d'Itchiki, elle est, comme telle, la résidence d'un moutéssarif ; une petite garnison la protège, que vient inspecter un officier supérieur. Nous l'avons vu tout à l'heure, descendre dans la rue, suivi de son officier d'ordonnance, tous deux irréprochablement propres dans leur uniforme, tous deux, spectacle plein d'enseignements, soutenant d'une main leur grand sabre et portant de l'autre des oreillers et des cages où voletaient des petits oiseaux.

Jolie, mais pas propre, très turque par ses ruelles trop étroites et son bazar animé, Séleucie est fière de ses fontaines, de sa place ombragée, de son vieux pont sur le Calycadnus, et de son bel arabaïol, non pas celui par lequel nous sommes arrivés, mais de l'autre qui lui donne, par Tach-Udju, l'accès à la mer, accès que lui refuse le fleuve envasé.

Pendant que, trop éreintés pour avoir faim, nous nous contentons, avec notre thé, d'œufs frais qui, pour être à la coque, n'en sont pas moins durs, les tables, autour de nous, se sont garnies. Les nouveaux venus, Grecs ou Turcs ! jeunes employés des diverses administrations, glabres, élégants, d'ailleurs manifestement androgynes, se saluent avec grâce dès qu'ils arrivent, s'embrassent avec chaleur, se serrent et se caressent avec tendresse. Quelles singulières habitudes !

Nos hommes retrouvés, sont attablés dans une salle à côté de la cuisine. Les coudes sur la table, le menton dans la main gauche, ils caressent d'un œil humide, avant de les piquer de la pointe de leur couteau, les ratas graisseux, les hachis, les boulettes frites. Et quand, vers la fin de leur repas, nous leur faisons donner une bouteille de vin de Chypre pour arroser les beaux raisins dorés, les figues, le carpous rose qui constituent leur dessert, ces gens heureux se demandent s'ils seront aussi bien que cela dans leur paradis.

Ce soir à 8 heures, nous roulerons vers Mersine dans les beaux landaus rouges. Un émissaire du loueur, chargé de trouver pour ses voitures, du fret de retour, a traité avec Dec pour un prix très modique. Nous avions décidé, dans tous les cas, de partir à cheval aujourd'hui, vers quatre heures de relevée. Nous aurions, demain matin, à Lamas, échangé nos chevaux contre un landau envoyé de Mersine par un ami à qui, de Tach-Udju, nous avions télégraphié. L'avantage de la nouvelle combinaison sera de nous faire faire dans une bonne voiture, une étape de nuit que nous aurions faite à cheval. Mais, malgré cette amélioration, je ne vois pas, je l'avoue, la nécessité ou seulement le motif, de cette course de vingt-quatre heures sans arrêt, que nous allons fournir. Il y a, me dit Dec, des choses que je ne veux pas voir.

C'est bien possible.

Ai-je dit que la galerie sur laquelle, éreintés, nous faisons le kief, domine presque le grand pont du Gueuk-Sou ? Les tempêtes amenées du Nord, par l'hiver, sont ici d'une violence telle que le constructeur de ce pont en a élevé le parapet Nord de plus de deux mètres au-dessus de la chaussée, pour garantir les passants de ces rafales. Aujourd'hui, aucun vent ne gêne ni les promeneurs ni les nombreux chameaux qui vont et viennent de la plaine à la ville. D'autres chameaux, déchargés, descendus sur un banc de sable, boivent ou se baignent, et nous voyons leurs profils se détacher, à contre jour, sur le sable blanc, comme des ombres chinoises sur un écran.

Au milieu du fleuve, en plein courant, les soubassements de moulins disparus, ajoutent leur abandon à celui d'un grand mezarlik nu et lamentable qui, au débouché du pont, s'étale sur la rive gauche. Il en est souvent ainsi en Turquie ; le cimetière y remplace le faubourg à l'entrée des grandes villes. Est-ce pour familiariser les habitants avec l'idée de la mort ou pour diminuer aux défunts, en général grands voyageurs pendant leur vie, la longueur de leur dernier voyage ?

— Allons, Dec, réveillons-nous ; on m'a parlé de mosaïques, d'un temple, d'un théâtre...

— Cher ami, vous n'y pensez pas ! (Voir la suite, avec quelques variantes, page... etc) D'ailleurs, il est trop tard. A peine avons-nous le temps de régler nos gens et de faire, au bazar, quelques emplettes indispensables.

Je m'incline sans protester.

Au fait, Dec n'aurait-il pas raison de se hâter ? Il est de son siècle. Que peuvent me faire les vestiges de Séleucie ? Suis-je professeur dans une Faculté, un Institut quelconque ? Préparé-je une thèse ? Quel profit tirerai-je de l'étude ou de la vue de ces ruines ? En quoi serviront-elles, à édifier ou à augmenter ma fortune, ma réputation ? Si je n'en puis tirer parti, pourquoi m'en occuper ?

On pouvait croire encore, il y a quelques années, qu'en étudiant le passé, nous soulevions un coin du voile qui couvre les officines obscures où s'élabora, aux époques lointaines, le moule de l'âme humaine. En éclairant ces ténèbres, nous y cherchions la genèse de nos idées, de nos sentiments, de notre poésie, qui les exprima sous leur forme la plus parfaite, de nos arts, de nos sciences. Or, on a reconnu, depuis peu, que, non seulement ces retours vers le passé étaient inutiles, mais encore qu'ils recouvraient notre intelligence d'une carapace d'idées surannées sous laquelle mouraient, étouffées, les idées nouvelles qui, seules, peuvent nous conduire à la conquête du bien-être matériel, but unique de l'existence actuelle, comme chacun sait.

Et les meilleurs esprits, j'entends les plus pratiques, sont d'accord pour abandonner les études anciennes à quelques déshérités, professeurs, savants, — reconnus incapables de s'enrichir. — Encore est-il sous-entendu, qu'ils s'efforceront de tirer de ces études un profit matériel. Nos trois grecs, Xénophon, Panaïr et Phocas, ignorent les noms d'Athénée et de Xénarque, rhéteurs et péripatéticiens célèbres de Séleucie, et n'ont aucun désir de les connaître. En ont-ils perdu un coup de dent ? En ont-ils trouvé moins parfumé le vin de Chypre dont ils avalent la dernière lampée ? Ce sont des sages.

Mais, à ce compte là, les chameaux qui, là-bas, sur le banc de sable, boivent avec sensualité l'eau boueuse du Calycadnus, ne le sont-ils pas davantage ?

Je fais une ultime visite aux chevaux pendant que Dec paye le Cafedji. Ce n'est pas sans regret que je caresse une dernière fois la brave bête qui, depuis Pilaouen, a porté sur ses jambes trop grosses, ma vieille carcasse, sans un écart, sans un faux pas. Pas une fois, en dehors des haltes réglementaires, je n'ai quitté son dos, même aux passages les plus difficiles, persuadé qu'elle s'en tirerait mieux que moi. Et mon attente n'a pas été trompée.

Tu vas rentrer à Ain-Tab, mon bon cheval, conduit par Panaïr à la démarche d'oie grasse. Et puis après ? Mais, de quoi vais-je m'inquiéter ? Est-ce au moment où je viens de me dégager des souvenirs du passé, que je m'encombrerais de celui de nos bons serviteurs, bêtes ou gens ? Je commence à croire que Dec a raison quand il dit que je suis trop latin.

Précédés de Phocas, de Xénophon, et suivis de Panaïr qui, sans avoir amélioré sensiblement l'ensemble de sa silhouette, a remplacé son feutre par un fez conique, haut et blanc comme un pain de sucre, nous arrivons au bazar. Des Juifs nous vendent quelques monnaies, vieilles, sinon anciennes. D'autres nous offrent des intailles à des prix qui nous mettent en fuite. Dans la boutique d'un dinandier, l'achat d'un vase en cuivre donne lieu au calcul le plus laborieux auquel j'ai jamais participé ; Dec stupéfie les nombreux assistants réunis, curieux, derrière nous, par sa parfaite connaissance des systèmes monétaires locaux et sa dextérité à éviter les écueils que le marchand, honnête peut-être, mais subtil, le prenant pour un Anglais, sème sur sa route.

Suivis d'un murmure approbateur et chargés de nos divers achats nous nous replions vers les landaus, où nous trouvons Vassilaki se mirant dans le vernis d'une paire d'escarpins trop étroits ; avec le vain espoir de reposer ses pieds endoloris, il vient de troquer, moyennant une forte soulte, ses brodequins de montagne, contre cette affreuse camelotte allemande.

Dans la boutique d'un bacalis — contre tous les usages, ce bacalis est turc — où nous achetons des allumettes, j'entame un bazarlic de pierres gravées et de monnaies. Après bien des discussions, nous quittons la boutique sans avoir abouti à un accord. Mais peu après, au moment où, le pont traversé, nous allons monter en voiture, un regret me prend. Xénophon, tel Hermès messager des Dieux, envoyé vers l'épicier, le ramène avec ses pierres, et le marché est conclu in extremis, le landau déjà en marche.

C'est auprès du mézarlick de la rive gauche qu'installés, Dec et moi, dans une des voitures, Vassilaki et les bagages dans l'autre, nous prenons congé de nos hommes. Panaïr depuis Pilaouen, les autres depuis Ain-Tab, nous ont suivis sans une minute d'humeur, d'oubli, ou de négligence. Et certes, pour eux qui, montés à tour de rôle et seulement quand la difficulté de la route l'a permis, sur un âne ou un mulet, ont fait, à pied plus des deux tiers du long trajet, en se réglant sur l'allure rapide des chevaux, l'épreuve a été rude. Vigoureux, sobres, appliqués à leur humble besogne, respectueux et honnêtes, ils ont été pour nous des serviteurs modèles. Heureux du baschich que nous leur donnons, plus heureux encore des petites attentions que nous avons eues pour eux au cours du voyage, c'est avec une reconnaissance émue, après l'échange des vœux et des souhaits de bon voyage, que montés l'un après l'autre, sur le marchepied du landau, ils nous baisent la main.

Le soleil va disparaître derrière les rochers lointains de Tach-Udju, quand, à peu de distance de la ville, l'arabaïol jusque là facile devient subitement l'horrible chaos de moëllons entassés, de roches vives et de fondrières qui constitue la plus belle route de Cilicie. Les détails ,si nous les racontions, seraient navrants, de cette nuit d'affreux cauchemars où brisés par les fatigues précédentes, vaincus par le manque de sommeil, nous nous cramponnons aux rebords du landau pour ne pas être projetés sur le sol. Comme dans un rêve, nous apercevons des forêts de pins sur des amoncellements de roches, nous roulons sous les arcades de hauts aqueducs, entre des ruines qui nous semblent énormes. Sous la lueur grise qui tombe des nuages bas et fiévreux la mer, au loin scintille ; ailleurs nous l'entendons déferler, dans l'ombre d'une falaise, sur un grève invisible. Puis c'est une longue plage où la route n'est séparée du flot que par un parapet qu'il bat.

Parfois des arrêts brusques : Le passage est dangereux. D'un pas de somnambules, heurtant nos pieds à tous les obstacles, nous suivons alors la voiture qui cahote. Sur un plateau, vers minuit, halte d'une heure pendant laquelle étendus sur le sol de la route, sans manteaux ni couvertures, au mépris de la fièvre, nous continuons le somme commencé. Nous le poursuivons dans le landau malgré les cahots, une fois la marche reprise.

JEUDI 18. — Le soleil quî se lève nous réveille un peu avant Lamas, moulus, ahuris, trempés d'humidité de la nuit, affamés et, en ce qui me concerne, de fort méchante humeur : Nous laissons derrière nous les ruines les plus intéressantes et les plus nombreuses de la côte :Pershondi qui fut peut-être Korasion aux temps du bas Empire, les deux châteaux byzantins de Korghos, l'un sur une ile, l'autre sur le rivage, les habitations troglodytiques qui les avoisinaient, l'ancienne ville de Corycos qu'ils protégeaient, Ayash, l'Eleüsa — Eleusis — de Strabon immense encore dans la forêt qui la masque en partie, ile encore au temps où Archélaüs, l'éphémère roi de Cappadoce, l'ayant reçue d'Antoine, avec le reste de la Trachée, en fit sa capitale ; plus tard, réunie à la terre ferme sur laquelle elle étendit ses citernes, ses théâtres, ses merveilleux aqueducs et ses tombeaux.

Pourquoi n'avons-nous pas fait à cheval, et en plein jour, cette dernière étape ? Nous serions partis ce matin de Selef-kia après une nuit de repos. Sans nous arrêter, au besoin même, sans descendre de cheval nous aurions visité Korghos et Eleüsa que la route traverse, nous aurions couché ce soir ici, à Lamas, et demain une dernière journée nous aurait amenés de bonne heure, — après une halte à Soli — à Mersine-la-désirée.

Un tchiflick, ou un khan s'élève à Lamas, entre la route et un torrent rapide, le Lamas Tchaï, qui la traverse, bruyant, sous un solide pont de pierre. Les voyageurs, y font halte et les zaptiès y ont un poste. Quelques-uns de ces derniers, couchés sur des tapis dans la cour, se réveillent à notre arrivée. Pendant qu'une grecque, vraiment trop sale, prépare notre thé, j'erre dans les prairies au bord du torrent. A l'extrémité de la petite vallée du Lamas Tchaï un aqueduc à deux étages d'arcades élégantes profile ses lignes légères, baignées de soleil sur le fond noir des bois encore dans l'ombre.

Lestés de quelques œufs durs, nous nous remettons en route. Les souhaits de bon voyage des gendarmes nous accompagnent. La présence de ces braves gens à Lamas n'est pas inutile. La construction récente de l'arabaïol ayant sensiblement augmenté le transit des voyageurs et des marchandises, l'instinct des anciens pirates leurs ancêtres, se réveilla dans l'âme de quelques Ciliciens modernes. Ils choisirent les solitudes boisées qui s'étendent de Sélefkia à Mersine pour essayer d'y faire revivre les usages abolis depuis l'occupation romaine. Les voyageurs qui furent victimes de ces essais, imbus sans doute de l'esprit nouveau, avaient trouvé regrettable ce retour vers le passé et, ne considérant que les effets sans remonter aux causes, avaient jeté des cris d'orfraie... Un poste de zaptiès suffit pour que les néo-brigands, reconnaissant que les temps des études rétrospectives sont passés, redevinssent les paisibles bourgeois de Sélefkia et de Mersine qu'ils étaient depuis leur naissance. Et tout permet d'espérer que le grand Triphon n'aura pas de continuateurs.

Je ne peux pas ne pas consigner ici les mésaventures qui

nous accablèrent au cours de cette fâcheuse journée, suite d'une très fâcheuse nuit : Les haltes en plein soleil auprès des innombrables cours d'eau, pendant que le cocher y douche ses chevaux ; les mares où nous nous embourbons et desquelles Dec, fort comme Hercule, ou comme l'homme-canon, nous tire à la force du poignet ; l'ingéniosité de l'arabaji qui remplace par le corps d'une bougie fondue dans une boite à sardines vide, l'huile usée des boites à graisse des roues de la voiture, la rencontre, alors que la dite voiture à demi versée dans un ruisseau reste rebelle aux efforts de Dec, d'un effendi superbement monté qui passe, sans se retourenr, sourd à nos prières comme à nos injures ; la venue d'un berger dont l'aide nous permet de remettre notre équipage d'aplomb sur la terre ferme et que nous baschichons généreusément.

Vers deux heures, les mésaventures sont finies, mais la situation devient, j'ose le dire, tragique : un des chevaux poussifs ne veut plus avancer. Allons nous rester là, et mourir sur cette terre étrangère ? Ou revenir sur nos pas jusqu'à Lamas ? Notre arabadji sauve la situation en réquisitionnant près d'une aire où des paysans battent leur récolte un minuscule bidet, presqu'un poulain. Comme ce quadrupède n'est pas dressé notre homme le harnache simplement d'une grosse corde passée devant le poitrail, comme une bricole. Le bidet profite de la liberté relative que lui laisse ce moyen d'attelage primitif pour ruer, se cabrer, se dérober. Pendant une heure, nous restons là, anxieux. Enfin, prenant son parti, l'animal indocile se met au grand trot jusqu'au moment où en suite, sans doute, d'une réflexion qu'il ne nous communique pas, subitement, il s'arrête. Nouvelle halte en attendant que son caprice lui suggère une nouvelle trottée.

Et c'est ainsi que nous passons, sans nous arrêter, auprès de Mezetlu — Soli ou Pompéiopolis — dont nous voyons, vers la mer, les murs ruinés et les hautes colonnes, restes, dit-on, d'une avenue triomphale. Auprès de ces ruines se trouvent, mais nous ne pouvons les voir, les débris d'un théâtre et les quais inutiles d'un port entièrement ensablé.

Avec les colonnes de Soli s'évanouit mon dernier espoir de visiter une, au moins, des belles ruines de la Cilicie. La fatalité, « le « fatum » antique, qui toujours implacable, erre encore sur ces rivages, empruntant hier la figure d'un ami trop pressé, aujourd'hui celle d'un cheval quinteux, ne l'a point permis.

La plaine s'est peuplée. De tous côtés surgissent les campements provisoires des paysans qui font trotter en rond leurs chevaux sur des lits de gerbes déliées. Ils se hâtent ; la saison est déjà avancée, la fièvre les menace, et le yaïla les réclame.

Après avoir contourné le phare, traversé un dernier ruisseau, suivi un long faubourg, nous nous arrêtons enfin à 6 heures 1/2 du soir à l'entrée de Mersine devant la très belle maison qu'un ami de Dec, absent, veut bien mettre à notre disposition.

Nos misères sont finies.

A huit heures baignés, rasés, brossés, lustrés, astiqués, vêtus, chacun de notre plus belle et d'ailleurs unique jaquette, nous sommes au Consulat de France, où notre Consul et Madame A., ayant appris notre arrivée, nous ont, très aimablement, par un mot qui nous attendait chez notre ami, invités à diner. Jamais invitation ne fut reçue avec plus de reconnaissance ; et le souvenir de cette soirée d'arrivée à Mersine resterait toujours au premier rang de mes plus agréables impressions, alors même que je n'aurais pas été porté à la bienveillance, par un voyage de dix huit jours au cours duquel nous n'avons vu, sauf celle de l'ingénieur St. que des figures étranges autant qu'étrangères et nous n'avons vécu que de conserves froides, de tomates et d'oignons crus.

Dans la salle à manger du consulat, la température est de 38° quoique nous soyons éclairés par une seule lampe. Après le repas, nous montons sur la haute terrasse qui domine la ville ; l'humidité y abonde, mais la brise y est rare, et la fraîcheur absente : 32°, c'est deux degrés de plus que sous nos caroubiers des nuits précédentes, A dix heures, nous prenons congé de nos hôtes, non sans avoir promis de revenir demain. Madame A... l'a exigé. Pendant toute la durée de notre séjour ici, l'heure des repas doit nous ramener à la Maison de France. Puisque logés chez M. D...., l'ami de Dec, nous ne pouvons être entièrement les hôtes du consul, du moins serons nous ses commensaux. Nous nous en sommes peu défendus, heureux de retrouver auprès de M. A... et de sa charmante femme, avec le plaisir d'une conversation intime, les souvenirs bien vivants de la France et de notre midi qui m'est si cher.

VENDREDI 19. — Nous avons déjeuné au consulat avec M. D..., notre hôte, et un vieux polonais, sourd comme un pieu. Curieux type, ce vieil ami de M. D... et du consul. Polonais de race, Prussien par sa naissance et Français de cœur autant que par son mariage avec une Française, cet excellent homme, un peu falot dans ses vêtements blancs, habite Adana depuis une quinzaine d'années. D'abord ingénieur en chef des ponts et chaussées du vilayet, il est aujourd'hui ingénieur en chef de la liste civile, fonction dont les attributions restent vagues, le traitement seul étant bien défini et régulièrement payé, ce qui, ici comme chez nous, est le principal. Venu d'Adana pour traiter une affaire avec M. D..., ce polonais est campé, comme nous, dans la grande maison de son ami, et comme nous, le pensionnaire de Madame A...

Mersine, assez grande ville et résidence d'un moutessarif, située aux confins de la Cilicie et de la Syrie, est peuplée d'Arabes, de Grecs, de Levantins, et de quelques Turcs. Les Arabes, reconnaissables à leur activité relative, et à leur physionomie intelligente, ont accaparé les métiers manuels qui demandent de l'adresse, laissant aux Turcs les fonctions publiques et les basses professions qui n'exigent que de la force, et partagent avec les Grecs et les Levantins, le Commerce et la Banque. C'est à un Arabe que j'ai commandé ce matin, un complet blanc, pour remplacer mes hardes déchirées ; c'est à un autre, employé dans un bureau, au rez-de-chaussée de notre immeuble, que je viens d'acheter un petit lot de monnaies anciennes ; et ces opérations terminées, c'est avec un Arabe que je suis allé flâner en ville.

Le quartier Franc se compose d'une grande rue, avec des maisons en partie indigènes, en partie européennes, où des magasins grecs étalent des articles allemands. On y vend de tout, même des corsets, mais principalement de l'épicerie. Des commis rasés de près, j'allais dire passés au bleu, les cheveux pommadés, la moustache cirée, s'empressent auprès des clientes. Dans la rue ils portent le chapeau melon et le complet veston. mais à la boutique ils les remplacent par le fez et la veste lévantine.

Le quartier turc, assemblage de rues plutôt courtes, débouchant d'un côté sur la mer, de l'autre sur la campagne, aboutit, comme la rue franque à une sorte de bazar encombré de hamals, d'ânes et de chameaux qui est surtout un marché à la viande, au poisson, et aux légumes. Les femmes y viennent acheter leurs provisions. J'y vois des turques, timides et hésitantes strictement voilées, des grecques bruyantes et bavardes, aux robes voyantes, aux cheveux nattés sous le foulard ; des européennes en robes claires et chapeaux tapageurs, s'abritant sous des ombrelles rouges : les dimensions de leurs bottines le développement de leur taille et surtout du... haut des cuisses trahissent leur origine levantine.

La rue est très animée ; une foule bruyante et bigarrée, pantalons et culottes bouffantes, s'arrête aux agences des bateaux, aux bureaux des commissionnaires, discute devant la porte — d'un joli style persan — d'un grand entrepôt, va, vient, se groupe et se disperse, bousculée par les hamals, lourdement chargés, qui courent avec de grands cris.

Les femmes ne quittent pas les trottoirs de bois au long des boutiques et leurs glapissements, ceux des grecques surtout, joints aux boniments des marchands augmentent le tumulte. Les modestes ondes sonores d'une conversation européenne ne peuvent se propager dans cette atmosphère déjà vibrante de toutes ces rumeurs, alourdie par les relents du poisson, des débris de légumes en fermentation et les fumées des résines odorantes que domine, victorieuse, l'odeur forte du fromage de Hollande. C'est sans doute, pour avoir trop fréquenté les marchés de Mersine de Tarsous et d'Adassa que l'ingénieur polonais est devenu sourd.

Vers le milieu du jour, les hommes rentrés dans les agences ou dans les boutiques et les femmes dans les gynécées, une vie nouvelle, invisible et silencieuse mais non moins intense que la précédente, s'empare de la rue. Dans la réticulation compliquée des creux et des ornières laissée dans le pavage mal entretenu, fondrières en miniature, marmites naturelles où, avec l'eau des arrosages, se sont accumulés les débris de toutes sortes, le soleil active les fermentations et concentre les purins. Dans ces bouillons de culture naissent et pullulent les microbes : Desséchés ce soir, demain pulvérisés sous les pieds des passants, ces résidus, comme l'ont fait ceux des jours précédents, s'ajouteront à cette réserve de germes, orgueil du vieil Orient, que le Melten et l'Imbat, ces deux auxiliaires diligents des édilités levantines, enlèveront de la rue pour les répartir équitablement sur la ville et ses environs, sous la forme de paludisme, de dyssenterie, de typhus, de choléra et de peste.

Le soleil, les marchands d'eau et les chiens restent, passé midi, seuls maîtres de la rue, troublés seulement, s'il y en a de passage, par quelque européen en quête de couleur locale absente : je dis absente, car les types, les bruits et les couleurs que j'ai essayé de noter se retrouvent à peu de chose près sur tous les rivages de la Méditerranée, à Naples comme à Tunis, à Marseille comme à Malaga, dans des rues bien peu différentes de celles de Mersine.

Vers 4 heures, la rue se repeuple peu à peu, sans bruit. Les employés ouvrent discrètement les agences et les magasins et, cette inutile formalité remplie, se dirigent vers les cafés voisins où tout en faisant leur partie de tric-trac, ils apprendront ou apporteront des cancans à défaut de nouvelles.

Vers six heures, le beau monde se réunit, à deux pas de
notre logis, dans les deux cafés concerts qui embellissent
la plage. On y entend de la musique et on y boit de
la limonade et du mastic (1). Avec ces boissons très fraîches,
on place devant les consommateurs, sur la table de bois peint
en faux marbre, des soucoupes parcimonieusement chargées
de hors-d'œuvres variés : petits cubes de fromage de Hollande de la grosseur d'un dé à jouer, petits cubes de pain
supportant chacun un carré de saucisson à l'ail, œufs durs en
tranches presque transparentes, petits poissons secs, légèrement fumés et fort puants.

Les jardins des deux cafés donnent d'un côté sur la mer ; de
l'autre, un mur bas supportant une palissade les sépare de
la rue ; et au travers des lattes vertes apparaissent les
figures barbues et mornes des pauvres diables qui contemplent silencieusement, mais avec envie, les orgies des gens
riches !

Des arbres, balais verticaux privés de feuilles depuis toujours, ombragent (?) les tables auprès desquelles des amis
se sont joints à notre groupe. Voici d'abord Monsieur N...
le très complaisant et très affable receveur de la poste
française ; puis un grec dont le nom m'échappe, protégé
français, je ne sais pour quelle raison. Il n'a jamais visité
la France, mais le vent d'Ouest lui a apporté de la Cannebière
le plus pur des accents marseillais. Ce faux félibre débite
des marchandises allemandes dans le bacal le mieux achàlandé
de la ville. A côté de lui s'est assis un aimable garçon
drogman du Consulat, mersinote qui parle toutes les langues
avec une telle perfection qu'il est difficile de lui donner une
nationalité.

Toute la colonie européenne a défilé ce soir au jardin
et j'ai noté, non sans orgueil, l'affectueuse déférence que
chacun témoigne à notre consul.

Une toulousaine, amie de Madame A... est venue la dernière, tout exprès, prétend Dec, pour admirer mon profil de

(1) Eau-de-vie aromatisée par une addition de résine d Chio.

Tectosage. Son fils l'accompagne, grand garçon de vingt ans, employé à la Dette. Quelle vie singulière dans sa simplicité que celle de cette excellente femme. Fille d'un officier d'artillerie, mariée très jeune à un français employé supérieur à la Banque Ottomane, elle a quitté sa famille et Toulouse le lendemain de ses noces, pour venir à Mersine où son mari mourut quelques années après. Absorbée par l'éducation de son fils, elle n'a quitté Mersine que pour aller au yaïla et n'a jamais revu aucun membre de sa famille. Avec cela elle est restée aussi étrangère à l'Asie que si elle n'avait pas quitté l'appartement de son père sur l'allée Lafayette, et elle a conservé, avec les manières les plus distinguées, tempérées par la bonhommie méridionale, les habitudes, les idiotismes et les intonations chantantes propres aux toulousains.

Pendant que les femmes qui composent exclusivement l'orchestre Roumain du beuglant, juchées sur une scène aux décors naïfs nous assourdissent de leurs valses, coupées de quêtes fréquentes, un de nos voisins de table nous fait de très intéressantes communications sur les « engagements » d'ordre très privé mais en général chastes, que ces dames artistes contractent pour une ou pour plusieurs soirées, avec les Don Juan riches de la ville. Ces sortes de contrats, de baux verbaux, imposent à la dame louée la seule obligation de s'asseoir pendant les longs entr'actes à côté de son usufruitier temporaire et, la représentation finie, de rester avec lui devant la table de café que gère le tenancier du Concert. On y consommera force glycos et boissons glacées, à des prix qui sont, pour l'engagée et son cavalier quatre à cinq fois plus élevés que ceux faits au public. L'impressario-mastroquet tirant de ce tarif spécial le plus clair de son bénéfice, l' « engagement » fait toujours partie des conditions qu'il impose à ses musiciennes.

En dehors de ses fonctions de pompe aspirante, l'engagée n'est tenue qu'à écouter les déclarations enflammées de son soupirant, à lui sourire en montrant ses dents blanches, à lui couler, sur le tard, de longs regards tangentiels...... et c'est tout. Je dois ajouter qu'elle reçoit volontiers les cadeaux destinés à amollir son cœur de roche.

Le brave garçon qui nous tuyaute ajoute mélancoliquement qu'il soupira toute une saison pour une flutiste de glace, contractant avec elle d'abord des engagements aussi quotidiens que ruineux, puis, à cause d'elle, une pleurésie, à l'attendre inutilement sans pardessus, pendant une longue nuit d'hiver, dans la buanderie du café où le melten faisait rage, et enfin, avec elle, une forte avarie, le jour du départ, quand, à bord du bateau qui allait la ramener à Odessa, elle consentit, in extremis, à couronner sa flamme.

Une grosse nouvelle nous attend au Consulat. Le Samos grand vapeur de 3.000 tonnes, tout neuf, de la Deutch-Line, venant de Syrie par Alexandrette, arrivera ici demain matin et repartira le soir même pour Tersana Lumani d'où nous venons : il y chargera 400 tonnes du minerai que nous y avons vu entassé. L'agent de la Compagnie à Mersine s'embarquera sur le Samos pour assister au chargement. Le bateau le déposera ensuite à Rhodes d'où il regagnera Mersine comme il pourra. Nous l'imiterons, et au lieu d'attendre ici pendant huit jours le bateau pour Smyrne nous partirons demain.

C'est un coup de fortune pour Dec toujours pressé, et pour moi une nouvelle déception. J'ai beau objecter qu'à Rhodes, où les bateaux sont rares, nous courons le risque de rester en panne plus longtemps qu'ici, et que, de plus, nous sommes exposés à ne pas y trouver un aussi aimable accueil qu'ici. Rien n'y fait. La fatalité, cette fois sous la forme plutôt moderne d'un vapeur allemand, me poursuit encore et m'interdit l'accès de Tarsous et d'Adana, que je comptais visiter, comme il m'a éloigné de Silenti, d'Anérium et de Soli.

On n'échappe pas à sa destinée.

Pendant le diner, la question du Transmésopotamien, qui intéresse tant le vali de Koniah, vient sur le tapis. Plus encore que Koniah, Mersine est intéressée à l'achèvement du chemin de fer de Bagdad, dont l'embranchement Koniah-Adana- Mersine serait la première étape et les 110 kilomètres déjà faits de Mersine à Adana, l'amorcent. Le Polonais nous explique que la ligne projetée, contournant par Karaman les marais de Koniah, franchirait le Taurus, à l'Est du Boulgar - Dag, par le défilé des Pyles Ciliciennes et se souderait à Adana, sur le tronçon déjà construit. Mersine deviendrait, dès le début, le port tête de ligne par lequel arriverait, avec le minimum de transport le matériel et les approvisionnements nécessaires pour les deux tronçons Adana-Koniah et Adana-Bagdad. Le second tronçon est moins indiqué que le premier : d'Adana, on pourrait soit rejoindre directement la vallée de l'Euphrate à Biredjic, soit y aboutir par un détour, en suivant la côte et en passant ensuite par Alep.

Mais tout cela est encore bien loin : une enquête du Consul général d'Allemagne a démontré l'impossibilité de rénumérer par le trafic de la nouvelle ligne les capitaux qu'exigera sa construction. Il faudrait une garantie d'intérets : la Porte voudra-t-elle et pourra-t-elle la donner ?

Le consul vient de se décider à venir avec nous jusqu'à Tersana. Il ne connaît pas encore ces mines exploitées par des français, dans des territoires soumis à sa juridiction et il profitera de l'occasion que lui offre le Samos pour les visiter en notre compagnie. Nous nous réjouissons d'avoir avec nous, jusqu'à Rhodes, pendant cette première étape sur le chemin du retour, un compagnon de voyage aussi aimable et aussi au courant des choses de l'Asie.

Après une dernière soirée sur le toit du consulat nous regagnons le logis. Les chiens qui dorment dans le bazar, réveillés par notre conversation, la surdité de notre compagnon, l'ingénieur polonais la rend plus que bruyante, nous saluent d'aboiements féroces. Les veilleurs de nuit, effrayés par leurs hurlements et par les éclats de nos voix, croyant à une rixe, se hâtent loin du lieu où ils pourraient avoir à intervenir. Le bruit de leurs bâtons frappant le pavé, tout proche d'abord, s'éloigne peu à peu et s'éteint dans le silence du quartier turc.

SAMEDI 20. — Au lever du soleil nous sommes attablés dans le quartier turc, sur la galerie d'un grand café, au-dessus et presqu'au niveau de la mer. Le port de Mersine n'est qu'une rade envasée par l'apport des nombreux cours d'eau venus de la plaine. Des vagues lourdes et troubles, chargées de limon, viennent battre une estacade en fer à l'extrémité de laquelle les mahones, intermédiaires obligés entre la terre et les bateaux ancrés au large, viennent apporter ou recevoir du fret. Les terrasses des cafés indigènes, au lieu de dominer la mer de très haut, comme à Kilindria, sont construites très bas, sur de courts pilotis, et le regard qui, de ces terrasses, rase la surface de l'eau sans y pénétrer, ne perçoit que des reflets et ignore le fond boueux du miroir qui les lui envoie. Les turcs sont, je l'ai déjà dit, sans rivaux pour choisir et aménager les lieux où ils reposent leur flanerie.

La colonie Française est la plus nombreuse, la plus riche et la plus considérée de Mersine. Elle compte, tant nationaux que protégés, une trentaine de familles. Le 14 Juillet, à l'occasion de notre fête nationale, M. Audibert réunit dans son très beau jardin, plus de cent personnes, y compris les principales autorités turques et quelques invités. Il est très fier de ce résultat et, trop modeste, l'attribue pour la plus grande part, à son habitation qui, beaucoup plus belle, contrairement à ce qui a lieu dans bien des endroits, que celles de ses collègues Russe et Allemand, rehausse son prestige aux yeux des turcs, grands admirateurs des signes extérieurs de la richesse et du pouvoir.

Nous déjeunons pour la dernière fois au Consulat. Comme nous prenons le café, survient le père Basile, capucin italien, pasteur du petit troupeau catholique protégé par la France. Le père, dont la longue barbe allonge encore le visage ascétique, s'exprime en français lentement mais très clairement. Ses traits réguliers, quoique accentués, éclairés par un large sourire, rayonnent de bonté. Par instants, au cours de la conversation, une étincelle de malice pétille dans ses yeux, de suite éteinte sous la paupière qui s'abaisse : en même temps, la bouche se ferme, la main longue sort de la manche pour un geste expressif et, sous le capuchon, apparaît, pour une seconde, au lieu du bon Père, le paysan madré de Romagnes.

Comme il n'y a pas d'Italiens à Mersine, le père Basile est tout dévoué à la France. Le consul n'à qu'à se louer de lui, il le considère comme un saint, et n'a pas tout à fait tort. Le modeste traitement du capucin passe, en effet, avec les aumônes qu'il recueille en bonnes œuvres et en amélioration à la chapelle. Lui, vit de pain et de tomates, auxquels il ajoute, dans les grandes occasions, un doigt de vin tellement mauvais que l'année dernière, le Supérieur général de l'ordre en tournée d'inspection n'en put qu'à grand'peine, en disant sa messe, avaler une gorgée.

Rentré en Italie, il fit expédier à Mersine un hectolitre d'assez bon vin tout en écrivant au bon Père pour lui conseiller, si, par mortification, il ne voulait pas boire ce vin aux repas, de le réserver pour les messes. Mais il advint que port, douane, etc... coûtèrent 12 francs. Le Père, effrayé de la perturbation désastreuse que cette dépense extraordinaire apportait à son budget, vendit immédiatement le vin dont il distribua le prix aux pauvres : « Si le Père Supérieur, ajoutait-il en nous regardant avec son air Romagnol, trouve mon vin mauvais, qu'il reste chez lui ».

Tous nos amis d'hier escortent le consul sur la jetée où, par faveur particulière les formalités de la douane nous sont à peu près épargnées. Le Moutessarif, le chef des Zaptiès sont là. Après les dernières poignées de main le canot du consul, battant pavillon tricolore, nous amène à bord. Madame A... nous y accompagne et ne nous quitte qu'au moment où on lève l'ancre. Nos mouchoirs s'agitent longtemps apportant une dernière fois nos adieux, à cette femme charmante dont l'accueil nous a fait retrouver la France, dans ce coin perdu de la Cilicie.

A huit heures, le Samos s'éloigne lentement vers l'ouest. La ville s'efface, puis la tour du phare. Devant nous, les colonnes de Pompéïopolis teintées de violet ont semblé sortir graduellement de la mer. Puis peu à peu leur ligne grêle a diminué s'est affaiblie et a disparu. La nuit est venue.

Nous sommes sur le chemin du retour. Ce n'est pas sans regrets, qu'assis sur le pont, où, silencieux et automatiques, les matelots allemands font leur besogne, j'évoque le souvenir des longues étapes sur les sentiers rébarbatifs de la Cilicie, dans les forêts ombreuses du Taurus, au travers des plaines grillées de la Lycaonie, des campements sous les arbres auprès des sources, dans le silence des vallons déserts ; des soupers sur la galerie de l'oda devant la rangée de bonnes gens dont la lune éclaire les têtes barbues et enturbannées. Je n'entendrai plus, la nuit, le glapissement des chacals et, vers le matin, longtemps avant l'aube le bruit monotone de l'étrille de Panaïr.

Les mouktars bienveillants, les khodjas sournois dans leurs longues robes foncées, le bon Abdullah, l'hospitalière madame Moukharem, Abderrhamann-Moreau et son nez rongé, Ali l'om-bachi, Xénophon le grec, la vieille Marika, tous ces types à peine entrevus, que la promiscuité forcée du voyage nous a cependant rendus familiers, ne sont déjà plus que des souvenirs. Ils s'affaibliront peu à peu, profils flous et indécis, avant de disparaître tout à fait comme la côte lointaine.

CHAPITRE XII

DE MERSINE A RHODES

Je ne crois pas exagérer en affirmant que, depuis Homère, l'art difficile des Constructions navales et celui non moins délicat de la navigation ont fait de réels progrès.

Cette certitude m'a sauté aux yeux tout à l'heure quand, flânant sur le pont du Samos, je regardais par les claires-voies s'agiter sous mes pieds l'enchevêtrement des tiges, des bielles, des barres d'excentriques des rouages qui, au miilieu d'une trépidation, d'un halètement, d'un grondement, d'un vacarme diaboliques, vont et viennent, tournent, se croisent, s'essoufflent et se poursuivent sans se heurter jamais.

Combien faudrait-il de rameurs — me disais-je — pour remplacer cette machine compliquée ?

Cette question, simple en apparence, insidieuse au fond, non seulement en a amené d'autres dont je vous fais grâce, mais m'a conduit encore à une série de comparaisons subtiles. Exemple : Les nefs grecques devant Troie — je dis « devant Troie » parce que c'est sur celles-là que je suis documenté — n'étaient pas, en moyenne aussi grandes que les caïques des pêcheurs d'éponges sur lesquelles nous naviguions le jour de Saint Pierre et Saint Paul. Elles marchaient comme des tortues et devenaient, à la moindre houle, de véritables boîtes à mal de mer, tandis qu'aujourd'hui l'énorme masse du Samos file, sur une mer assez grosse et malgré le vent debout, ses douze nœuds à l'heure, sans tangage et avec presque pas de roulis. Dans les nefs grecques, des maîtres-d'hôtel en habit noir ne venaient pas, à des heures fixées d'avance.......

Mais pourquoi vous ferais-je part de mes comparaisons, alors que je vous ai épargné mes questions ? Je préfère croire que, vous admettez comme acquis les progrès que j'ai affirmés dès les premières lignes de ce chapitre. Jusqu'à quel point faut-il s'enorgueillir de ces progrès et de bien d'autres, notamment de ceux qu'ont fait, parallèlement à la navigation, les moyens de transport par terre ? Ont-ils correspondu à un progrès similaire de l'Esprit humain ?

Je n'hésite pas à répondre : Non ; en faisant connaître aux hommes le globe qu'ils habitent, en déchirant complètement le voile qui leur en cachait encore une partie, ces progrès matériels en ont, hélas, banni l'Inconnu, père du Merveilleux, et fait évanouir, sans espoir de retour, les rêves charmants qui bercent notre enfance. Comment pourrait-on placer le pays du Petit Chaperon rouge, où parlent les bêtes, le jardin de l'arbre qui chante, la forêt de la Belle au Bois dormant, sur une sphère dont les régions les plus inaccessibles ont été visitées, décrites, mesurées, cataloguées, et sont connues des plus jeunes écoliers ? Ne nous y trompons pas ce sont l'Inconnu et le Merveilleux, sources jadis de la poésie des peuples primitifs, qui tiennent encore éveillée l'imagination de nos enfants, et, par les rêveries qu'ils y font naître, les empêchent de devenir, à peine sevrés, d'insupportables raisonneurs, et d'arides petits pédants.

Je me suis embarqué dans une digression qui pourrait m'entraîner loin. Il serait donc prudent de m'en tenir là. Mais, puisque je suis sorti de mon sujet, il vaut mieux profiter de cette circonstance pour vider une bonne fois mon sac et débarrasser ma conscience d'un tas d'imaginations, peut-être banales, que j'éprouve le besoin de confier à autrui, ne fut-ce que pour me soulager d'autant.

Je reviens donc à mes moutons, je veux dire aux moyens modernes de locomotion.

Je reproche aux Chemins de fer et aux bateaux à vapeur un second méfait : l'uniformisation — si j'ose dire — de notre pauvre monde qui, de leur fait, devient chaque jour plus monotone. La géologie nous apprend que, dans quelques milliers d'années les montagnes, sous l'influence des agents atmosphériques, seront usées, rabotées jusqu'au niveau des plaines dont l'accumulation de leurs débris aura exhaussé le sol. La terre, alors, uniformément plate, et unie comme un billard, ou, si vous préférez, comme un tennis, ne sera plus habitable que pour les comptables et les politiciens gens hypnotisés, les premiers par leurs chiffres, les seconds par la conquête ou la défense de l'assiette au beurre, les uns et les autres, indifférents à tout ce qui constitue le · pittoresque d'un paysage.

Mais, longtemps avant cette époque, et bien plus tôt qu'on le croit, sous la seule influence des transports rapides, l'originalité des races et la couleur locale qui en est le signe extérieur auront disparu : j'ai vu les bergers de l'antique Hellade se vêtir de longues blouses kaki singeant la fustanelle, importées d'une Belle-jardinière allemande, et appuyer contre une longue houlette leur tête coiffée de la haute casquette de soie, dite « à trois ponts », apanage, jusque là, des apaches parisiens.

Puis ce sera le tour de l'originalité individuelle et tous les humains parlant un même Esperanto, façonnés physiquement et moralement sur une série, restreinte d'ailleurs, de types officiels et obligatoires ne seront plus différenciables que par leur numéro d'ordre. Et l'on ne verra plus alors, progrès suprême, qu'une multitude uniformément terne sur un monde en train de devenir uniformément plat.

Ces temps, me direz-vous, ne sont pas proches. Ayez un peu de patience, ils s'avancent, et quelques décades d'un gouvernement vraiment socialiste suffiront, si non pour atteindre la perfection de ce régime égalitaire, tout au moins pour en approcher. Déjà, d'ailleurs, pour nous en donner un avant goût, les tournées Thos Cook's and Cᵒ précédent de peu les hôteliers germano-suisses, les funiculaires et les stations thermales, hivernales, balnéaires, d'altitude, encombrent les trains et les paquebots. Pérégrinant au Haut-Nil, sévissant au Congo, ces pionniers de la civilisation en initient les habitants aux avantages de la vie moderne représentés par le chapeau mou, le complet veston et le Kodack, pendant que moins nuisibles en apparence mais aussi redoutables, les tournées pseudo-scientifiques vomissent aux lieux célèbres des hordes de gens essouflés qui, curieux et ahuris, s'y bousculent autour de vagues conférenciers.

Peut-on appeler cela un progrès ?

Homère a eu raison de naître et même de mourir avant le siècle des grandes inventions, grâce à cette sage précaution il a pu parer le petit monde grec, terres, hommes et Dieu, des couleurs les plus brillantes, le décrire, sans être contredit, tel que son imagination le voyait au travers des ignorances charmantes qui s'interposaient alors entre l'homme et la réalité des choses. Remercions le d'avoir su choisir son moment. Voyez-vous l'Odyssée écrite et chantée par un professeur — fut-il aveugle — de géographie commerciale et l'Illiade versifiée par un docteur en droit international ?

En attendant l'ère d'uniformisation — que je prévois — des hommes et des choses, nous entrons dans l'ère de l'utilitarisme. Le nouveau continent a donné le branle et la vieille Europe a suivi, menée par l'ex-poétique Allemagne. Chaque pays s'est alors efforcé — après s'être gavé, à en étouffer, des bienfaits de la civilisation, de devancer ses voisins dans les pays neufs pour y déverser l'excédent de ces bienfaits qu'elle ne peut utiliser chez elle. On nomme neufs ceux où les hommes, limitant leurs désirs à la satisfaction de besoins simples et peu nombreux, vivent heureux, lézardent au soleil, s'égorgillent entr'eux, de temps en temps, pour éviter l'excès de population, et ne demandent qu'à être laissés en repos.

Les parties orientales et méridionales du bassin méditerranéen offrant un champ d'expérience merveilleusement placé pour essayer ce que l'on nomme la pénétration économique, l'Angleterre, la France, la Russie, l'Allemagne, l'Italie, se sont hâtées de montrer aux habitants de ces rivages fortunés, moyennant une juste rémunération, les avantages qu'ils auront à accepter, à consommer et, en fin de compte, à payer les produits de l'industrie européenne.

L'Allemagne, quoique arrivée la dernière, tient la corde et aura bientôt évincé ses rivales. Elle a déjà distancé l'Angleterre qui n'avait pas fait d'efforts sérieux au-delà de l'Egypte ; elle n'a pas cure de la France qu'elle considère, avec quelque raison, comme quantité négligeable au point de vue commercial. Il n'en n'est pas de même, tant s'en faut, de la Russie. Plus proche du champ d'expérience et déjà partiellement en possession d'état par leurs correligionnaires orthodoxes, grecs et arméniens, qui détiennent le commerce et l'industrie d'Alexandrie à Constantinople et à l'Adriatique. Les Slaves barreraient la route aux Allemands s'ils avaient leur génie entreprenant, leur instinct commercial, leur activité et leur capitaux. C'est surtout pour supplanter la Russie que l'Allemagne ne néglige aucun sacrifice, qu'elle envoie des consuls nombreux, bien choisis, bien galonnés, et bien payés et qu'elle crée des sociétés de Navigation royalement subventionnées. Les premiers, agents commerciaux bien plus qu'agents politiques, recherchent le fret pour les secondes dont les cargo-boats brillants et bien tenus, conduits par des équipages aussi disciplinés que ceux de la marine de guerre, visitent avec une ponctualité de cadran solaire les escales de Syrie, d'Asie Mineure et des Iles turques.

Cette concurrence très coûteuse n'a pas encore porté ses fruits. Tandis que les Russes conservant le monopole des paquebots rapides, ne desservent que les échelles principales, les Grecs ont conservé le cabotage. L'irrégularité de marche, le désordre et la saleté de leurs bateaux correspondent bien mieux aux habitudes orientales que la régularité, l'ordre et la propreté allemands. Les nouveaux venus ne transportent donc pas grand chose pour le moment. Le Samos qui nous emmène, est venu de Hambourg à Mersine avec soixante tonnes de peaux et une gazelle vivante embarquées à Alexandrette ; il va prendre à Tersana-Limani 400 tonnes de minerai et rentrera directement à Hambourg. Pour un bateau de 3.000 tonnes, c'est peu. Encore faut-il ajouter que le représentant de la Compagnie à Mersine y étant embarqué avec nous pour veiller au bon chargement du minerai à Tersana, le navire fera un crochet. pour le laisser à Rhodes — d'où il rentrera à Mersine quand et comme il pourra. — Et ses frais de voyage auront absorbé une partie très appréciable du prix de transport du minerai.

L'Allemagne sème donc à grands frais. Récoltera-t-elle bientôt et la moisson sera-t-elle aussi riche qu'elle l'espère ? L'exemple de ce que la tenacité allemande a accompli ailleurs me porte à le croire, et l'intelligence commerciale du gouvernement allemand ne permet pas de douter qu'il continuera, tant qu'elles seront nécessaires, les subventions grâce auxquelles ses œuvres vivront jusqu'à l'heure de la moisson. Il sait que l'argent est le nerf de la guerre, surtout de la guerre commerciale.

A moins que la brutalité allemande ne vienne tout gâter !

Cette course au clocher a obligé les nations qui avaient déjà une marine à l'augmenter, et celles qui n'en avaient pas — c'était le cas de l'Allemagne — à en créer une de toutes pièces. Mais si avec de l'argent on peut construire ou acheter une flotte en peu d'années, il en va tout autrement avec les équipages que l'on n'improvise pas : il faut alors les emprunter aux peuples marins. Ainsi, l'équipage de notre Samos est à peu près complètement anglais, le capitaine et tous les officiers le sont. Mais la germanisation de l'ensemble est déjà complète. La raideur, la ponctualité, la propreté et jusqu'à la tenue, sont allemandes.

Suivant les heures et les occupations, hommes et chefs sont en tenue de corvée, en petite ou en grande tenue. Et le luxe, la discipline, l'ordre qui règnent sur ce grand bateau si exclusivement affecté aux gros transports qu'une seule cabine y a été réservée aux passagers éventuels, bouleversent de fond en comble l'idée que je m'étais fait d'un Cargo-boat.

Le Samos a cependant un point faible, très faible : sa ventilation. Dès que l'on quitte le pont, on tombe dans une température supérieure à 55 degrés ; c'est à croire que le capitaine prévoyant, a fait emmagasiner dans sa cale, pour la revendre à Hambourg, toute la chaleur qu'il a pu se procurer dans ses diverses escales. Un somme d'une heure dans sa cabine, serait suivi d'apoplexie ; le capitaine s'obstinant à faire servir les repas dans le carré, nous les expédions en un quart d'heure, et nous remontons sur le pont à demi suffoqués.

Nous avons passé la nuit sur le pont, étendus sur des divans de rotin. Brume opaque au zénith, bain de vapeur partout, dont ne saurait nous garantir la grande tente qui nous couvre. L'eau ruisselle partout. Gare aux rhumatismes ! Nous n'avons aperçu qu'assez tard dans la matinée, la côte cependant toute proche. Ses découpures si accidentées, pendant douze jours nous venons de les parcourir, s'effacent dans la vapeur d'eau qui émousse les reliefs et plaque les plans les uns sur les autres. Pendant toute la journée le paysage s'est déroulé sous nos yeux comme une toile sans fin sur laquelle serait peint un mur gris et monotone. Enfin, un dernier cap doublé, le Samos est venu mouiller dans la petite baie de Tersana-Limani, à cent mètres des ruines d'Hamaxia d'où nous sommes partis, il y a quelques jours.

L'embarquement du minerai commence aussitôt.

Nous débarquons, le consul et moi, et nous tombons dans les bras de Giorgiore : qui, lorsqu'il nous aperçoit sur le youyou du bord, n'en peut croire ses yeux !

Par la petite vallée ombreuse nous allons monter au Konak où nous nous installerons pendant la durée de l'escale. Deux chevaux sont là, sous les arbres, celui de Giorgiore et celui d'un douanier compatissant. Nous voilà en selle et en vingt minutes nous sommes au logis.

Baba-Elephtéri nous reçoit sans manifester le moindre étonnement, des aventures comme la nôtre étant fréquentes dans ces parages ; et c'est avec son air de valet de chambre bien stylé qu'il nous conduit à notre petite chambre. J'en reprends possession avec le sentiment de bien-être qu'on éprouve en rentrant chez soi.

Mais voici de singulières nouvelles : le Mouffétich (1) d'Alaya, sur la nouvelle de l'arrivée prochaine du Samos, est venu hier défendre d'embarquer le minerai ; puis il est reparti pour chercher la force armée. Nous ne comprenons rien à cet imbroglio, mais nous sommes furieux, indignés même, et nous ne parlons de rien moins que d'enlever et d'interner sur le Samos le fonctionnaire désobligeant.

Cependant la brise de mer a rafraîchi la vallée. Elephtéri nous a servi une soupe au citron de premier ordre, appuyée d'une omelette saignante et, les esprits s'étant calmés sous l'influence du bien être interne et externe, nous restons à philosopher sur le balcon très tard dans la nuit au grand déplaisir du Consul qui tombe de sommeil.

LUNDI 22. — Les bancs de bois que Giorgiore considère, à tort, comme des lits sont aussi durs qu'il y a douze jours. Le Consul — fonctionnaire amolli par les prévenances d'une femme aimante et le confort d'une habitation meublée à l'occidentale, — n'a pu fermer l'œil et cependant, délicate attention, nous avions glissé sous lui, entre le tapis et le banc, un couvre-pieds ! Dec est parti à l'aube pour Tersana, j'ai fait la grasse matinée et il est bien six heures quand nous allons, le Consul et moi, visiter la mine.

Je débite, chemin faisant, à notre ami, un petit cours familier de géologie pratique agrémenté de quelques aperçus ingénieux sur l'art des mines. Mais la chaleur et la lumière aveuglante nuisent à la fois à la clarté de mes discours et à l'attention de mon élève qui dort debout et bronche à chaque aspérité des sentiers. La température est devenue insupportable dans les ravins, et c'est à demi fondus que nous rentrons au Konak. Le Mouffetich, nous y attend entouré de huit estaffiers armés..... d'ombrelles et de parapluies. Nous passons fièrement au milieu de la troupe ; et le Mouffetich, jeune gandin, correctement vêtu d'un complet blanc, ayant voulu palabrer avec nous, le Consul, qui cependant parle

---

(1) Sorte de contrôleur des Mines et garde général des Forêts.

le turc comme feu Erthogul, lui fait dire par Elephtéri, qu'il ait à nous laisser tranquilles, notre dignité ne nous permettant pas de traiter avec un fonctionnaire de son rang. La bande descend alors vers Tersana et nous faisons, étendus sur le balcon la meilleure des siestes dont j'ai gardé le souvenir.

A midi grands cris au fond du ravin. C'est Dec qui cause avec le Mouffetich et son armée. La conversation continue de plus en plus bruyante dans le bureau, sous l'œil bienveillant du Consul qui, très digne, s'emploie à canaliser le débat. Après une bonne demi-heure de vociférations le calme se fait et l'on reconnait que, sans s'en douter, tout le monde était d'accord. Tout est bien qui finit bien.

La question en litige était simple au fond : Dec, avec un permis d'exporter vingt tonnes de minerai de plomb veut en embarquer quatre cents de . minerai de zing. Le Mouffétich, sans s'arrêter à ce détail qu'il considère comme oiseux, ne voit qu'une chose : il ne peut laisser passer sous son nez, sans prélever une dîme sérieuse, une cargaison qu'il sait relativement précieuse. Dec ne trouve rien à reprendre à un raisonnement si naturel, et il en admet le principe ; mais il s'oppose énergiquement à ce qu'on le lui applique. Et il finit par avoir gain de cause en menaçant le Mouffétich, s'il persiste, d'une destitution aussi rapide que méritée ; un très haut personnage dont il montre les lettres, a une part dans l'opération et il ne pardonnerait pas au fonctionnaire trop zélé ou trop avide qui l'entraverait.

Cet épisode — il n'a rien que de très ordinaire — démontre qu'en Turquie, ou tout au moins en Asie Mineure, les affaires ne sont pas, si l'on sait s'y prendre, aussi difficiles qu'on veut bien le dire. Les étrangers y peuvent opérer régulièrement ou irrégulièrement, à leur choix. J'entends par opérations régulières, celles pour lesquelles on suit la filière normale en s'adressant aux autorités compétentes qui, en Turquie, interviennent dans presque toutes les transactions, surtout dans celles avec des étrangers ; et par opérations irrégulières, celles dans lesquelles on atteint le but par un chemin en apparence très différent de celui qui devrait y conduire. L'étranger qui opère régulièrement, devra s'estimer heureux s'il n'est pas ruiné longtemps avant d'avoir gravi le calvaire des formalités. Quant à obtenir ce qu'il désire, il n'y doit compter en aucune façon, et voici pourquoi, ici, je prie le lecteur de suivre mon explication qui, pour paradoxale qu'elle paraisse, n'en est pas moins rigoureusement vraie :

Les fonctionnaires entre les mains desquels doit passer un dossier, avant d'arriver, soit au Sultan, soit à celui qui — quelques fois, mais rarement — a le pouvoir de donner la signature définitive, sont légion. Chacun d'eux, à défaut d'appointements toujours en retard et ordinairement impayés, prélève un tribut sur l'affaire qui passe à sa portée. Et si le futur bénéficiaire du dossier, ne s'exécute pas, le dossier stationnera des mois et des mois sur chaque bureau. Le pis est que le malheureux devant deviner où son dossier est arrêté, plusieurs rançons s'égareront peut-être, en des mains qui ne peuvent en rien servir à le remettre en marche. Plus le dossier s'approche de la signature finale, plus les appétits deviennent exigeants et les temps d'arrêt plus longs: les difficultés surgissent de tous côtés ; c'est aujourd'hui un tiers qui fait valoir des droits ignorés et probablement fictifs ; c'est demain, une formalité omise et l'instruction de l'affaire doit rétrograder de cinq ou six échelons. Le pétitionnaire dont les ressources sont presque épuisées, ne peut abreuver tous les altérés et tout reste accroché ; les consuls, voire les ambassadeurs, n'y peuvent rien, tout s'étant passé légalement. Et cela dure jusqu'au moment où l'intéressé — je pourrais dire plus justement l'étranger — ruiné, lâche tout, et se sauve en criant « au voleur » !

Et, direz-vous, si l'intéressé est Turc ? Un Turc qui a de l'argent l'emploie autrement. S'il sollicite un marché ou une concession, c'est qu'il n'a pas le sou et qu'il a derrière lui de l'argent européen : et on le traite en conséquence.

J'entends encore un pauvre diable d'Autrichien qui, sur

un bateau de la Mer Noire, me racontait, les larmes aux yeux, comment, à courir sans l'avoir atteinte, après une concession de mine, il avait mangé jusqu'à son dernier sou.

— Je ne connaissais pas bien les Turcs, — me disait-il.— Il se trompait, il les connaissait bien, mais il ignorait la manière de s'en servir. S'il l'eut connue, évitant la route ardue de la légalité, il aurait lié partie avec un personnage influent, ministre, chambellant, secrétaire de sa Hautesse, chose facile, car tous tripotent plus ou moins, — Il lui aurait assuré une part dans les bénéfices de l'affaire, avec, en plus, une somme plutôt ronde, payable le jour où le firman serait « sorti » et déposée d'avance dans une banque. Après quoi, il aurait attendu paisiblement, sûr de la réussite, s'il avait bien choisi son associé. Un ministre, en effet, dans ce pays du bon plaisir, n'ayant pas à acheter la bonne volonté de fonctionnaires qu'il peut faire avancer ou révoquer à son gré, sait les plier à ses volontés et empêcher les convoitises et les exigences qui nuiraient à ses intérêts. Ce haut protecteur d'ailleurs, une fois engagé, agira loyalement et n'écoutera pas les propositions plus avantageuses d'un concurrent.

En dehors de ce procédé, il y en a d'autres plus expéditifs pour des affaires de moindre importance : s'agit-il d'une mine par exemple ? D'accord avec..... Kidedroit, on demandera des permis de rechercher et d'exporter. C'est légal. Ces permis sont, il est vrai, limités à un petit nombre de tonnes sur lesquelles l'Etat perçoit des droits assez élevés. Mais le Mouffétich chargé de surveiller l'embarquement, peut s'absenter, être retenu ailleurs par son service, ou même être distrait ; les erreurs de pointage sont faciles. Si bien que si Kidedroit a le bras long, une mine importante peut être vidée avec un permis d'exploitation de cent tonnes.

Il ne faudrait pas, de ce qui précède, conclure que la Turquie est un pays de voleurs, car le Turc, en général, est honnête. Le fonctionnaire turc l'est à sa manière : étant fonctionnaire parce qu'incapable de gagner sa vie

autrement, il trouve naturel et juste d'obtenir de l'argent
de ceux à qui il permet d'en gagner. Où en prendrait-il
ailleurs, dans un pays où il n'y en a nulle part ? Petit
employé, il meurt de faim, son traitement étant rarement
payé. Gros légume, il a de telles charges, tant de serviteurs,
de clients, de parents à entretenir, tant de dépenses obligatoires, que revenus et traitement ne peuvent suffire : il
est donc obligé de concussionner quand il le peut. Mais il
le fait proprement, simplement, dignement, honnêtement.
Que peut-on exiger de plus ? Et bien des pays soit disant
civilisés sont, à ce point de vue spécial, très inférieurs à
la Turquie. Prenons l'Espagne, par exemple : Le processus
d'une affaire y est, en apparence, plus simple et la voie
légale, la voie régulière est la seule qu'on y puisse suivre.
Mais, soit qu'on remonte cette voie, du petit secrétaire
d'Ayuntamiento au ministre, soit que l'on s'adresse directement à ce dernier, il faut arroser sur toute la ligne, parcequ'à
l'inverse de ce qui se passe en Turquie, le chef, homme
influent ou ministre, ayant besoin de chacun pour maintenir
sa situation politique, ne voudra priver personne d'un juste
bénéfice : le vote, le facheux vote est là qui rend les supérieurs tributaires des subordonnés, et si l'un de ces derniers
— plus besogneux ou plus avide — exige du tiers infortuné
un double tribut, ce tiers n'aura qu'à s'éxécuter, car le
ministre lui-même n'osera pas, ne pourra pas intervenir.

Ce protecteur lui-même, ce ministre, n'est pas sûr. Au pays
de l'huile, les marchandages politiques ont modifié le sens
moral. On promet, on se fait payer, on ne tient pas sa
promesse mais on garde l'argent. C'est naturel, c'est simple,
et celui qui fait cela n'en éprouvera ni honte, ni embarras.
C'est dit-il, de la politique. On vole partout, — j'entends dans
le monde administratif — tant qu'on le peut, peu ou prou
suivant le cas, et l'on est, grâce au influences politiques,
à peu près sûr de l'impunité. Un fonctionnaire pris la main
dans le sac est simplement déplacé. On ne le révoque
jamais, d'abord parce qu'il a rendu, ou qu'il peut rendre,

ou qu'il rendra des services politiques et puis encore peut-être, faute de trouver, pour le remplacer un autre plus honnête.

J'en pourrai dire encore bien long sur ce chapitre. Mais est-ce seulement d'un seul côté des monts que les choses sé passent ainsi ? En lisant les journaux français de ce temps, ne semble-t-il pas qu'il n'y a plus de Pyrénées ?

La grosse chaleur passée nous sommes descendus à Hamaxia. Les inscriptions qui m'y attirent sont gravées sur de belles plaques calcaires fixées contre les restes d'une antique muraille : elle barrait l'isthme étroit qui relie à la terre ferme le rocher de Tersana. Une petite tranchée la longe et facilite le déblai qu'il nous faut faire pour dégager cinq dalles, les seules qui restent encore. Mais la nuit va venir : il faut remettre à demain l'estampage et la copie des textes.

La vallée, au déclin du jour, est plus charmante encore, plus fraîche et plus riante que le matin. C'est à regret que nous la quittons pour gravir la pente raide que domine le Konak. Mais, aussi, là-haut, quel coucher de soleil inoubliable et plus tard, quelle soirée sur le balcon. Quel civet de poulet nous sert Elephteri ! Cela compense toutes les fatigues du voyage.

MARDI 23. — Nous sommes descendus de bonne heure aux ruines d'Hamaxia. Comme je n'ai que quelques feuilles de papier buvard, je me borne à en appliquer une sur quelques mots de chaque inscription afin d'en fixer la forme des caractères. Puis je commence à les copier, opération rendue particulièrement difficile par l'éclairage trop intense qui, en atténuant les ombres, efface les reliefs. La chaleur est telle dans la tranchée que, faute d'un casque ou d'un parasol, je suis presque suffoqué et obligé d'abandonner la partie, après avoir relevé les deux inscriptions qui couvrent la première dalle.

Un repos à l'ombre me permet cependant un retour offensif et je photographie en hâte deux des autres dalles et la vue d'ensemble du mur qui les porte. Ces inscriptions grecques que la feuille de lierre entre certains mots, la forme de certaines lettres, le caractère général des autres, permettent d'attribuer à la belle époque impériale, étaient gravées sur un calcaire à grain très fin, assez tendre et je ne comprends pas comment elles ont pu se conserver aussi nettes.

D'après les deux que j'ai copiées ces inscriptions n'ont qu'une importance bien relative. Qu'on en juge.

« Le peuple a décerné cette inscription honorifique à..... na « fille d'Antitiès, née de parents respectables et gens d'hon- « neur, épouse de Conon, juge, homme respectable par sa « naissance et du premier rang — à cause de sa vertu et « de son énergie virile ».

A quoi tient la gloire de ce monde. Voici une dame Conon qui a fait afficher à grands frais son éloge. Cet affichage, solide, a bravé les injures du temps et s'étale sous nos yeux admiratifs. Mais voilà : un mot, un seul mot s'est effacé. Et c'est le nom de la Dame qui, de ce fait, restera toujours inconnue !

La seconde inscription a été mieux respectée.

« Le peuple a décerné cette inscription honorifique à Ninès, « fils de Conon, jeune homme instruit, de rang sénatorial et, « de plus, citoyen de Sidé, né de parents respectables et « gens d'honneur — à cause de sa vertu et de sa bienveillance « envers la ville de Korakésion. »

Lorsque, mes photographies agrandies, j'aurai pu traduire les autres inscriptions, nous saurons si la vanité de la famille Conon avait accaparé l'affichage d'Hàmàxià ou si d'autres gens non moins notables ont transmis à la postérité leurs nombreux titres de gloire, ou de considération.

Nous rentrons à bord de bonne heure. En attendant l'appareillage les officiers font à la nage la navette du bateau à la côte sans souci des requins que Giorgiou nous a dit abondants (?) et du soleil encore plus dangereux. Entre temps leurs hommes munis d'échelles écrivent en lettres rouges, hautes de six pieds, sur le rocher d'Hamaxia, le nom du

Samos et la date de son passage. Amour propre national ?
Non, simple réclame commerciale.

Nous levons l'ancre à 5 heures. Pendant longtemps de
l'arrière du Samos, je suis des yeux la roche d'Hamaxia
couronnée de ruines, la vallée ombreuse, et, tout là-bas,
la tache blanche du konak de bois où les lits sont si durs
et les poulets si savoureux. Encore un coin d'Asie où notre
souvenir restera attaché par ces liens ténus mais encore
solides que, dans nos âmes latines, crée l'habitude, de
quelques mois... ou de quelques jours.

Baba Elephtéri, Giorgiou, je ne vous reverrai probablement jamais mais ma pensée vous retrouvera toujours dans
ce cadre qui m'est devenu familier et qui diminue maintenant de minute en minute, et s'efface, à peine éclairé par les
derniers rayons du soleil couchant.

MERCREDI 24. — Un des officiers du bord a pris hier au
cours de ses baignades une bonne insolation et son épiderme
est brûlé. Rouge comme un homard cuit, il ne peut supporter
aucun vêtement et étendu sur une couverture il gémit toute
la nuit, en proie à un terrible accès de fièvre. Il n'y a pas
de médecin ici, et ses camarades s'en rapportent à son
tempérament pour le tirer de là.

Il n'y a pas, non plus, de vétérinaire. Je ne crains pas
d'en remplir les fonctions et je sauve la gazelle du capitaine
en lui administrant dabord plusieurs douches internes avec
le pulvérisateur de son maître puis en lui faisant manger du
son mouillé. La gentille petite bête nourrie depuis Alexandrette de sauces salées et de ragouts poivrés, par cet Anglais
étranger aux sciences naturelles, allait sans mes soins passer
de vie à trépas.

A cinq heures du soir après une traversée monotone nous
sommes en vue de Rhodes, par un vent violent qui nous a
secoués toute la journée, mais le Samos ne roule pas et
mon estomac s'est très bien comporté. Nous stoppons en
dehors des jetées. Un canot monté par le juif Broussali et
et envoyé par les frères M... amis de Dec, accoste peu après ;

nous embarquons et en vingt minutes nous sommes à la Douane. Broussali, interprète, commissionnaire,garde,ruffian etc... nous installe dans un landau, frère très aîné de ceux de Séléfkia, qui nous conduit à l'Hôtel des Etrangers, le meilleur, et probablement le seul de Rhodes. Je recommande à tous les voyageurs cette hospitalière maison où nous avons trouvé un accueil empressé, d'excellentes chambres, et, dans un fort courant d'air, une table süffisante.

JEUDI 25. — C'est la première nuit depuis notre départ de Constantinople que nous avons passée dans de vrais lits ; aussi n'est-ce pas sans peine et sans regrets que nous les quittons, le soleil déjà haut.

Des conversations entendues hier soir il résulte que nous sommes prisonniers à Rhodes pour huit jours, au bas mot. Soit que cette île se trouve en dehors des grandes lignes de Navigation, soit que le mouvement commercial y soit insuffisant, les bateaux y sont rares et les seuls qui desservent l'île à peu près régulièrement sont ceux des Sociétés Gréco-Turques Hadji-Davoud et Pantaléon. Encore ces petits vapeurs n'y viennent-ils, je crois, que quand ils n'ont rien de mieux à faire. On ne les attend que la semaine prochaine et cela me laisse entrevoir quelques jours d'intérressante flanerie, dans la ville et aux environs qui, de la côte, nous ont paru frais et ombreux.

Dec enrage de ce retard dont je jubile : Rhodes me hante depuis l'époque bien lointaine, hélas, où l'on me donna, comme prix de grammaire, un livre dont je vois encore la couverture agrémentée, ornée d'arabesques vertes et veloutées, et le titre flamboyant : Histoire des Chevaliers de Rhodes ! J'avais à peine sept ans alors et, naturellement, je ne lus pas une seule ligne de cette histoire qui devait être merveilleuse si je me rapportais à la couverture, mais que je jugeais devoir être ennuyeuse, car elle n'était pas illustrée. Plus tard, ayant lu dans un autre de mes prix : les Animaux célèbres, le récit du terrifiant combat que le chevalier Dieudonné de Bozon (je crois bien que c'est son nom) livra au monstrueux serpent de Rhodes, je fus pris du désir de connaître l'histoire de cette île merveilleuse où vivaient des dragons si horribles et des chevaliers si courageux.

Et voici qu'après cinquante ans d'une attente que je ne peux dire anxieuse, un hasard heureux allait me faire visiter les lieux où ma jeune imagination avait accumulé les prodiges.

Les amis de Dec sont gens instruits, le Consul qui partagera notre captivité, connaît l'histoire de la côte et des îles, particulièrement de Rhodes où il est venu plusieurs fois. Par surcroît, il est bibeloteur avisé et grand collectionneur de pots cassés ; avec lui, notre temps sera utilement et agréablement employé.

Je me hâte d'ajouter que ma satisfaction était décuplée parce que cet arrêt dans une île si officiellement historique me donnait le droit de croire enfin conjurée la fatalité qui depuis le quai d'Haïdar-Pacha m'avait toujours poussée en en avant sans me permettre de visiter, de regarder même les ruines que je rencontrais.

Nous donnerons ce matin un premier coup d'œil a l'ensemble de la ville et des ports.

En sortant de l'Hôtel nous sommes dans la ville neuve. L'impression est désagréable : des deux côtés de longues rues droites et non pavées, s'élèvent les classiques maisons levantines de style italien, blanches, roses, bleues ou jaunes, propres, raides et bêtes sous le soleil, au milieu de petits jardins. C'est prétentieux, faux et banal comme une ville d'eau, mais les rhodiens en sont très fiers. Peut-être ont-ils raison. Mais le moyen d'admirer tout cela quand on arrive avec l'imagination pleine d'une Rhodes moyenâgeuse, aux rues étroites et aux architectures de la vieille France guerrière ?

Nous voici à la muraille crénelée qui nous rappelle celle d'Avignon, avec peut-être des tons encore plus chauds. Nous longeons, d'abord, sur un quai contre lequel la mer vient battre, cette première enceinte ; nous la traversons ensuite par une porte ménagée dans une massive tour carrée et nous débouchons sur le port central. Rhodes en avait trois : celui du sud que je n'ai pas vu et qui est ensablé, le port central, où nous sommes et où il y a encore, au milieu, assez d'eau pour les bateaux de tonnage moyen, et le port du Nord, bien mieux abrité mais accessible seulement aux petits bateaux. Le port central était, je crois, au temps des Chevaliers, le plus fréquenté. La ville l'entoure en fer à cheval, mais une muraille très forte, encore intacte, l'en sépare et l'ennemi, maître du port, la ville restait à prendre.

Rhodes est une des iles turques les moins grecques de la Méditerranée, je veux dire où l'élément musulman est le plus nombreux : ce qui n'empèche pas que le port est plein de grands caïques et de bateaux grecs, et le quai qui le borde, encombré de cafés grecs dont les tables envahissent une partie ombragée par de grands arbres. Ces tables sont occupées par les consommateurs de mastic et de krio-nero (1) si nombreux qu'il ne doit pas rester beaucoup d'hommes au logis. Ne pensez pas que ces gens fainéantent : ils travaillent, mais seulement avec leurs langues, ainsi que le doivent faire les hommes ; c'est aux femmes, à elles seules qu'incombe le soin du ménage et la charge des autres travaux, sans en excepter ceux de la terre.

Tout près de la dernière table s'ouvre, tache noire sur la muraille fauve, la porte de la vieille ville. Dans l'étroite ouverture se pressent, entrant ou sortant, les soldats en guenilles, les bourriquots chargés de bois, de fourrage ou de fruits, les Crétois insolents, les Papas crasseux, les marchands de légumes, de poissons, les Européens coiffés du casque blanc ou du chapeau de paille, les Arabes dans leurs burnous blancs, les paysannes grecques vêtues de cotonnades jaunes, les Turcs en redingote noire, coiffés du fez rouge et chaussés de pantoufles brodées sur canevas, les nègres de la Tripolitaine, les Grecs indépendants reconnaissables à leur chapeau melon, les Arabes de Bagdad sans burnous, le plus souvent la

____

(1) Eau fraîche.

tête écrasée par d'immenses turbans, les femmes turques en férédjés, les Levantines en chapeaux à plumes, les officiers montés jambes pendantes sur de maigres haridelles, les Bédouins de la Syrie ou de l'Hedjaz bronzés et crépus. On se croirait sur le pont de Galata.

En attendant Broussali qui doit nous guider dans la ville, nous nous sommes assis devant une des tables. Près de nous, sur un banc de pierre, contre la muraille, les soldats du poste qui gardent la porte, peu mais mal vêtus, un pied nu dans la main droite, fument ou dorment. Celui qui est en sentinelle, a appuyé son fusil contre le montant de pierre de la porte, est allé chercher une des tables du café, et, juché dessus, étend avec précaution des loques mouillées, amorphes et polychromes, sur une corde que les mains d'une femme au corps invisible élèvent ensuite et fixent au créneau du rempart. La vue de ce militaire accrochant des guenilles aux murailles que jadis canonnèrent ses aïeux, éveillait en moi une foule de réflexions assez amères sur la décadence des peuples en général et des Osmanlis en particulier, l'affaiblissement des esprits, etc... et je restais assis, sans la toucher, devant ma minuscule tasse de café.

— Ne trouvez-vous pas, m'a dit Dec en me secouant, que ce port sent abominablement mauvais et que le café turc qu'on nous a servi n'est qu'un jus de chapeau additionné de sable ? Ne restez pas en contemplation devant ce militaire au nez sémite qui donne au peuple et à nous un exemple déplorable en courtisant, coram populo, la femme d'autrui. Allons nous-en.

— Vous faites, Dec, parce que le retard de Broussali vous impatiente et vous met de mauvaise humeur, un jugement téméraire. Pourquoi supposez-vous que ce guerrier complaisant braconne sur les terres d'autrui ,alors qu'il aide, tout simplement sa femme ?

— Mon ami, conclut Dec en se levant, vous êtes bien jeune malgré vos cheveux blancs. Sachez, puisque vous semblez l'ignorer que les hommes mariés ne sont complaisants que pour les femmes des autres.

Et comme je me récriais, il ajouta : « Les Turcs, s'entend ».

La porte franchie, la foule s'éclaircit. Il fait presque frais dans les rues étroites et moyenâgeuses. Sur une petite place, une sorte de palais élève sa façade sévère. Depuis sa construction, le sol a été très surélevé, car la porte en ogive est loin d'avoir sa hauteur primitive. Deux tas de gros boulets de pierre, dont quelques-uns énormes, vestiges du siège de 1552, en accotent les pilastres. J'entre pour examiner une jolie cour intérieure, mais un officier surgit de l'ombre qui, très poliment, me reconduit dans la rue. Il faudrait pour visiter, avoir un teskéré ! dit Broussali, qui nous affirme que ce bâtiment servant aujourd'hui au Tribunal — à quel Tribunal ? — était autrefois le palais des grands-maîtres de l'ordre : Je n'en crois rien, les renseignements des guides étant en général fantaisistes.

Dans la rue des Chevaliers les armoiries sculptées sur les façades sont encore très visibles partout où les Moucharabiet ne les orientalisent pas et, de moins ignorants que nous pourraient en reconnaître la nationalité et peut-être le nom des anciens occupants. Sévères et nus les murs de pierre de taille percés de rares croisées géminées sont restés tels qu'ils étaient il y a trois siècles et demi. En pénétrant discrètement dans les cours c'est un dédale d'escaliers, de voûtes, d'arceaux, de salles voutées en arc de cloître, de couloirs bizarres et obscurs, de galeries semblables à des cloîtres qui entourent des cours ensoleillées, mélanges bizarres des architectures du Moyen-Age et de la Renaissance, conservées à peu près intactes. Depuis le jour de l'année 1552 où l'armée de Soliman le Magnifique entra dans Rhodes par trahison, les Turcs n'ont rien détruit et se sont bornés à accomoder les logis à leur genre de vie. Les murailles de la ville sont restées à peu près inviolées comme les maisons ; le temps seul, et l'explosion qui, en 1856, détruisit l'église de Saint-Jean-Baptiste et le palais des Grands-Maîtres, ont modifié l'aspect de la vieille cité ; et si les chevaliers revenaient, ce qui est plutôt improbable, ils retrouveraient, à peine modifiées, leurs anciennes demeures.

Au centre d'un lacis de ruelles, deux rues, à angle droit, forment le bazar. Il est pauvre mais très grouillant. Des camelots enturbannés, colportent de longs poignards et des Lefaucheux à deux coups, comme les camelots de Marseille promènent des montres à dix centimes et des chansons nouvelles. Or, Rhodes est la Guyane de la Turquie, l'enceinte fortifiée ou Sa Hautesse le Sultan, sans l'intermédiaire d'aucune Haute-Cour, envoie en villégiature forcée ceux de ses sujets qui le gênent. Ceci explique la variété des types qui circulent autour de nous, mais explique moins la facilité qu'ont tous ces gens d'acheter des armes, et la négligence avec laquelle on garde les portes. Ce je m'enfichisme de l'autorité a d'autres motifs : les déportés usent à peine de la faculté d'acheter des armes et ne profitent pas du tout de la négligence de leurs gardiens parce qu'à Rhodes on les laisse vivre à leur guise et on leur donne régulièrement, sans leur demander aucun travail, une petite solde : Pourquoi iraient-ils ailleurs ?

Le sieur Doukakis, médecin et Grec, si je ne me trompe, tient une boutique de bric à brac. Il nous montre d'abord des broderies anciennes très renommées dans le Levant : Je les trouve lourdes et sans grâce, puis des vieilles faïences de Rhodes qu'avec les poteries et les carreaux vernissés, on a pendant longtemps fabriquées et exportées. Ces carreaux, introuvables aujourd'hui, servaient à carreler et surtout à lambrisser les appartements. M. de Mandat-Grançey assure en avoir vu dans les couvents grecs de l'Athos. Notre médecin n'en possédait pas, mais nous trouvons chez lui quelques tasses et surtout une série de sous-tasses ou petites assiettes merveilleuses par leur forme, leur finesse, la grâce de leur ornementation et la richesse de leur coloris. Le Docteur Doukakis qui n'est pas sot, connaît les tarifs des chirurgiens parisiens et les applique à ses opérations... commerciales. Il faut être milliardaire pour acheter chez lui.

Broussali nous conduit au quartier juif en longeant, à l'intérieur, les remparts accotés partout de maisons déjà anciennes.

Je ne décris pas les belles portes de la ville que nous visitons en passant, elles sont trop connues.

Les rues juives, larges et propres, ne sont plus l'Orient. Elles rappellent plutôt les quartiers italiens de Tunis. Nous nous hâtons vers un autre quartier, au Nord de la ville : là, sur la haute terrasse d'une mosquée, où le vent fait rage, nous avons une bonne vue d'ensemble de la vieille ville avec ses trois ports, son enceinte, le fort Saint-Ange au Sud, la tour ronde du fort Saint-Elme au Nord, la ville neuve et les jardins qui entourent les deux cités.

Il pleut quelquefois à Rhodes et des brises fraîches l'été, froides l'hiver la balayent nuit et jour. Cette ile bienheureuse doit aux pluies qui les arrosèrent après que les Turcs les eurent plantés, les arbres magnifiques qui en font le charme ; aux brises, l'éclosion d'une forêt de moulins à vent dont les silhouettes jalonnent les plages ; aux deux causes réunies la fraîcheur et la salubrité qui y attirent, pour y passer l'été, les Grecs riches des côtes de Caramanie et de Syrie.

Après une courte visite à notre Consul, homme bienveillant et mélancolique nous rentrons à l'hôtel. Une surprise nous y attend, et quelle surprise ! L'Olympia, affreux raffiot de la compagnie Hadji-Davoud, allant d'Athènes à Smyrne, vient de mouiller devant le port et repartira à 2 heures et demie. Il est déjà midi. Dec exulte et je suis prostré. Que vais-je faire ? Quitterai-je Rhodes à peine entrevue, où y resterai-je huit jours ?

Une tempête, la tempête classique, éclate sous mon crâne ? La fatalité, la vieille Ananké qui m'a poursuivi depuis mon départ, va-t-elle cette fois encore s'interposer entre mon désir et sa réalisation ? Cette fois c'est la voix du devoir que j'entends, que j'écoute et qui m'oblige à continuer cette course folle que nous poursuivons depuis le jour du départ de Paris.

J'écourte mon déjeuner, j'empile au hasard dans mes valises hardes et bibelots, et sans écouter nos amis qui nous dissuadent de prendre ce bateau peu solide et supérieurement sale, nous faisons nos adieux au bon Consul navré de notre abandon et, à l'heure fixée nous sommes à bord.

On lève l'ancre à deux heures, par une mer assez grosse. Malgré sa mauvaise réputation notre petit Olympia tient bien la mer et file ses dix nœuds.

Pourquoi, au milieu des odeurs infectes du bord, n'ai-je pas eu le moindre mal de mer ? je n'en sais rien et sans m'attarder a en rechercher les causes, assis confortablement à l'arrière du bateau, je vois peu à peu les murs puis les maisons blanches de la ville s'éloigner, s'amoindrir; seules les files des moulins à vent nous signalent la pointe Nord de l'île, longtemps après que la terre a disparu.

CHAPITRE XIII

DE RHODES A SMYRNE

Le vent s'est calmé. Sur une mer d'huile nous longeons de très près la côte d'Asie Mineure, montagneuse, jaune et aride. Des îles nous barrent la route, ne laissant entre elles et le continent que d'étroits chenaux bordés de hautes falaises. Voici, sur une arête un moulin à vent perfectionné, fonte et tôle ; peint en vert cru, il semble sorti hier d'une exposition agricole. Autour de lui, et aussi loin que la vue peut s'étendre, ni vie, ni végétation. A quelque distance, sur le roc vif, une maisonnette blanche, toute petite se montre près de trois arbres rabougris. Qui peut vivre là ? probablement le gardien du moulin. Mais ce moulin lui-même à quoi sert-il dans ce désert de pierre ? Probablement à faire monter du fond d'une source invisible, l'eau nécessaire pour arroser les trois arbres et désaltérer le gardien. Alors ?

Le pont du bateau, qui en est la seule partie habitable, est encombré sur l'avant par un troupeau de bœufs et envahi, sur l'arrière, par les passagers. Pour s'asseoir, à plus forte raison pour s'allonger il faudrait conquérir sa place de haute lutte. Nous préférons faire intervenir le capitaine ; et comme nous sommes les deux seuls passagers de première classe — 10 francs de Rhodes à Smyrne, nourriture non comprise — ce personnage tout puissant nous installe, après en avoir chassé les habitants sans aménité, l'un sur et l'autre contre l'habitacle du salon ; nous y dressons immédiatement nos lits.

Une population de Turcs, de Grecs, de femmes et d'enfants grouille autour de nous. Chaque groupe s'est organisé un campement clos au moyen de loques jetées sur des ficelles. Derrière ces abris théoriques les turques quittent le haynac, hélas ! et nos dernières illusions sur la femme

turque de petite condition s'envoleraient s'il soufflait la moindre brise.

Un soldat apporte un matelas pour une femme à tournure
assez distinguée, aux magnifiques yeux noirs. Un gros garçonnet qu'elle appelle Osman et deux fillettes l'accompagnent.
Très éveillées, ces fillettes. L'aînée, pâle, maigre, nez droit
sur une bouche irrégulièrement meublée ; la seconde, grasse,
fraîche, nez assez fort tombant un peu vers des lèvres
rouges et épanouies, derrière lesquelles un rire continuel
découvre des dents merveilleuses ; l'une et l'autre, cheveux
noirs plantés très bas, grands yeux de gazelle très doux,
voilés de longs cils ; ces deux gamines synthétisent les deux
types féminins de la race turque, correspondant sans doute
à deux origines différentes. Notre ignorance de l'Histoire
ne nous permet pas de pousser plus loin nos hypothèses. Les
voyages, dit-on, forment l'homme. Je crois que c'est surtout
en lui montrant le nombre infini des choses qu'il ignore ;
et quand ils ne lui donnent pas le désir de s'instruire, ils
diminuent, au moins, sa suffisance. C'est toujours quelque
chose.

Sini, ville de pêcheurs d'éponges, s'élève en amphithéâtre
sur une sorte d'arête et descend dans une double baie au
fond d'un fiord étroit. La pente est si raide que les maisons
blanches semblent posées sur les rayons d'une étagère. On
ne voit rien de turc dans cette ville que domine, seul, le
clocher de l'église grecque. Pas un minaret, et s'il y a une
mosquée, elle se cache au fond de quelque ruelle écartée.
Les turcs sont très peu nombreux ici et les rares fonctionnaires, les quelques douaniers qui y représentent la Sublime
Porte ne demandent qu'à se faire oublier.

Après les formalités rapides de la santé l'Olympia a stoppé
à quelques encablures d'un quai sur lequel un canot nous
dépose entre les bras de douaniers et de policiers bienveillants. Pendant qu'on débarque les bœufs nous allons
visiter la ville, semblable à toutes les escales d'Orient : Cafés
et Beuglants, boutiques où l'on débite des breuvages frais et
variés.

Les marchands de poissons, de seiches et de Fruti-di-mare
étalent leurs marchandises sur le quai, entre les vergues des
bateaux. Des passages étroits relient ce quai à des ravins qui
sont peut-être des rues montantes. Une rivière ordinairement
à sec passe sous une passerelle de pierre très basse, à nombreuses arches pour rejoindre au fond du port la mer boueuse
dans laquelle des enfants nus barbottent, couverts de limon,
comme des sangliers.

Au pied d'une tour, sentinelle inoffensive qui garde le
port, un café moderne, — à l'instar de Paris, — nous offre,
sur le quai, des chaises et des tables en fer. Nous nous y installons à l'ombre. Des bateaux de plaisance conduisent de
jeunes Siniotes à la plage voisine où ils se baigneront.
Les sexes sont séparés pendant le trajet et les barques
chargées de jeunes filles criardes, empanachées, enruban-
nées, toujours à l'instar de Paris, mais lourdes et sans
grâce, précèdent celles des jeunes mâles aux moustaches
trop noires, aux faux-cols trop blancs. Des propos bruyants
volent d'une troupe à l'autre et les yeux noirs féminins
semblent attirer comme des aimants, les barques chargées
de vestons prétentieux.

Cette régate bi-sexuée serait supportable, et encore tout
juste, dans un autre cadre : mettons à Cette, si vous voulez ;
calicots et demoiselles de magasin en rupture de comptoirs.
Mais ici, dans cette baie bleue, devant cet amphithéâtre de
rochers fauves tachés de blanc, sous cette lumière éclatante
qui drape d'or les voiles des bateaux, les guenilles du quai,
et jusqu'aux uniformes des zaptiès, elle est odieuse et nous
gâte tout le plaisir de cette halte en plein Orient.

Nous payons dix centimes environ, pourboire compris,
chacun des verres de mastic que nous venons de prendre; et le
garçon, reconnaissant de notre munificence, nous tuyaute
sur l'île et ses habitants ; il n'y a pas, assure-t-il un seul
ivrogne ! Heureux pays, peuplé de sages qui ne se sont
pas encore laissés séduire par les charmes de l'alcoolisme à
bon marché.

Ces sages, d'ailleurs, sont plutôt pauvres ; l'île n'est qu'un rocher où l'on ne trouverait pas quatre hectares de terre cultivable. Ses six à sept mille habitants, concentrés dans la ville ne vivent que de la pêche et du commerce des éponges qu'ils vont pêcher dans tout l'archipel et sur la côte d'Asie ; Les pêcheurs qui, le jour de Saint Pierre et Saint Paul, nous ont pris dans leur barque, étaient des Siniotes. Les barques très nombreuses amarrées au quai sont, sauf quelques-unes chargées de légumes et venant de Chiou, armées pour la pêche des éponges : et nous avons rencontré en mer, je ne sais où, deux petits vapeurs appartenant aux gros bonnets d'ici et outillés spécialement pour ce travail.

Gagnent-ils de l'argent ces pêcheurs ? nous n'en savons rien, le garçon du café ayant négligé de nous le dire. Ils gagnent assurément leur vie puisqu'ils vivent sur un roc où il faut tout importer. Et vivre c'est bien déjà quelque chose. Vivre dans le pays où l'on est né, habiter la maison que bâtirent les aïeux, quels que soient le pays et la maison, c'est encore mieux.

Rentrés à bord, nous nous faisons servir à dîner dans la cage vitrée qui protège l'escalier des cabines. Ce repas pantagruélique est cocasse par l'ordre de superposition des mets. Le voici : à la base du thé ; puis poisson frit, poule bouillie et, pour terminer, un brouet de semoule à la graisse.

Le soleil s'est couché mais il teinte encore d'un rouge sanglant la montagne sur laquelle les maisons se détachent en blanc mat. Le rouge s'affaiblit, passe au violet pourpre, puis au mauve, enfin au gris. Sur le port, les lumières des cafés s'allument successivement et se reflètent dans l'eau. La nuit tombe. Les maisons aux pignons triangulaires d'un côté de la baie apparaissent, blanches encore, tandis que celles de l'autre côté sont déjà perdues dans le noir.

On appareille. Les visiteurs se précipitent sur l'échelle et, des canots où ils sont descendus, les conversations continuent dans la nuit, avec les gens du bord. Le dernier des bœufs vient enfin de débarrasser le pont. Un beuglement de la sirène et l'Olympia, très incliné sur babord par le mauvais arrimage de son chargement, s'éloigne de la ville.

La lune s'est levée derrière Sini et c'est dans un décor d'argent, sur une mer d'argent, succédant aux ors de la soirée que nous naviguons. Au delà d'un chenal assez long et très étroit, sorte de goulet entre Sini et un îlot, montagne isolée qui tombe, abrupte, dans le flot, nous retrouvons la mer large, la brise forte et la fraîcheur.

Pendant que sur le pont nous préparons notre campement de nuit un fonctionnaire turc à figure glabre de magistrat, flirte fortement avec les femmes d'autrui. Correctement vêtu, au départ de Rhodes, selon les prescriptions de la Réforme, il s'est successivement débarrassé d'un fez, qu'il a remplacé par un bonnet grec, j'entends celui du parfait notaire, en filet, brodé au crochet par quelqu'une de ses femmes légitimes, de ses souliers et de ses chaussettes blanches. Son pantalon noir a cédé la place à la large culotte turque en cotonnade grise, arrêtée au genou. Et la redingote noire à col droit, la stambouline, représente seule sur cet homme amoureux, les idées modernes. Assis à la turque, un pied nu dans une de ses mains, il débite à des interlocutrices mal cachées par une toile effilochée, des choses bien drôles, à en juger par les rires étouffés de ces dames. Nous les laissons à leur conversation et Dec sur son habitacle, moi sur mon lit de campagne que j'ai fini par dresser, enveloppés de nos burnous et le capuchon rabattu sur le visage, nous nous endormons comme des sages.

VENDREDI 26. — Nous nous réveillons à cinq heures, au moment où le bateau quitte le mouillage de Kalymno. Derrière nous s'enfonce une baie dominée par des montagnes jaunes et pelées. Tout au fond une petite ville étale ses maisons blanches et les coupoles de ses nombreuses églises, sur une plage blanche. Devant nous, à gauche, sur une colline à l'entrée de la baie, les premiers rayons du soleil frappent une maisonnette — qui paraît rose — et l'enveloppent d'une buée lumineuse. A droite, la côte d'Asie assez lointaine, écran d'un violet d'encre, encore éclairée à contre jour, tombe dans la mer déjà claire. Puis des terres surgissent de l'Ouest, Léros, Lypso et Atki, roches pelées sur lesquelles une brousse maigre jette, çà et là, quelques taches noires. Ni un village, ni un homme. Sur Lypso une maison, une seule. La mer aussi est déserte : pas une barque, pas une voile.

Nous longeons, à la toucher, la côte de Samos, moins pelée que ses sœurs. A mi-hauteur d'une montagne élevée une belle forêt de pins montre ses aiguilles vertes. Elle s'étend, dit-on sur l'autre versant qui se prolonge en plaines et en collines bien arrosées et très riches.

Nous ne nous arrêtons pas à Samos : je m'en console aisément, l'île n'ayant de particulier que ses cultures, ses ombrages, et la paix qui y règne, toutes choses qu'une escale de deux heures ne nous eut pas permis d'étudier. Tout au plus eussions nous pu voir le Prince, car Samos, quoique Turque, est indépendante et gouvernée par un prince sorte de roi d'Yvetot, que la Porte nomme et révoque à son gré. L'île s'administre elle-même et ne paye au Sultan qu'un très léger tribut, sur lequel elle prélève la solde des deux compagnies d'infanterie qui représentent la puissance suzeraine. Les Samiens n'ont, en dehors de ce tribut, d'autres impôts que ceux nécessaires à la solde de quelques gendarmes indigènes, sortes d'agents de police, à l'entretien de quelques routes et au traitement de rares fonctionnaires qu'elle nomme. C'est pourquoi les journalistes, les avocats, les professeurs et autres intellectuels de la capitale — c'est Vathi, si j'en crois ma géographie — jettent feu et flammes contre la tyrannie turque et réclament à grands cris l'annexion à la Grèce. Inutile d'insister.

Vers le milieu du jour, l'Asie, plus proche, montre ses côtes moins abruptes, moins élevées mais aussi pelées, aussi jaunes, aussi désertes que les îles. La mer très houleuse depuis Samos s'est calmée dans le chenal qui sépare Chio du continent et le personnel de nos passagers, notablement accru depuis Kalymno, envahit le pont que le mal de mer lui avait fait déserter.

Nous montons sur la passerelle du Capitaine pour éviter la cohue. Sur l'avant, des veaux et des agneaux sortis du faux pont ont remplacé les bœufs laissés à Sini ; ils brâment, bêlent à qui mieux mieux et envoient jusqu'à nous des odeurs d'étable mal tenue.

Auprès d'eux des jeunes gars en blouses grecques, conduits par un berger en fustanelle, dansent leur farandole hiératique accompagnée par leurs chants, tandis que l'un d'eux tire d'un accordéon perfectionné des accords bizarres, et que sérieux comme Baba Elephtéri, le boucher du bord écorche un mouton qu'il vient de tuer et qu'il a pendu contre le mât.

La danse finie, les danseurs se sont groupés autour d'un personnage crasseux vêtu d'une redingote et coiffé d'une casquette à trois ponts. C'est un poète, un aède moderne, genre Tyrtée ; et sa présence ne m'étonne pas dans ces parages que fréquenta le vieil Homère. Il déclame avec une emphase grotesque une satire politique de son cru, s'interrompt de temps en temps pour se moucher avec un doigt, essuyer sa longue moustache et sécher ensuite son doigt sur sa manche.

Les femmes du pont arrière, derrière leurs toiles, recommencent leur babil. Leurs enfants circulent et le petit Osman qui rôde autour de nous depuis que nous avons quitté la passerelle s'enhardit, et comme il parle grec il raconte à Dec que la jeune femme aux beaux yeux est sa mère, et les petites filles sont ses sœurs. Ils vont à ... rejoindre leur père, officier.

Entre temps une très vieille femme accroupie sur un tapis garde deux très jeunes enfants, tout en causant avec des voisines. Importunée par les cris des enfants, elle sort de sa veste ouverte ses seins ridés, minces et longs et les donne aux petits qui jouent avec, comme ils le feraient avec des balles captives. Je livre cette idée aux fabricants parisiens : le voilà le vrai clou du prochain concours de jouets.

La mère du jeune Osman a enlevé l'étoffe qui couvre une cage où un chat et une poule vivent côte à côte. Successivement la dame pose l'une et l'autre bête sur le pont pour leur faire prendre un exercice salutaire. Mais, avant de remettre la poule en prison elle lui baigne abondamment la tête pour éviter l'apopléxie à quoi les poules turques sont, paraît-il, sujettes.

C'est avec ces observations sur nos compagnons de route que nous tâchons de tuer le temps, car on ne peut ni travailler ni lire par cette chaleur cinglante qu'aggrave la réverbération du soleil sur la mer unie.

Nous voici à Chio : le phare élevé sur une petite île rocheuse est tellement balayé par le vent que le chemin en escalier qui le relie à la mer, est protégé, des deux côtés, par des grands murs très épais. Il n'y a pas d'épidémie à craindre dans ce lieu où les microbes eux-mêmes ne pourraient se cramponner au rocher et seraient emportés par le vent.

Entre la mer et une belle véga bien ombragée, la ville moderne de Chio aligne devant nous, le rocher du phare doublé, ses longues rues parallèles derrière les quais d'un port qui m'a semblé comparable à celui de Smyrne. C'est m'a-t-on dit, une société franco-grecque qui l'a construit et en est concessionnaire. Je ne connais pas l'intensité du commerce de Chio, mais quoi que cette île soit, sans conteste, la plus prospère de l'Archipel, quoique les ruines du tremblement de terre de 1882 soient relevées et qu'il ne reste plus traces de ce désastre, j'ai peine à croire que ce commerce soit suffisant pour rémunérer les capitaux engagés dans cette affaire du port.

L'Olympia va rester ici jusqu'à minuit : allons flâner à terre. Ce n'est pas ici qu'il faut rechercher la couleur locale, oh non! Sans les enseignes grecques on se croirait dans le quartier neuf d'une des petites villes d'escale de la Côte d'Algérie, à Bône ou à Philippeville.

Sur une grande place irrégulière, mal tenue, ombragée de grands arbres, et entourée du Konak du Gouverneur, d'une caserne et d'une mosquée, on a construit, des cafés, baraques en planches isolées, mais voisines, devant lesquélles s'alignent les chaises et les tables.

L'un de ces cafés, grec, est encombré de monde : on y trouve du café, des boissons glacées et du raki. L'autre, à peu près vide, est turc ; on n'y sert pas de raki. Ces deux établissements voisins, où celui des conquérants est discret et celui du peuple conquis, grouillant de clients, suffit à montrer que Chio comme presque toutes les îles de l'Archipel est demeurée grecque. Le Sultan n'y affirme sa très tolérante autorité qu'en envoyant quelques rares fonctionnaires et très peu de soldats, un peu plus qu'à Samos cependant. Les uns et les autres y passent, je crois, à peu près inaperçus : tout au moins ils vivent en bonne intelligence avec les habitants et c'est le cas de toutes les îles où, comme ici, pour ainsi dire, il n'y a pas de population musulmane. Dans les villes où cette dernière prend un peu d'importance, en Crète, par exemple, il en va tout autrement. Les jalousies de village à village, ajoutées aux haines religieuses que les popes ne manquent pas de nourrir créent aux Turcs des difficultés quotidiennes. Qu'un tiers ait intérêt à grossir ces difficultés pour en tirer parti, les fusils partent seuls ce qui ouvre fatalement la porte à l'intervention des puissances. Les Turcs qui s'en rendent compte, s'efforcent, et ceci a l'air d'un paradoxe, d'éliminer autant que possible, l'Islam, des îles grecques, dont ils veulent rester les maîtres. En y laissant aux Grecs une liberté presque complète, en faisant aussi ténu que possible le lien qui les attache à l'empire, en réduisant l'impôt à une somme dérisoire, ils comptaient sur le sens pratique de leurs sujets grecs pour maintenir un statu quo qui leur donne une situation privilégiée : elle serait unique au monde s'il n'y avait la Principauté de Monaco.

Chio possède, comme Rhodes, son contingent d'internés

arabes et de réfugiés Crêtois. Les premiers enveloppés de
leurs burnous, dorment partout au soleil. Les seconds fument
et causent, appuyés sur les palissades protégeant les cafés.
Rien de plus déplaisant que ces grands flandrins aux moustaches tombantes coiffés de hauts thalpaks ou de turbans.
Serrés à étouffer dans d'invraisemblables ceintures arsenali-
sées, chaussés de bottes blanches trop pointues, ils ont l'air
bêtes de figurants improvisés d'un théâtre de sous-préfecture. Avec cela, prétentieux au suprême degré. On reproche aux
Grecs leur paresse : on a tort. Je les ai trouvé bons ouvriers,
sobres, réguliers et adroits. L'épithète s'adresserait aux Turcs
avec plus de raison : encore font-ils travailler leurs femmes.
Les Crêtois, eux, ne font rien et leurs femmes travaillent
moins que leurs maris. Avant l'occupation de la Crête par les
armées occidentales, les mahométans habitaient la partie
montagneuse de leur île et n'avaient pour unique moyen
d'existence que le rançonnement des paysans catholiques
de la plaine et le pillage de leurs récoltes. L'occupation
leur ayant enlevé cette ressource les Crêtois musulmans
quittèrent l'île, et martyres de leur foi ils préférèrent les amer-
tumes de l'exil à une vie laborieuse dans un pays asservi...
ils n'ignoraient pas que, selon la forte parole du marquis
vénitien Tédesco, les fers de la patrie sont le pain du proscrit.
Ils allèrent donc demander ce pain au Sultan qui n'en avait
pas et à leurs coréligionnaires musulmans et envahirent
les îles et l'Asie Mineure. Ils y rencontrèrent les Circassiens
et leur commune horreur du travail étant restée irréductible,
ils devinrent d'abord insupportables et bientôt presque un
danger public — dans les villayet de Castamouni, de Koniah,
d'Angora, etc... — au même degré que chez nous les viticul-
teurs du Midi, les bouilleurs de cru et les grévistes.

Cependant, le soleil s'est abaissé sur l'horizon, l'heure
chic a sonné et les Chiotes de marque sont venues faire
leur persil sur la place. Voici quelques rares dames turques
enveloppées de férédjés de soie et précédées de domestiques
vêtus de blanc. Elles ne font que traverser la place occupée

par des Grecques en grande toilette européenne, gantées
jusqu'aux épaules, accrochées au bras de messieurs pommadés, sanglés dans des redingotes et coiffés d'irréprochables
huit reflets. Puis des nourrices d'opéra-comique, des institutrices anglaises escortant des gamins bien frisés, à grands
cols marins et des petites filles empesées et raïdes, semblables aux plus belles poupées des magasins de jouets
parisiens. Tout ce monde circule silencieusement avec l'air
grave des gens qui pontifient... ou de rastas en représentation. Seuls, les officiers turcs qui, vêtus de guenilles, assis
devant leur café y boivent de l'eau claire, sont naturels et
bien dans la note.

Un remue ménage se produit au milieu des promeneurs :
le Capitaine et les hommes de l'Olympia éffarés courent après
les quelques passagers qui, comme nous sont venus visiter
la ville ; il faut regagner le bord au plus vite pour une
inspection de la Santé ; un médecin très galonné attend à la
coupée que tout le monde soit rentré. Puis il descend dans
l'entrepont, y reste cinq minutes, fait en courant le tour du
pont, signe des papiers que lui présente le capitaine et
disparaît dans son canot. La visite est terminée. Après
enquête, voici ce qu'il y a eu : un paysan étant mort avant-
hier, dans l'île, d'une maladie inconnue, cette maladie pourrait
être la peste. C'est pourquoi si le bateau communiquait avec
la terre, il serait exposé à être mis en quarantaine au port
d'arrivée. La visite du médecin de la Santé a deux motifs :
le prémier, le seul vrai, est de procurer un supplément
d'honoraires au susdit médecin, le second, le motif apparent,
est de vérifier si personne n'est descendu à terre et s'il n'y
a aucun malade à bord, chose que l'on constate en nous
donnant patente nette.

Les réglements sanitaires interprétés par des Orientaux
sont des comédies dont, chaque été, on joue quelques actes
dans les diverses échelles de la Méditerranée orientale.
L'Olympia, déjà trop plein, a été envahi par une nouvelle
couche de passagers. Ceux-ci, quoique vêtus à la franque,

sont bien plus encombrants et désagréables que les dames turques avec leurs chats et leurs enfants, que les bergers grecs avec leurs agneaux, leurs danses et leurs aèdes ; nous avons failli nous battre avec un de ces nouveaux venus qui veut placer à côté de lui, sur une première couche d'occupants dont nous sommes, un panier de provisions qui cube plus de deux mètres.

Aussitôt le médecin parti, nous avons appareillé pour aller jeter l'ancre en dehors des jetées, à quelques encablures de notre premier mouillage ; nous n'aurions pu séjourner dans le port une heure de plus sans risquer d'être contaminés ! Nous allons rester à l'ancre jusqu'à minuit afin de ne pas arriver de nuit dans les passes difficiles du golfe de Smyrne. Heureusement la mer n'est pas trop dure.

SAMEDI 27. — Nuit fraîche ; il a fallu se réfugier dans la cage vitrée de l'escalier, le pont n'étant pas tenable. Nous y avons bien mal dormi sur des banquettes trop étroites, entre des rats sans conscience et des cancrelats sans pudeur.

A l'aube, nous arrivons en vue de Smyrne qui se développe en demi-cercle, verdures piquées de maisons blanches, au pied de côteaux secs, jaunes et incultes. Des quais garnis de voiliers lui font une bordure. Dans les bassins, de gros vapeurs sont à l'ancre au milieu d'une nuée de chalands et de canots. Partout, malgré l'heure matinale, du mouvement et de la vie. Voilà un vrai port.

Dès que nous avons la libre pratique, la foule des bateliers, des portefaix, des meurt de faim qui attendaient autour de l'Olympia, envahissent le bord avec des cris assourdissants, tels une bande de cannibales ; et il faut faire le coup de poing avec cette cohue multilingue pour conserver ses bagages et éviter d'être jeté à la mer. C'est presque comme au Pirée. On me dit que ce sont les habitudes grecques. Je leur préfère celles des bons hammals turcs d'Eski-Cheïr et de Koniah, polis, silencieux et fidèles ; il est vrai qu'ils ne sont pas encore civilisés.

L'Hôtel de la Ville est plein. M. Fragiacomo, gentleman

accompli, tenancier de cet établissement, nous exprime ses regrets de ne pouvoir nous loger et nous fait conduire à l'hôtel d'Angleterre où nous trouvons d'excellentes chambres. Après quoi, nous allons en ville. Grouillement de gens affairés dans des rues marseillaises avec les bruits assourdissants et les odeurs fortes du Levant, dominées comme à Mersine, par celle du fromage de Hollande.

Aux agences maritimes où nous allons d'abord, on nous apprend que nous trouverons des quarantaines plus ou moins longues dans tous les ports grecs, mais que le Czar, grand paquebot russe venant d'Alexandrie, arrivera ce soir et repartira demain à la première heure pour la mer Noire. Il ne touchera pas à Constantinople, port contaminé, ce qui lui vaudrait douze jours de quarantaine à Odessa, mais il laissera des passagers à la sortie du Bosphore, à Cavach, d'où une mouche de sa compagnie nous ramènera à la Corne d'Or.

Que faire ? La Grèce nous étant fermée, il ne nous reste, pour regagner nos logis que la voie de Constantinople. De là, nous rentrerons en France plus aisément et plus rapidement que de Russie. Nous arrêtons donc nos places à l'agence russe, et notre retraite étant ainsi assurée, nous n'avons plus qu'à flaner jusqu'au moment où nous quitterons l'Asie, soit pendant près de vingt-quatre heures. Ce sera notre plus longue halte depuis Hamaxia, car si nous avons couché à Rhodes, nous n'avons passé que quelques heures à Sini et autant à Chio. Un peu moins de hâte m'eût été agréable. Cependant, sauf à Rhodes, ce que j'ai aperçu des îles de la mer Egée me suffit. Je n'aurais, dans aucun cas, eu le temps d'y séjourner assez pour me mettre au point et goûter leur charme, si elles en ont, ce dont je doute. Il vaut donc mieux passer vite, comme je l'ai fait, regarder des panoramas et noter quelques impressions peut-être fausses, mais cependant très nettes.

Si je voulais résumer ces impressions, je les exprimerais, au risque d'être conspué, par un seul mot : désillusion, car, dans cette rapide traversée de l'Egée, au lieu de l'Orient

brillant et coloré que je m'imaginais y trouver, je n'ai vu
que des montagnes uniformément jaunes et arides, aux
arêtes effacées, sans ampleur de lignes et sans hardiesse de
contour, baignées par des mers trop étroites, plus désertes
encore et plus tristes que les côtes, et çà et là, des villes
banales peuplées de rastas. Les colorations fines et changeantes des terres et des mers au lever et au coucher du
soleil, la fluidité des clairs de lune, la profondeur des nuits
étoilées, ont un peu corrigé l'impression générale. Mais
qu'est la couleur sans le dessin ? Que sont les feux d'arti-
fices si courts du matin et du soir, à côté de ces interminables
heures de contemplation d'immensités jaunes. Nous sommes
bien loin des hautes silhouettes empourprées du Taurus,
des nobles horizons de la Grèce et de ses îles, merveilleux
d'ampleur et de pureté, et même, sans aller si loin, des
dentelures si pittoresques et si fraîches de notre Côte d'Azur.
C'est là, et non ailleurs, qu'il faut chercher l'Orient.

. Smyrne m'a fait l'impression d'un Péra plus propre et
moins turc. En nous rendant à la Préfecture — au Konac,
veux-je dire — pour y rejoindre des amis, nous avons suivi
les quais. Les tramways électriques s'y croisent en cornant,
les portefaix poussent leurs cris gutturaux, des landaus zig-
zaguent derrière des chevaux trop petits attelés trop long,
et des femmes en toilettes claires baillent devant les éta-
lages des magasins francs. N'étaient les tarbouch rouges
des fonctionnaires — et Dieu sait s'ils sont nombreux — les
uniformes négligés des officiers, et les culottes bouffantes
des allants et venants, on se croirait en Europe.

Une chose, cependant, différencie de suite, les villes les
plus européanisées d'Orient de leurs sœurs d'Occident, surtout de leurs sœurs du Midi — Italie ou France : — l'absence
dans les rues d'Orient des femmes du peuple qui tiennent
une place si large et si bruyante dans les autres. Aux Echelles, la femme pauvre est invisible. La Levantine que l'on
voit est riche ou paraît l'être, porte des toilettes de dame et
se donne ou cherche à se donner un air distingué. Aucune

d'elles, même parmi les plus pauvres, ne voudrait exercer aucun des petits commerces du marché ou de la rue, et ce sont des hommes qui vendent la volaille, les fruits, les fleurs, les légumes, les poissons, etc... La rue ici, manque de femmes.

L'Hôtel de la Ville où nous déjeunons très tard, réunit autour d'une table commune, la collection complète des types que l'on peut trouver, mangeant à ces rateliers cosmopolites, depuis le major de table d'hôte jusqu'à la consolable veuve de colonel. Mais, chez le signor Fragiacomo, ces types sont tellement classiques que, dès l'abord, ils ennuient. Et notre déjeuner est vite baclé.

La chaleur un peu diminuée, nous avons erré sur le port et dans la ville franque sans avoir trouvé le temps de monter aux quartiers turcs et au bazar ; ces quartiers sont surtout curieux pour le voyageur qui arrive de l'Occident parce qu'ils lui donnent un avant-goût de l'Orient. Mais, pour nous qui venons de l'intérieur, qui avons vécu en communion constante avec l'Islam, chez lui, cette visite nous eût peut-être donné une désillusion de plus. Ne regrettons pas de l'avoir évitée.

Dîné avec le jeune V... au Sporting Club, sur une belle terrasse qui domine les quais. A côté, mais au-dessous de nous, dans un jardin, la société select groupée autour de petites tables, comme au jardin des Petits-Champs de Péra, écoute une musique plutôt fâcheuse. Les femmes dominent dans l'assistance, très parées et, peut-être, un peu encombrantes. On voit qu'elles règnent ici en maîtresses... légitimes. Et ce n'est pas un des moins curieux contrastes de ce pays que cette prépondérance de l'influence féminine dans la vie levantine ou grecque, à côté de la vie turque où la femme n'est rien — au moins en apparence. —

Après dîner, nous sommes allés au Théâtre du Quai, le mieux fréquenté de la ville. On y donne des danses et une quelconque comédie française, sur une scène couverte et très éclairée, le public seul étant à la belle étoile. Et ce n'est pas une manière de parler car la nuit est splendidement étoilée. Il fait presque frais, et cette soirée, si par un coup de baguette, théâtre, acteurs et public disparaissaient, me rappellerait nos belles nuits du Taurus ou d'Hamaxia. Telle qu'elle est, elle nous fait regretter le calme dont nous y jouissions, loin de toute musique et de tout public. Mais il y a des sensations qu'on ne retrouve jamais.

Il est plus charitable de ne pas parler de cette représentation pendant laquelle notre jeune ami V..., très charmant garçon et fort joli homme, flirte avec une dame très élégante et très parée ; mais le masque cynocéphale de cette spectaculeuse personne est semé de gros boutons qui ne sont pas de diamant. Comment V... peut-il trouver ce macaque à son goût ? Dec m'explique que V... ne voit jamais que de dos la dame toujours très entourée de face par la troupe nombreuse des amis de son mari, et que, dès lors, il a pu être hynoptisé par la nuque et par le geste charmant d'une jolie main promenant sans cesse l'or des bagues sur l'or des cheveux.

— D'ailleurs, ajoute-t-il, vous savez bien que l'amour est aveugle.

DIMANCHE 28. — Le Czar, arrivé ce matin à l'aube, repartira vers midi. Cela nous donne le temps d'aller, assez tard, à la messe, puis de nous embarquer pour déjeuner à bord avant l'appareillage.

La population latine est nombreuse à Smyrne : les oratoires également. Celui où nous entrons est déjà plein de monde. Un prêtre italien, très barbu, officie, tandis que, dans la rue, des fidèles aussi nombreux qu'à l'intérieur, suivent la messe, debout ou à genoux, et gênent, à l'interrompre, la circulation. Aucun des musulmans — la rue est très passagère — obligés de s'arrêter ou de contourner l'attroupement, ne bouscule les chrétiens ou ne maugrée. Nous avions déjà remarqué, à Constantinople, où les Ecclésiastiques et les religieux pullulent, le respect qu'ont pour eux les Turcs. Nous voyons ici que la tolérance s'étend au culte lui-même et va jusqu'aux laïcs ; en ce pays d'infidèles, les chrétiens exercent publiquement leur culte avec plus de liberté qu'en France. Ceci durera jusqu'au moment où l'Orient sera réellement civilisé et, en attendant, je ne conseillerai pas à des catholiques romains d'aller, sous prétexte de messe, encombrer une rue dans un village soumis à Sa Majesté le roi des Hellènes et peuplé de Grecs chrétiens orthodoxes.

CHAPITRE XIV

DE SMYRNE A CONSTANTINOPLE

Le Czar est un magnifique bateau. Nous sommes deux
dans une grande cabine meublée d'un canapé et de quatre
lits, quatre vrais lits, larges, sur lesquels on peut s'asseoir
sans se cogner la tête au cadre supérieur. L'air et la lumière
circulent librement partout ; les rats aussi. Il y en a des
hordes dans ce bateau tout neuf. Que sera-ce dans quelques
années.

Après nos adieux à Vassilaki, — il attend ici un bateau
pour le Pirée, — nous prenons possession de notre cabine
et nous rejoignons dans la salle à manger le capitaine,
vieux loup de mer marié à une jeune Smyrniote. Il vient
de la quitter après quelques heures d'entrevue, ce qui explique
son air particulièrement déprimé et son humeur de chien.
Il en est ainsi, nous a-t-on dit, à chaque voyage et sa dépression dure d'autant plus longtemps que l'escale a été plus
longue. Le Czar marche bien, mais il se pourrait que son
capitaine marchât trop.

Comme nous terminons notre déjeuner arrivent, d'abord
un Smyrniote entre deux âges, la boutonnière ornée d'une
trop large rosette, puis un Russe rentrant à Odessa, et un
commis-voyageur en librairie, Belge, dit-il, qui place des
bouquins boches. Il a hâte de rentrer à Vienne où l'attend
sa femme. J'ai su plus tard à Paris que cet infortuné voyageur, hanté par la crainte des quarantaines, avait pris à
Odessa l'Orient-Express où il s'était empêtré dans les jupes
d'une impure Hongroise avec laquelle il s'était arrêté à
Perth, peut-être pour y faire une quarantaine.

Pendant l'appareillage, des canots chargés d'un essaim
de femmes papillonnantes et froufroutantes, amènent trois
dames en grand deuil, élégantes et distinguées. Elles vont

à Metelin où la température n'est pas plus fraîche qu'à Smyrne, mais où il y a des eaux claires, de la verdure, et où, d'ailleurs, il est de bon ton de passer l'été.

La Levantine, souvent, manque de grâce ; sa taille est carrée, et le Créateur lorsqu'il la forma, ayant mal réparti l'argile dont il se servait, sa poitrine s'est trouvée trop plate et ses jupes trop remplies par derrière. Le visage quelquefois bouffi, et presque toujours encadré de cheveux d'un noir bleu, gros, rebelles au peigne, malgré l'abus des pommades et éclairé, heureusement, par de grands yeux gris, qui, interrogés, ne répondent rien parce qu'ils n'ont rien à dire. Hâtons-nous d'ajouter que cette diagnose, quoique s'appliquant au grand nombre, est loin d'être générale. Il y a des exceptions et la plus jeune des trois nouvelles venues en est une ; avec son teint éclatant, ses yeux veloutés très doux, ses cheveux châtains relevés à l'antique, ses dents blanches qu'elle montre dans un joli sourire, sans coquetterie et sans prétention, elle est charmante. D'où nous sommes, nous la voyons de face. Mais elle a tourné la tête et aussitôt le charme est rompu. La machoire inférieure est trop forte, le nez, tombant un peu vers la lèvre supérieure est légérement écrasé, les cheveux plantés trop bas par derrière lui donnent un air bestial. A voir cette jeune fille, tantôt de face, tantôt de profil, on comprend ce que les Levantines peuvent inspirer aux Occidentaux de passion dans certains moments, et d'indifférence, sinon de répulsion dans d'autres. Dans leur cadre habituel, quand il n'y a pas autour d'elles de vraies femmes, il est possible que nous éprouvions pour elles les sentiments de la première série, mais transportées en Europe... En général, la Levantine n'est pas un article d'exportation.

L'avant du Czar est encombré de passagers de toutes races, mais surtout de Turcs et de Grecs. Contre les bastingages s'étagent deux rangs superposés de cadres en bois formant couchettes ; chacun garnit la sienne avec sa literie — les Orientaux l'emportent toujours avec eux — et évite l'étouffement de la cabine. Nous revoyons là plusieurs pas-

sagers de l'Olympia ; le fonctionnaire galant, toujours coiffé
de son bonnet brodé au crochet, toujours sanglé dans sa
stambouline, mais de nouveau pantalonné de noir et chaussé
d'escarpins vernis, est là, entouré d'un cercle d'auditeurs. Il
tient à la main une boîte en fer-blanc dans laquelle sont
symétriquement placées en couches régulières, les têtes cor-
nues de ces gros lucanes nommés cerfs-volants. Communs
en France, pays boisé, ces insectes sont très rares aux îles
où leurs larves qui se nourrissent de chêne pourri, mourraient
de faim. Le fonctionnaire explique à son auditoire la vertu
de ces cornes et, le boniment terminé, il en distribue quelques exemplaires. Un jeune Papas nous apprend que ce
personnage est un inspecteur des douanes en tournée, et que
les têtes de lucanes préservent des malheurs conjugaux. Dec
croit plutôt qu'elles en sont un symbole.

Au pied de l'escalier du spardeck, une dame turque a fait
apporter ses matelas. A côté d'elle, une grande fillette
reste bouche bée devant nos chapeaux de paille enveloppés
de cotonnade. Ses bras ballants portent un petit sac noir et
un chat, noir aussi, qu'elle tient par la peau du cou. Si cette
fillette et la jeune femme entrevue un matin à Eski-Cheïr
ne sont pas des exceptions, on conviendra que les Turques
ont une drôle de manière de porter leurs chats. Celui-ci doit
être accoutumé à ce mode de transport, car, tête et pattes
molles, il ronronne en chat sybarite et satisfait : pourquoi
pas ? Le chat turc, s'il est fréquemment maigre et nourri
de vent, se chauffe au soleil et seul des habitants du harem
y dort sans être incommodé par les puces qui lui sont clé-
mentes, car, s'il ne se lave pas, du moins il se lèche partout,
et les puces hantent de préférence à sa toison qui ne leur est
pas sûre, les vêtements et le corps des femmes où l'expérience leur a appris qu'elles sont à l'abri de l'eau et des
dérangements.

Bien mieux que je ne l'avais fait en arrivant, je me rends
compte aujourd'hui de la topographie de Smyrne et de son
golfe. La ville, je l'ai déjà dit, se trouve tout au fond, dominée

par le mont Pagus qu'escaladent les quartiers turcs, grandes taches blanches séparées par les cyprès noirs des cimetières. Les collines jaunes — nous ne les avons presque pas perdu de vue depuis le golfe d'Adalia — forment la côte sud de la baie. A leur pied, un fort tout neuf, jaune aussi, menace le goulet de ses dix canons, quatre de gros calibre et six plus petits, que nous comptons en passant. Sur la côte nord, Cordélia, villégiature élégante, se joint à Smyrne par une étroite rangée de jardins et de villas. Au-delà, les collines s'arrêtent et le delta du Guédir-Tchaï, l'Hermus des anciens, étend vers l'Ouest et le Nord ses plaines marécageuses. La rive basse, coupée de salines, ne se distinguerait pas de la mer, sans ses hautes meules de sel. Les apports du fleuve ensablent la baie qu'ils tendent à couper en deux parties et déjà l'on peut prévoir l'époque où, comme Tunis, Smyrne sera séparée de la mer par un lac qui, à son tour, se transformera en marécage. Déjà l'eau entre le delta et la ville est, faute de fond, trouble et jaunâtre. Les bateaux de fort tonnage n'en parcourent que la partie restreinte qui précède le port ; et le goulet qui y donne accès, repoussé par les boues au pied des collines de la côte méridionale, n'a plus qu'une largeur très inférieure à cent mètres, et sa profondeur diminue chaque année.

Je quitte Smyrne désillusionné. Malgré ce que l'on m'a dit des pluies qui tempèrent les chaleurs de l'été, et feraient pousser, si la terre végétale n'était absente, une végétation luxuriante, malgré sa ceinture de jardins que l'on dit très frais, ce que j'ai peine à croire, je n'ai pu trouver dans ce que j'ai aperçu, de quoi motiver l'enthousiasme qu'il est de règle de professer quand on revient de Smyrne, « perle sertie d'or et posée sur un tapis de velours vert ». Et cependant, Dieu sait si je m'y suis efforcé. Je reconnais volontiers que Smyrne est la plus grande des Echelles du Levant, après Constantinople, la plus européanisée, qu'on y rencontre de bons hôtels, des cafés-concerts mauvais, des théâtres vagues, et des magasins quelconques. Mais je trouve ses jardins secs sous leurs feuillages vernissés, ses collines pelées, sa campagne aride, sa mer puante et jaune. Je vois l'or, trop d'or même, mais la perle et le tapis, vert ou bleu, je n'ai pas su les voir. Smyrne est, avant tout, une ville de commerce, une ville très riche. Il doit y avoir beaucoup de luxe et une société sans doute agréable ; mais de cela, les habitants seuls, peuvent jouir : les voyageurs, et notez que ce sont ces derniers qui ont l'admiration la plus bruyante, passent à côté sans en jouir.

A cette heure de midi où la mer peu profonde, surchauffée par les rayons verticaux du soleil, semble près d'entrer en ébullition, des vapeurs s'en dégagent qui font miroiter l'athmosphère. L'horizon lointain, des collines derrière la ville aux marais de l'Hermus, se fond en une immensité jaune, et c'est avec impatience que j'attends le moment où, les passes franchies, je prendrai définitivement congé de la vision jaune qui m'obsède depuis Rhodes, vision rendue plus triste et plus désolée dans le golfe de Smyrne, par l'immensité d'une plaine dont, seules, les pyramides de sel encapuchonnées de joncs fauves, coupent la monotonie.

Mitylène s'est peu à peu dégagée des brumes de l'horizon et l'antique Lesbos nous est apparue, à mesure que nous en approchons, semblable à un bouquet de verdure posé sur la mer bleue. On me pardonnera, je l'espère, cette image poétique qui m'est inspirée par le souvenir de Sapho et d'autres demoiselles de mœurs spéciales qui eurent, dit-on, le don de poésie, sans oublier l'apocryphe Bilitis. Les longues files des oliviers couvrent les vallées et escaladent les montagnes, masquant en partie des cones de déjection dont elles fixent et maintiennent les éléments mobiles.

Plus nous avançons vers le nord, plus les arbres nous paraissent élevés et noirs, donc plus vieux et mieux arrosés. Sous leur feuillage les maisons apparaissent de plus en plus nombreuses, fermes et riches villas. Voici la ville et le port dominé par une vieille forteresse. Nous stoppons en dehors des jetées pour débarquer nos passagers. Le soir est venu ;

comme à Sini, les cafés allument successivement leurs lampes
à pétrole et leurs longs cordons de lanternes vénitiennes.
Les sons des orchestres arrivent jusqu'à nous. Aujourd'hui,
dimanche, la population chrétienne — il n'y a pas de population musulmane à Mételin — fête le jour du repos. C'est
l'Occident qui commence.

—Vous souvient-il, Dec, d'une lettre que vous m'écrivites,
il y a pas mal d'années, du bateau où le mauvais temps
vous retenait prisonnier en rade de Mitylène ? Etait-ce l'antique Sapho qui vous inspirait ou ses descendantes, les actuelles
Lesbiennes ? Votre lettre débordait de lyrisme, et au travers
de votre prose, je voyais l'île consacrée, je crois, à Vénus,
comme le paradis terrestre tel qu'il a dû être, immédiatement
après la faute et avant l'arrivée de l'ange à l'épée de feu,
ce gêneur. Dec, me disais-je, doit avoir rencontré à Mételin
ou peut-être sur son bateau, quelque cotillon avec lequel il
s'occupe à traduire les odes d'Anacréon, de Sapho, de Bion
ou de Moschur. Car vous fûtes et vous êtes encore, Dec, aussi
fervent des lettres grecques que coureur de cotillons. Et
j'ajoutais, non sans envie : Comme on voit bien, à sa lettre,
qu'il n'a pas le mal de mer !

— La dernière de vos observations était juste, m'a répondu
Dec, à qui je les communiquais, quelques mois plus tard,
mais, combien vos autres suppositions étaient erronées !
J'avais, en vous écrivant, deux désirs : celui de tuer le
temps, et celui de vous faire partager un peu du charme de
Mitylène où je venais de passer quelques jours, et ce n'étaient
ni Sapho, trop rétrospective, et qui, d'ailleurs, d'après cer-
tāins textes, était une grande brune très maigre, ce qui
n'est pas mon idéal, ni la vue des Lesbiennes modernes qui
avait inspiré ma Muse ; car les beautés orientales ont, pour
la plupart, enfermé leur cœur dans l'armoire où sont leurs
toilettes, et je connais aussi bien que vous le proverbe
arabe : « La beauté d'une femme sans cœur est un anneau
d'or au groin d'une truie. »

LUNDI 29. — Deux forts, l'un rond, sur la côte

d'Europe, l'autre carré sur la côte d'Asie, défendent l'entrée
des Dardanelles. La flotte turque — cinq ou six cuirassés,
aussi immobiles m'a-t-on dit, que les forts — concourrent
à cette besogne patriotique. Nous saluons, en passant, à
l'aube, ces témoins de la puissance turque, encore enveloppés de brumes. Avec le grand jour, nous retrouvons, sans
plaisir, les collines jaunes et arides de la côte d'Asie. Du
côté de l'Europe, de petites vallées à fond très vert, débou-
chent sur une plaine étroite et bien cultivée, partout où le
terrain n'est pas occupé par des forts ou des batteries. Cela
dure jusqu'à Gallipolis et la mer de Marmara.

Quelle interminable journée mal occupée par des repas,
des siestes et des conversations oiseuses ! Nous apprenons
toutefois, deux nouvelles : l'une utile, l'autre instructive.
L'Express-Orient et toutes les communications par fer de la
Turquie avec le reste de l'Europe, sont supprimées, la Serbie
s'opposant au transit par son territoire, de tous trains venant
de Roumélie. Nous allons être bloqués à Constantinople
jusqu'à la fin de la peste. Et comme elle n'a jamais existé,
nous ne pouvons prévoir à quel moment la Porte aura intérêt
à la déclarer disparue.

Un Smyrniote nous annonce ensuite, et c'est la seconde
nouvelle, que, par un très récent Iradé, le Sultan a interdit
à tous les sujets musulmans, de confier à des institutrices ou
gouvernantes chrétiennes, l'éducation de leurs enfants.

L'édifice de la société musulmane étant fondé en partie
sur l'animalisation de la femme, le Sultan, homme sage, s'est
rendu compte qu'en laissant inoculer le virus des idées
occidentales à ces cerveaux jusqu'à présent hermétiquement
clos, il allait au-devant d'un cataclysme. Et, en supprimant
le véhicule du virus, il a espéré en supprimer le microbe.
Son raisonnement, juste en théorie, s'est trouvé faux en
pratique, car ce ne sont pas seulement par les malheureuses
gouvernantes que les idées nouvelles pénètrent dans les
harems des deux Turquies, mais par les commerçants, les
ingénieurs, les ouvriers, les fonctionnaires, les touristes eux-

mêmes, que chemins de fer et bateaux amènent chaque jour, par les journaux, les livres et surtout par les Turcs eux-mêmes, amenés en Occident par leurs affaires. Il suffit de voir les acheteuses du matin dans les magasins de Péra et les toilettes des femmes de la famille impériale dans les coupés ou les landaus du Palais, les jours de Sélamlick, pour se rendre compte des progrès du mal. Evidemment, les temps où la Turquie sera féministe ne sont pas proches, mais on peut prévoir le jour où la musulmane ayant une âme officiellement reconnue, on entrebaillera devant elle le Paradis de Mahomet. Elle ne serait pas femme si elle n'arrivait pas ensuite à se la faire ouvrir toute grande.

Je ne mentionne que pour mémoire la navigation, au coucher du soleil, en vue de San Stephano, puis de Scutari, la traversée du Bosphore et l'arrivée à la nuit devant Cavach, à l'entrée de la Mer Noire. Tout cela a été tellement décrit que ces descriptions sont devenues banales.

MARDI 30. — C'est notre dernier jour de mer. Dès six heures du matin, nous avons dit adieu à l'Asie, représentée à Cavach par une étroite vallée couverte de platanes centenaires et par des maisons coquettes, au fond d'une place ombragée, sur laquelle les caïques dorment, la quille en l'air. Une mouche affrêtée par la Compagnie russe est venue nous prendre et nous ramène à la Corne d'Or où, à 10 heures et demie nous tombons dans les bras du bon M. V.... et du fidèle Kostis.

MERCREDI 31. — Pour ceux de mes lecteurs que cela pourrait intéresser, j'ajouterai que le Dieu des voyages rapides continuant, malgré moi, à me favoriser, j'ai pu partir à midi par l'Orient-Express, la Serbie ayant consenti à laisser circuler ce train dont elle a fait condamner et garder, par un grand diable d'officier, toutes les ouvertures, même celle des waters-closets. Nous avons cuit dans notre jus le jeudi 1er août, de 10 heures et demie du matin à 6 heures du soir. Nous étions à demi étouffés, quand, la gare de Belgrade traversée, nous avons pu ouvrir les glaces de nos compartiments.

Le samedi 3 août, j'arrivais à Paris sans accident ; les douaniers de la gare de l'Est poussèrent l'obligeance jusqu'à me dispenser d'ouvrir ma malle. Il est vrai que je n'en avais pas.

CONCLUSION

Je suis resté 46 jours en route, dont trois à Paris et six à Constantinople. J'ai parcouru 6.273 kilomètres en chemin de fer, 850 à cheval, 1.756 en bateau, soit 8.878 en tout.

Je n'ai dépensé que 1.666 francs ; et c'est le résultat le plus clair de mon voyage.

TABLE ANALYTIQUE DES MATIÈRES